ROBERT MURRAY
DE L'ATELIER À L'USINE

ROBERT MURRAY
DE L'ATELIER À L'USINE

Denise Leclerc

et un volet technique par
Marion H. Barclay

Musée des beaux-arts
du Canada, Ottawa

1999

SOMMAIRE

AVANT-PROPOS

C'est avec le plus grand plaisir que le Musée des beaux-arts du Canada présente une importante rétrospective du sculpteur Robert Murray. L'un des sculpteurs les plus éminents de sa génération à émerger du milieu canadien, Robert Murray commence à se faire remarquer à New York et au Canada au cours des années soixante, une décennie qui a vu la sculpture connaître un essor considérable sur la scène internationale. Proche de la sobriété de l'esthétique minimaliste de cette période, l'œuvre de Murray prend une tournure inusitée dans les années 1970, comme en témoignent les pliages complexes de ses sculptures d'aluminium, remarquables par leur souplesse et le raffinement des couleurs. Les années 1980 se caractérisent quant à elles par une évocation plus éclatante d'une thématique à connotation autochtone, bien souvent sous-jacente dans les sculptures aux préoccupations plus formalistes de ses débuts.

Au cours d'une carrière qui s'étend maintenant sur une quarantaine d'années, Murray a travaillé l'acier, l'aluminium et, plus récemment, la feuille de bronze qu'il traite de manière à créer d'audacieuses patines aux teintes pâles surprenantes. Le sculpteur a su exploiter avec brio le potentiel de nouveaux matériaux industriels. La présentation de cette exposition à Ottawa nous fournit l'occasion de mieux saisir le parcours d'un artiste de grand talent à travers une production d'envergure et de mieux comprendre le contexte social et économique qui a contribué à la lancée, à l'échelle internationale, de la sculpture monumentale « abstraite ». Elle met en valeur un ensemble d'œuvres de très haute qualité, qui a marqué par son rayonnement continental l'histoire de la sculpture récente.

Bon nombre de pièces réunies pour cette rétrospective appartiennent à de prestigieuses collections de musées américains et canadiens; l'aimable collaboration des prêteurs particuliers et institutionnels ainsi que celle de nombreux collègues canadiens et américains fut essentielle à la réalisation de ce projet et nous leur en sommes fort reconnaissants. La critique et historienne d'art américaine Barbara Rose, qui s'est intéressée au travail de Murray dès le début de sa carrière, signe l'Introduction au catalogue. Marion Barclay, responsable du département de restauration au Musée des beaux-arts du Canada, a interviewé Robert Murray sur les processus de réalisation de sculptures métalliques, ainsi que Don Lippincott, propriétaire de l'usine qui a fabriqué plusieurs sculptures de Murray. Ces entrevues et un glossaire de termes techniques que Marion a préparé avec l'aide de Fiona Graham, complètent le catalogue de façon fort intéressante. J'aimerais également souligner la grande disponibilité de l'artiste qui nous a accordé un soutien constant à toutes les étapes du processus, et le travail exceptionnel de notre personnel qui, une fois encore, a fait preuve d'ingéniosité et de dévouement pour surmonter les difficultés et les obstacles inhérents à ce genre d'exposition. Mes derniers mots de remerciement et de félicitations s'adressent à l'âme dirigeante de cette belle aventure, Denise Leclerc, conservatrice adjointe en art canadien récent, commissaire de l'exposition et rédactrice principale du catalogue.

Pierre Théberge, C.Q.
Directeur
Musée des beaux-arts
du Canada

REMERCIEMENTS

Une rétrospective sur la carrière d'un artiste s'organise difficilement sans l'expresse collaboration de l'intéressé et je tiens à souligner la grâce avec laquelle Robert Murray nous a soutenus ainsi que la patience infinie démontrée à notre égard, malgré nos multiples et incessantes questions, toujours pressantes évidemment. La généreuse hospitalité de Robert et de Cintra Lofting Murray a rendu nos séjours chez lui des plus mémorables.

Plusieurs institutions et collectionneurs nord-américains ont conjugué leurs efforts afin de rendre possible cette exposition. La photographie, le transport et la restauration des sculptures ne représentaient pas de minces tâches et plusieurs collaborateurs ont dû mettre la main à la pâte; je leur en suis vivement reconnaissante. J'aimerais nommer en particulier quelques personnes avec qui nous avons traité un peu plus en profondeur en raison d'activités plus complexes : Don Lippincott, North Haven (Conn.), auparavant propriétaire de Lippincott Inc.; Richard J. Bilaitis, doyen associé, College of Fine, Performing and Communication Arts, Wayne State University, Detroit; Brooke Barrie, directrice de Grounds for Sculpture, Hamilton (N.J.); ainsi que Douglas Richardson, conservateur de l'University of Toronto Art Centre; et Robert C. Freeman, ex-directeur de The Gallery / Stratford.

Je voudrais de même témoigner mon appréciation aux membres du personnel du Musée des beaux-arts du Canada qui ont su franchir les multiples obstacles de ce projet en tablant sur les ressources presque inépuisables de leur ingéniosité et de leur créativité. De plus, les collaborations au catalogue de Barbara Rose, Marion Barclay et Fiona Graham ainsi que les conseils techniques de Richard Gagnier se sont avérés des plus précieux. Au fil des années de préparation de l'exposition, plusieurs gestionnaires de projet de l'équipe de Catherine Jensen ont apporté leur contribution : merci à Karen Oxorn, Martha King, Karen Colby-Stothart, Joanne Larocque-Poirier et Julie Hodgson qui ont eu l'occasion d'exercer leurs talents au cours des péripéties qui accompagnent tout projet de cette nature. Plus près de moi, j'aimerais remercier Morgan Wood, assistante de recherche en art canadien, pour son aide prompte et vive ainsi que sa débrouillardise en toutes circonstances. Le designer Mark Blichert a passé de nombreuses heures à préparer la venue et l'installation d'œuvres monumentales et à concevoir avec flair la présentation visuelle de cette rétrospective. La grande expertise des Services techniques sous la direction de Jacques Naud et l'ingéniosité de Laurier Marion en ce qui concerne les démontages et remontages complexes ont largement contribué à concrétiser le projet. Le restaurateur Richard Gagnier, assisté de Rachel Barker et Rebecca Renner, a mis beaucoup d'énergie à restaurer certaines sculptures ou à les préparer pour l'exposition, dans une période où de nombreuses autres responsabilités le réclamaient.

À la production du catalogue, confiée à la Division des publications sous la diligente supervision de Serge Thériault, j'aimerais souligner l'expertise irremplaçable de Colleen Evans à la documentation photographique, et témoigner ma vive appréciation aux réviseurs chevronnés Jacques Pichette et Susan McMaster; procéder à la révision d'un catalogue rédigé en français alors que toute la documentation pertinente était en anglais posait des problèmes particuliers et ne simplifiait pas la tâche de Jacques Pichette qui s'en est acquitté avec patience et détermination. J'exprime également ma gratitude aux traducteurs Donald McGrath, Nicole Plamondon et aux réviseurs anglais Marcia Rodriguez et Stephanie Bolster. Nous devons par ailleurs la beauté du catalogue au graphiste François Martin et la superbe photographie de nombreuses œuvres à Charles Hupé.

Une production vidéographique accompagne l'exposition et Anne Newlands de la Division de l'éducation en a assuré la production avec Peter Biesterfeld et Dolphin Productions, en plus d'organiser un programme stimulant d'activités éducatives. Je remercie également Ursula Thiboutot des Affaires publiques qui a pris à cœur la publicité de cette exposition et tiens à souligner la promptitude de la bibliothécaire Bonnie Bates, qui nous fut d'un grand secours. Ce projet présentait pour l'enregistrement un défi particulier et Kate Laing y a gagné de nouvelles épaulettes. Enfin, le programme du Musée offre l'occasion à des stagiaires de se familiariser avec les activités de l'institution et de prêter leurs services dans le cadre de diverses activités. J'aimerais témoigner de ma gratitude aux personnes suivantes : Andrew Tibor Princz et Gale Duiker à la conservation, Yolanda Sánchez Pérez à la restauration et Ilena Aldini aux affaires publiques.

Denise Leclerc
Conservatrice adjointe
Art canadien récent

INTRODUCTION

par Barbara Rose

Robert Murray figure parmi les grands sculpteurs de ce siècle à avoir utilisé la technique du métal soudé, dans la voie ouverte par Pablo Picasso et David Smith. Bien des aspects de sa réussite dans le courant du modernisme international radical nous laissent croire qu'il occupe aussi le premier rang parmi les sculpteurs canadiens. Ayant choisi très tôt d'expérimenter la sculpture réalisée en usine, il n'a jamais dévié de cette route.

Né à Vancouver en 1936, Murray obtient son diplôme à l'Université de la Saskatchewan à Regina. En 1960, il s'installe à New York, la capitale cosmopolite de l'art où se retrouvent les artistes les plus ambitieux et les plus progressistes de l'époque. Dans les années 1960 et au début des années 1970, le jeune Canadien se trouve plongé au cœur de la vie artistique new-yorkaise. Son travail suscite l'admiration du critique Clement Greenberg (fig. 1) et aussi celle d'artistes importants de sa génération, notamment Frank Stella et Donald Judd. La maturation du travail de Murray se produit à la fin de la période où l'on considère les prémisses du modernisme comme l'avant-garde de l'esthétique. Influencés par les installations d'Eva Hesse, les principaux sculpteurs de la génération suivante, dont Richard Serra, Keith Sonnier et Bruce Nauman, vont rejeter le programme rationnel et cohérent du modernisme qui veut changer le monde. La plupart d'entre eux vont privilégier soit la création d'œuvres destinées à un emplacement particulier, liant irrévocablement la sculpture à son contexte, soit des installations comportant des références organiques et parfois corporelles morbides et reflétant la vulnérabilité et le doute typiques de la période de l'après-Vietnam dans la culture des États-Unis.

C'est le peintre Barnett Newman qui présente Murray à la fois à New York et à sa future marchande d'œuvres d'art, Betty Parsons, une des premières à prendre la défense de l'École de New York. La rencontre de Murray avec Newman, aux ateliers d'artistes d'Emma Lake dans le nord de la Saskatchewan au cours de l'été 1959, se révèle décisive pour son œuvre. Cet artiste réputé lui apporte un encouragement enthousiaste; une fois installé à New York, Murray aide Newman à fabriquer et à installer les sculptures en bronze coulé et en acier Cor-Ten que ce dernier réalise à la fin de sa vie.

Tout comme Newman, Judd, Stella et Ellsworth Kelly, Murray en arrive à adopter une approche très originale à l'égard de la géométrie et de la structure formelle. À l'instar de sculpteurs comme Mark di Suvero, il subit l'influence d'Alexander Calder qui connaît le succès grâce à ses grandes œuvres extérieures créées pour des espaces publics. Les *stabiles* de Calder représentent alors une nouvelle dimension monumentale pour la sculpture publique, dimension que l'art moderne créé exclusivement en atelier n'avait jamais atteinte. L'immense *stabile* noir que Calder réalise en 1963 pour l'exposition de sculptures extérieures de Spolète, en Italie, dont on a beaucoup parlé à l'époque, suggère la possibilité d'une échelle essentiellement architecturale, aspect tout à fait nouveau dans la sculpture moderne.

La construction plane des *stabiles* de Calder prend ses racines dans la sculpture cubiste d'abord explorée par Julio Gonzalez et Picasso. Au début du siècle, ces deux artistes espagnols ont adopté les méthodes de

1

construction industrielle en usine, soudant et découpant leurs pièces pour forger un nouvel avenir à la sculpture qui allait remettre en question sa base figurative traditionnelle ainsi que les techniques de moulage et de travail à la main sur lesquelles elle s'appuyait. En adoptant des techniques issues du monde de la machinerie et de la construction, ils ont ouvert la voie à la sculpture monumentale. Comme les peintures à grande échelle réalisées par les peintres de l'École de New York, ces sculptures sont destinées à des lieux publics plutôt qu'à des demeures privées. Le cheminement de ce nouvel art n'a pas été facile. Picasso a souvent trouvé refuge dans la tradition figurative et dans les techniques académiques de modelage du plâtre et de coulage du bronze, qu'il maîtrisait à la perfection. Gonzalez, par contre, a préféré rester fidèle à la méthode d'assemblage des constructions à éléments plats qu'il avait apprise de Pablo Gargallo et enseignée à Picasso.

Murray se sent chez lui dans les usines. Il y apprécie le contexte de professionnalisme rigoureux où il est question de savoir-faire et de technique plutôt que de « Sexe, drogues et rock'n roll » — comme un groupe de ses contemporains a nommé son orchestre hippie. Dans les années 1960, il réalise des œuvres à Treitel-Gratz, une usine d'acier inoxydable spécialisée dans le mobilier tubulaire. En 1965, dans le chantier naval de Bethlehem Steel à Long Beach en Californie, où l'on construit d'immenses pétroliers, il fabrique la monumentale sculpture extérieure en plaques d'acier, *Duo*. Pour commémorer sa collaboration avec l'artiste, l'équipe de l'atelier a remis aux contremaîtres des bérets portant le message « Trade in Your Hard Hat ». Plus tard, le sculpteur trouve un fabricant de ponts et de bateaux puis une usine d'hélicoptères où il apprend à utiliser les panneaux d'aluminium en nids d'abeilles que Frank Stella va incorporer dans sa sculpture assemblée. Mais, contrairement à Stella et à John Chamberlain, Murray n'a jamais utilisé de la ferraille recyclée. Son message peut être moral, mais il ne contient pas de critique sociale. Pour Murray, de même que pour le peintre Ad Reinhardt, l'art est l'art et la vie est la vie. S'il quitte l'atelier d'artiste pour l'usine, c'est pour exprimer sa vision et non sa solidarité avec la classe ouvrière.

Figure 1
Robert Murray (à gauche) et Clement Greenberg (à droite), en compagnie de participants à un Atelier d'artistes d'Emma Lake en août 1962. Achives de l'Université de Regina, Fonds Kenneth Lochhead (86-89).

À la fin des années 1960, la carrière de Murray prend son essor. Lorsque le Musée d'art moderne finit par organiser une grande exposition des œuvres de Gonzalez en 1969, Murray a déjà progressé considérablement dans sa propre interprétation de la sculpture soudée et assemblée. Cette année-là, il représente le Canada à la Biennale de São Paulo et remporte un prix international de sculpture. Sans aucun doute, il fait partie de cette poignée de jeunes sculpteurs reconnus qui réalisent des œuvres publiques monumentales et qui promettent le plus sur le plan international. Il expose ses œuvres au Whitney Museum of American Art, au Walker Art Center et, en compagnie de Ronald Bladen, au Musée des beaux-arts de Vancouver en 1970, année du décès de son ami et protecteur Barnett Newman. Anthony Caro est alors déjà reparti en Angleterre et David Smith, décédé en 1965, laisse derrière lui une galerie de ses sculptures extérieures dans les bois de Bolton Landing, où il a vécu et travaillé.

L'exemple de la collection d'œuvres de Bolton Landing, réalisées en usine, mais qui doivent être vues idéalement dans la nature, inspire de nombreux jeunes sculpteurs, dont Murray. Le rôle croissant de la nature comme source d'inspiration s'avère particulièrement manifeste dans une étape ultérieure de son œuvre : les références à l'angle droit mécaniste du cubisme ou de la production industrielle disparaissent, remplacées par des courbes et des plis subtils. Pourtant, la création d'œuvres destinées à un emplacement particulier, l'étape suivante adoptée par de nombreux sculpteurs, ne l'attire pas. Ces œuvres, qui se fondent sur le contexte – et l'installation – plutôt que sur l'objet, rejettent la tradition sculpturale et se définissent comme des œuvres postmodernistes. La sculpture de Murray se révèle d'un modernisme provocant dans son refus entêté de reconnaître tout contexte, extérieur ou non, public ou privé. En fait, son autoréférence semble presque exagérée, comme s'il planifiait d'exacerber l'idéal émersonien d'autosuffisance qui caractérise une civilisation de pionniers.

Sa décision de laisser New York, de déménager avec sa famille en 1974 et de déplacer finalement son atelier en 1994 pour aller s'installer à la campagne en Pennsylvanie, plutôt que de faire des compromis avec le marché de l'art, l'a coupé du succès critique et commercial. Même si la frontière entre les États-Unis et le Canada est peu surveillée, elle existe, du moins psychologiquement; et ce facteur se reflète dans le caractère de Murray ainsi que dans la discordance entre sa carrière et son œuvre. Au Canada, où il continue de passer ses étés, il est Américain. Aux États-Unis, il reste le Canadien solitaire, réservé et discret.

Les œuvres de Murray révèlent leurs racines dans la tradition sculpturale car on ne peut véritablement les percevoir à moins d'en faire le tour. On a souvent parlé de minimalisme à leur sujet, mais il s'agit d'une extension de sens. Dans les structures modulaires de l'art minimaliste, l'ensemble de la forme unitaire peut être ressentie comme une *gestalt*, ou un tout, dès qu'on en voit une section. Le minimalisme a vu le jour non comme une affirmation de la sculpture, mais comme une négation du courant illusionniste qui, après Jackson Pollock, semblait académique et peu convaincant. Il a résulté de la nécessité de se débarrasser des formes littérales qui se projetaient elles-mêmes comme des reliefs ou comme des objets tridimensionnels dans l'espace réel. En raison de sa relation difficile et, à certains égards, non résolue avec la figure humaine, la sculpture moderniste, tradition à laquelle la construction géométrique plane de Murray appartient, connaît une histoire discontinue. Ses adeptes se recrutent pour la plupart chez des artistes qui ont commencé comme peintres et qui par la suite ont traduit en un art tridimensionnel les innovations introduites en peinture. Cela se vérifie non seulement pour Murray, mais aussi pour Smith, Kelly, Judd, Stella, di Suvero, Alexander Liberman et Robert Morris. Pour tous ces artistes formés à travailler sur des surfaces bidimensionnelles, le problème ne consiste pas tant à détruire l'illusion qu'à produire une expérience pleinement sculpturale, en ronde-bosse, héritage du *contrapposto* de la Renaissance, avec sa complexité qui prend du temps à être perçue, contrairement à la perception conceptuelle instantanée de la *gestalt* sur laquelle se fonde l'art minimaliste.

L'élimination du socle qui sépare l'œuvre d'art du spectateur, cette base que même Smith a utilisée pour surélever la masse de ses formes, constitue une des nombreuses différences entre la sculpture traditionnelle et l'art minimaliste. Il ne fait aucun doute que Murray a été influencé non seulement par les témoignages réducteurs et rigoureux de Newman à la gloire de la verticalité humaine, mais également par l'interprétation paysagère de l'art abstrait de Caro. Celui-ci, qui a commencé sa carrière comme assistant de Henry Moore, a réussi à exprimer le contenu émotionnel de même que la présence pleinement sculpturale des figures de Moore, mais sans leur sentimentalité. Dès 1965, avec *Brisant,* Murray pose ses sculptures à même le sol, sans socle. Soulignons toutefois que contrairement à la plupart des sculpteurs importants de l'époque, même Newman, Murray n'a pas utilisé le nouveau matériau d'acier Cor-Ten pour ses grandes sculptures d'extérieur. Il semblait que ce matériau offrait l'avantage de résister aux intempéries sans être peint car il vieillissait naturellement dans une riche couleur foncée. Mais en fin de compte, la stabilité du Cor-Ten n'a pas répondu aux attentes, et bon nombre de sculptures extérieures réalisées avec ce matériau ont commencé à rouiller.

Même si, à bien des égards, Murray partage le désir d'unité de couleur et de forme qui caractérise les œuvres des minimalistes californiens sur le plan de l'espace et de la lumière, comme celles de Robert Irwin et John McCracken, il ne reste pas fixé à l'attrait de la surface. Il ne souligne pas non plus la nature de ses matériaux en accordant la priorité aux surfaces réfléchissantes de l'acier inoxydable, comme le fait David Smith. Ses expériences n'ont jamais concerné les matériaux mais plutôt la forme. Dès le départ, il a couvert ses constructions d'un émail époxyde brillant, déjà utilisé par Smith et Caro, lequel neutralise la nature métallique du matériau et souligne l'idée des volumes de couleur dans l'espace libre. Le langage de Murray dérive du plan et pourtant, il s'intéresse à la masse et, par inférence, aux volumes enfermés dans les plans inclinés. Voilà l'un des nombreux paradoxes apparents qui contribuent à l'intérêt de son œuvre. La masse est implicite mais on ne la voit pas.

Le traitement de ses volumes n'est pas lourd et massif, mais implique des espaces enfermés dans des plans en angle qui donnent à son travail une légèreté, un dynamisme et une transparence auxquels seuls Gonzalez et Smith étaient arrivés. Mais leur transparence à eux s'appuyait sur l'idée de dessin dans l'espace, c'est-à-dire sur l'utilisation d'éléments linéaires pour suggérer des formes. La transparence de Murray résulte, elle, de l'ouverture et de l'articulation d'espaces intérieurs; elle définit le volume par l'inclusion de l'espace plutôt que par la gravité.

En suggérant le volume, sans véritablement le créer, Murray ne revient pas à la relation forme-fond que les découpages plats décrivent nécessairement. Il rejette la séparation du dessin et de la couleur de façon aussi décisive que n'importe quel abstrait sophistiqué après Pollock. Mais contrairement à Smith, Murray trouve sa source d'inspiration dans un précédent non pas pictural mais sculptural : la couleur se présente comme un volume, mais les bords de ses formes ne représentent pas des contours lisibles comme les découpages d'Henri Matisse. Ici, Murray se distingue de sculpteurs comme Kelly et George Sugarman, qui ont trouvé chez Matisse une source d'inspiration importante.

Quand il quitte New York, Murray a déjà élaboré les grands principes de son travail. Il consacrera le reste de sa carrière à les raffiner et à accroître la capacité expressive de son art en créant de nouvelles formes arrondies plutôt que droites, en alternant les mouvements convexes et concaves pour former de surprenants virages en épingle à cheveux. Ces pièces curvilinéaires sont complexes tout en apparaissant faussement simples – une caractéristique de son style réservé. Dans la mesure où ni lui ni son œuvre ne s'adonnent à la rhétorique, ils ne peuvent être en vogue à une époque et à un endroit dominés par le tape-à-l'œil et où les collectionneurs souhaitent collectionner autant les artistes, sinon plus, que l'art. Lorsque des sculptures destinées à un emplacement particulier, comme les géosculptures, surtout connues par les photographies, deviennent très à la mode au début des années 1970, Murray continue ses explorations, allant de plus en plus loin dans la tradition plutôt que de l'abandonner. Tout comme Chamberlain, Stella et di Suvero, il revient progressivement au vocabulaire formel de la grande sculpture du passé, aux courbes ondulantes baroques de Gian Lorenzo Bernini.

Pouvoir exprimer beaucoup avec peu de moyens diffère du credo actuel du « moins est plus ». L'œuvre de Murray se fonde sur de nombreuses variations subtiles à l'intérieur d'un registre étroit. Si elle se situe à l'opposé du théâtral, elle n'apparaît pas statique non plus. Elle implique le mouvement, sans devenir véritablement kinétique. Son utilisation fréquente de la diagonale est dynamique : elle suggère la technique du porte-à-faux architectural sans dramatiser le précaire ni risquer la chute, effet théâtral que le sculpteur évite délibérément. Murray se situe non pas dans le domaine de l'évident, mais dans les expressions plus exigeantes de la subtilité et de la nuance qu'une culture saturée par les médias peut facilement négliger par simple manque de sensibilité. Par exemple, dans une sculpture comme *Virage sur l'aile* (1968), il associe l'acier et l'aluminium pour créer un équilibre qui semble plus précaire qu'il ne l'est en réalité. Le poids relatif devient un élément de trompe-l'œil surprenant lorsque Murray peint les deux métaux de la même couleur, préférant déguiser la masse réelle plutôt que de la souligner. L'effet cantilever défie les lois de la pesanteur, mais Murray exige que toute tension perçue soit réelle et non artificielle. L'organisation apparemment simple mais pourtant totalement inhabituelle des formes planes ne s'appuie pas sur la masse, et l'espace englobé est vaste et généreux.

Parce que Murray se révèle un artiste de caractère, ayant ses propres convictions personnelles et stylistiques, ses premières œuvres ne sont pas démodées, contrairement à une bonne partie de la production artistique des années 1960 et 1970. Elles ont continué à évoluer bien après l'âge d'or de l'art monumental public abstrait, bien après la mort naturelle des dogmes de Greenberg. Progressivement, les plans plats de son œuvre ont cédé la place à des surfaces excentriques inclinées et courbes sur lesquelles glisse l'œil à la façon d'un skieur expérimenté sur les pentes. Ce qui se rapproche le plus de cet art pourrait être l'élégance et l'invention du Basque Jorge de Oteiza, grand sculpteur sur métal dont on n'a jamais vu de ce côté-ci de l'Atlantique l'œuvre géométrique exigeant. Réalisant en atelier ses propres pièces monumentales à l'aide de techniques de fabrication en usine, Oteiza a produit des sculptures à la fois rigoureuses et humaines. Tout comme ces œuvres apparemment simples, mais en réalité extrêmement complexes, les sculptures de Murray définissent leur relation à leur contexte architectural sans hostilité mais néanmoins avec une attitude de défi.

Maintenant sexagénaire, à l'âge où les sculpteurs ont finalement acquis la pleine maîtrise de leur art difficile, Murray possède un style personnel distinct, à la fois lucide, direct et libre de toute rhétorique prétentieuse. Il travaille lentement, méthodiquement et dans la solitude, produisant des structures imprévisibles, libres de cette normalisation modulaire si caractéristique de la production industrielle et de la multiplication facile. Solides, candides, généreuses et toujours fidèles à elles-mêmes, ses sculptures occupent une place spéciale dans une culture déterminée à marginaliser ce qu'elle ne peut consommer facilement. La vision rigoureuse et sans compromis de Robert Murray représente un rayon de lumière constant dans un monde sombre et confus.

DE L'ATELIER À L'USINE

par Denise Leclerc

Robert Murray projette davantage l'image de l'ingénieur ou de l'architecte minutieux, sorti des bonnes écoles et qui arrive à l'usine avec ses plans et ses maquettes. L'artiste se rend responsable comme il se doit du travail de conception, et il confie l'exécution à des techniciens spécialisés, se réservant le rôle du chef d'équipe. La fabrication ou production postatelier se fait presque nécessairement, surtout lorsqu'il s'agit de très grands formats, à l'extérieur de la ville de New York. D'après Caroline A. Jones, dans un ouvrage traitant de l'intrusion de la machine dans l'atelier, le rôle de l'image des artistes auprès du public est en pleine mutation : « [...] le lieu de la production artistique durant les années 1960 révèle une dynamique dans laquelle la rhétorique, l'iconographie et la pratique ont contribué à la construction d'une esthétique industrielle et d'un nouveau rôle pour les artistes, engendrant ainsi de profonds changements dans la relation entre l'objet d'art et son public. Au lieu de s'enfermer dans un sombre rôle de reclus, l'artiste devient un cadre dirigeant, un gestionnaire d'images, ou un directeur de bulldozers et de discours [16]. »

Au cours du processus, Murray renverse cependant la proposition en transformant la fonction industrielle à ses propres fins; il délègue une part de ses responsabilités aux experts techniques qui se transmuent automatiquement en un prolongement de lui-même : « Depuis, je n'ai éprouvé aucune difficulté à délaisser le contrôle du bout des doigts pour un contrôle à partir des épaules, me servant des bras d'autres personnes pour exécuter le travail [17]. » Il demeure sans contredit l'inventeur des formes, celui qui supervise jusque dans ses moindres détails l'usinage ainsi que la finition des œuvres. Le sculpteur se trouve à contrecarrer la logique de la production industrielle qui divise le travail en parties reproductibles de façon indépendante et à répétition. Mais l'usine lui permet de reconstituer le tout et de retrouver une unité fondamentale, ce qui est pour lui une motivation profonde. La machine ne sert plus à fabriquer des produits de masse mais plutôt un objet unique qui possède définitivement son « aura ».

Contrairement aux précisionnistes américains, Murray ne décrit ni ne montre dans son art les produits de l'industrie; il n'en imite pas non plus les procédés au moyen de techniques traditionnelles, à l'instar des photoréalistes – nous pensons ici à Chuck Close qui reproduit par la peinture le rendu photographique. Par contre, il en utilise les mécanismes en temps réel d'une manière presque prométhéenne et il détourne les moyens de production de masse à des fins, dirions-nous, plus élevées, pour réaliser une œuvre d'art de qualité.

Peintre de formation, Robert Murray a déjà à son crédit la conception d'une sculpture monumentale au moment de sa première rencontre avec le peintre américain Barnett Newman aux ateliers d'Emma Lake en Saskatchewan en 1959. Ce sera l'amorce d'une amitié durable qui aura des conséquences déterminantes sur son orientation. Ébranlé avec raison par la force et le caractère extrême de la peinture de Newman, Murray saisit intuitivement l'impossibilité de poursuivre dans cette voie sans tomber dans la redondance et entreprend plutôt de s'engager à fond en sculpture, une avenue qu'il avait à peine explorée. Suivant la logique moderniste, si l'on considère les grandes réalisations de la peinture d'après-guerre, il restait encore beaucoup à accomplir en sculpture; le projet moderniste pouvait donc bifurquer et se trouver une niche dans l'espace réel. C'est pourquoi l'utilisation de la feuille d'acier colorée reproduisant « dans sa chair » l'illusoire planéité du tableau, ou encore devenant un champ de couleur plat dans l'espace réel, démontrait un évident esprit de suite. On le notera aussi avec intérêt, la plupart des sculpteurs les plus représentatifs de la décennie avaient reçu une formation en peinture et en avaient compris les enjeux. À partir des années soixante, ils entreprennent de tester les limites ultimes de leur art, de donner à leurs œuvres leurs dimensions maximales.

Au début de sa carrière de sculpteur en 1959, Robert Murray opte pour la feuille de métal façonnée en industrie, la feuille d'acier d'abord, puis la feuille d'aluminium plus légère, avant de passer plus récemment à la feuille de bronze ou à celle de cire qu'il ouvrage et dont il tire un moule pour couler le bronze. Grâce à la feuille de métal, la qualité de l'espace plat recherché avec tant d'ardeur dans le cadre de la peinture formaliste devient facilement transposable dans l'espace réel qu'occupe la sculpture. Ce type d'approche découle directement des nombreuses discussions de l'époque sur la peinture en tant qu'objet [18]; les expressions « sculpture picturale » ou « sculpture-peinture » désignaient souvent les œuvres manifestant ces qualités.

Comme il l'a répété à maintes reprises, il est crucial que tout projet ambitieux repose au point de départ sur un concept clair et réalisable. Dès ses premières années à New York, Robert Murray opte pour la simplicité, la clarté et la netteté des lignes, tout à fait dans la foulée des questions fondamentales qui se posent dans le milieu sur la limite « inférieure », si l'on peut dire, de l'expression sculpturale. Il s'efforce de réaliser sa sculpture avec un minimum d'éléments, ce qui la rendra aussi simple que possible. Le réductionnisme architectural promu précédemment par Walter Gropius et ses disciples de la Bauhaus ainsi que l'idéologie du « moins est plus » avaient fini par altérer les visées des sculpteurs de cette décennie.

Murray joue et se joue des propriétés spécifiques de pièces de métal modulaire; il veut à tout prix garder apparente l'individualité de la feuille d'acier, toujours identifiable même quand elle s'intègre dans un ensemble cohérent. Il tient mordicus à se distinguer clairement de l'approche qui procède de l'assemblage ou des techniques de collage de la sculpture, avec lesquelles il prend de saines distances. Il ne fait pas que juxtaposer des éléments ou sections, mais il les fusionne sans qu'il soit toujours possible d'en distinguer clairement les composantes. Il invente des formes à partir de feuilles de métal standard, un matériau neuf : « On ne se pose pas de questions au sujet des plaques d'acier [...] Je veux découvrir ce que je peux créer avec ces plaques, de mes propres mains et avec leur prolongement à travers les techniques industrielles [19]. » Il n'y a point d'exubérance dans le travail de la soudure, ni de poésie dans tout l'attirail qui l'accompagne, comme dans le cas de la sculpture expressionniste. Les soudures sont discrètes ou encore rendues invisibles. Les points de jonction des sections découpées et pliées qu'il a assemblées par des boulons, des rivets et des vis, sont par contre plus apparents, tout comme les traces laissées par les presses hydrauliques.

Au cours des années soixante-dix, Murray réussit à nous éblouir lorsqu'il parvint, en créant une multitude de plis dans le métal, à produire l'illusion d'une grande légèreté qui évoque celle d'une feuille de papier. Certains ont comparé cette performance à l'art de l'origami. En misant fortement sur l'impression d'ensemble, une approche holistique en quelque sorte, il veut amener le spectateur à voir sa sculpture émerger d'une seule pièce de métal, plutôt que de plusieurs éléments rattachés. Gardant à l'esprit la force d'impact d'une peinture aussi robuste que celle de Barnett Newman, il s'efforce d'abord de donner à sa sculpture de grand format une silhouette marquante qui, vue de loin, se distingue par sa simplicité. Par la suite, il introduit une complexité et une subtilité dans la variété des formes pour le plaisir de celui qui la regarde de plus près. La monumentalité de l'œuvre ne vise pas à impressionner la foule; elle s'adresse plutôt à l'individu, invité à apprivoiser la sculpture en marchant tout autour plutôt que de se contenter de l'examiner à distance.

Même ses quelques sculptures à deux composantes doivent être lues comme s'il s'agissait d'une seule œuvre; la couleur joue alors un rôle unificateur en réduisant les tensions créées par cette dualité, selon un procédé qu'il utilise fréquemment. À l'instar des peintres, Murray se propose de contrer les facteurs de division et les effets de morcellement du cubisme par une recherche de moyens d'unification. Il possède en outre un sens inné de la couleur qu'il réussit à rendre inséparable de la forme. Idéalement, il aurait aimé obtenir du métal déjà imprégné de couleur plutôt que d'avoir à l'habiller d'une couche uniforme. Il a exploré en profondeur les techniques d'application des colorants afin d'obtenir cet effet de couleur à l'intérieur du métal. Les patines au cyanure de potassium appliquées sur des bronzes récents ressemblent davantage à des teintures, un peu comme ce que l'on retrouvait, à la fin des années cinquante, dans les tableaux d'Helen Frankenthaler sur des toiles non pré-parées. L'utilisation presque exclusive de la monochromie chez Murray exerce une fonction bien précise, celle de contenir les tensions dynamiques de composantes distinctes et individuelles qui animent des sculptures en équilibre subtil.

La couche de peinture se présente dans des finis brillants ou mats, bien souvent en couleurs pures pour les peintures-émail, ou plus pâles dans le cas des produits pour l'aluminium. L'artiste a des idées bien arrêtées sur le rôle de la lumière dans la perception des couleurs au-delà des caractéristiques physiques et matérielles de la peinture elle-même : « Il est difficile de réaliser une peinture monochrome de grandes dimensions. Mais la sculpture, elle, peut n'utiliser qu'une seule couleur parce qu'il s'agit non pas d'une illusion, mais d'un objet dans un espace que la lumière définit [20]. » « Ce qui m'intéresse dans l'exposition d'un plan à la lumière, c'est qu'on le perçoit selon la manière dont la lumière s'y réfléchit. On le voit en différentes teintes d'après la façon dont elle le touche. On est entraîné dans la couleur, ce qui ne se produit pas en peinture. La peinture est la surface physique qui supporte la couleur. Mais l'éventail de teintes chaudes et froides dans des espaces d'ombres et de lumière donne des nuances intéressantes, particulièrement dans le cas d'une œuvre monochrome [21]. »

Au-delà du discours « romantique » de libération de l'art des expressionnistes abstraits qui avaient ouvert les portes aux générations suivantes, l'art du milieu des années soixante devient plus matérialiste au sens profond du terme et en même temps plus sophistiqué; le concept de transcendance de l'œuvre d'art [22] perd alors de sa pertinence. Le sens de l'œuvre réside bientôt en elle-même, conformément à la vocation solipsiste du formalisme. On assiste alors à l'aboutissement d'un type de formalisme moderniste [23] ainsi qu'à sa vigoureuse remise en question immédiate. Ce qu'il reste de transcendance dans l'expérience esthétique provient plutôt du spectateur : la solitude vécue par l'artiste dans son atelier [24] devient celle de celui qui regarde la sculpture, sollicité dans son expérience intime et personnelle.

Nous croyons que Robert Murray, par sa prise de position initiale, a contribué avec d'autres à faire évoluer le formalisme dans sa voie finale matérialiste : « [...] il s'agit d'évoquer la possibilité d'un formalisme matérialiste, selon lequel la spécificité de l'objet implique non seulement l'état général de son matériau, mais aussi son mode de production jusque dans ses moindres détails [25]. »

N'oublions point que Robert Murray évolue dans le contexte américain de New York, celui que de l'extérieur on perçoit alors comme offrant les meilleures garanties en ce qui a trait aux qualités et aux normes reconnues internationalement. Il faisait partie de la cohorte de jeunes émergeant sur la scène artistique du début des années soixante et qui se définissait par rapport ou en réaction à la génération des expressionnistes abstraits d'après-guerre, qui elle-même avait dû se tailler un territoire propre face au prestige de l'art européen. Les récentes orientations adoptées par Murray, inspirées par les créations autochtones auxquelles elles rendent hommage, font partie d'un processus d'ancrage plus définitif sur le territoire nord-américain.

Le sculpteur s'est toujours exprimé fort éloquemment sur la nature de son travail, ses rapports avec ses collègues sculpteurs ou encore sur les exigences du travail avec des partenaires à l'usine. Il a dû fréquemment, à l'occasion de controverses, défendre les mérites de la sculpture abstraite et justifier sa place dans les lieux publics. Il est pour ainsi dire, et nous affirmons la chose en toute candeur, le principal concepteur du discours relatif à son œuvre.

Les motivations personnelles qui avaient incité le jeune Robert Murray à s'aventurer au centre du monde de l'art qu'était devenu New York l'ont conduit plus tard à réfléchir sur le sens de sa démarche première et à la relativiser : « Lorsqu'on se trouve proche du centre et au beau milieu de tant de gens – parce que ça prend beaucoup de monde pour faire un centre –, il est difficile de se rapprocher physiquement du centre réel, tout comme plusieurs milliers de personnes auraient de la difficulté à se tenir debout toutes en même temps sur le pôle Nord. Au cours d'une période de trente ans, je crois que je me suis rendu passablement près du centre, souvent sans le savoir. Mais c'est difficile d'y demeurer, parce que, contrairement à la plupart des autres systèmes de positionnement global, il y a constamment quelqu'un qui déplace le centre véritable, parfois d'aussi peu que de quelques coins de rue [26]. » Idéalement, se rendre réellement au centre ou bien tout près constitue une façon de transcender les contraintes du régionalisme et du nationalisme dans les considérations esthétiques; c'est aller là où apparemment l'art est jugé au mérite... Mais est-ce vraiment toujours le cas ? Au moment où l'histoire de cette période se décante, New York est-elle en train de passer comme d'autres dans une phase autocentriste ?

Au bout du compte, un ami de l'artiste, Jonathan Holstein, nous a ciselé une courte phrase qui synthétise l'essentiel du projet artistique de Robert Murray, ce projet que nous nous proposons d'analyser ici un peu plus longuement : « Murray projette une image extrêmement personnelle et puissante dans une sculpture abstraite d'une simplicité trompeuse, conçue à l'échelle monumentale [27]. »

2

3

Chapitre 2   **La simplicité complexe**

Au cours du printemps de 1956, alors qu'il remplit un formulaire pour le Saskatchewan Arts Board, Robert Murray affirme que ses préférences artistiques portent sur l'huile et la sculpture de métal. Le mot « mobile » paraît aussi entre parenthèses, une référence indirecte au créateur de la sculpture mobile de métal, Alexander Calder. Murray fréquentait toujours à ce moment-là, en tant qu'étudiant en peinture, l'École d'art de Regina [28]; rétrospectivement, cette courte phrase divulguait une fascination précoce pour la sculpture métallique, et effectivement tout un potentiel de développement ultérieur [29].

Après ses études secondaires au Bedford Collegiate de Saskatoon et les classes d'art du Technical Collegiate en compagnie d'Ernest Lindner, Robert Murray s'inscrit en 1954 au Teachers' College de Saskatoon où il apprécie vivement les cours de Wynona Mulcaster, à qui l'on doit certains paysages notables par les qualités « minimales » de leur traitement (voir fig. 2). Pour sa part, Mulcaster, le professeur de beaux-arts de tout le collège, voit très rapidement Murray se distinguer du groupe des cinq cents étudiants qui devaient obligatoirement fréquenter sa classe d'art [30].

Dès 1957, Robert Murray reçoit du Regina College, sur le campus de l'Université de la Saskatchewan, la commande d'une murale ayant pour thème la flore de la province et devant orner la salle à manger des étudiants. Cette initiative ne représente pas un cas isolé, et la multiplication graduelle des projets de murales devient, dans le contexte de la communauté des Prairies, un signe manifeste de dynamisme moderne [31]. Murale de 3,6 x 9,8 m, *Formes végétales des Prairies* (fig. 3) comprend de vastes aplats de couleur séparés de formes découpées avec une rigueur géométrique; l'évocation de la flore se fait par l'insertion de formes découpées et irrégulières, légères comme celles de Matisse dans sa période des papiers découpés.

Parmi les œuvres des débuts qui font partie de collections publiques, un autoportrait affiche une allure expressionniste (fig. 4), une caractéristique qui dérive presque naturellement de la technique de la gravure sur bois de fil. Une mise en abîme dans le coin supérieur droit, évoquant un croisé à cheval portant un oriflamme, présage peut-être les campagnes de défense de la sculpture monumentale abstraite qu'entreprendra Murray lorsqu'on attaquera certains projets destinés à des lieux publics. Un autre tableau des débuts, *Milwaukee* (1958, coll. Saskatchewan Arts Board, Regina) exprime pour sa part une autre gamme d'influences stylistiques qui le stimulent alors : celle de Jack Shadbolt – celui de la période des tiges végétales décoratives – avec qui il a suivi un atelier à Emma Lake en 1955, ainsi que les paysages semi-abstraits, semi-cubistes d'Art McKay, son professeur de l'École d'art de Regina depuis 1955. Étudiant de ce dernier établissement, Murray a l'occasion de visiter les villes de Milwaukee et Madison dans le Wisconsin et il est frappé par les caractéristiques industrielles de la ville qu'il évoque d'une manière floue.

4

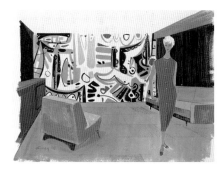

5

6

Toujours étudiant, il obtient une autre commande de murale, cette fois de George Solomon, propriétaire d'une compagnie se spécialisant dans la distribution de l'acier, pour sa résidence d'été au nord de Lumdsen, sur le bord de Regina Beach au lac Last Mountain. Pour cette œuvre connue sous le nom de *Murale de George Solomon* (1958, 2,4 x 4,5 m, sur panneau de masonite), Murray propose le thème de la végétation locale – il possède lui-même une collection de plantes des Prairies – et s'efforce en même temps de mettre en valeur le mystère et la présence des lieux dans les forêts d'épinettes du nord de la Saskatchewan, le tout dans un vaste paysage à caractère abstrait. Avec un tel thème, l'artiste affirme avoir recherché l'évocation subtile de certains effets propres à l'art autochtone de la Côte Nord-Ouest de la Colombie-Britannique. Toujours inspiré sur le plan technique par les effets des papiers découpés de Matisse, le découpage des formes en aplat s'assouplit depuis la murale de Regina College, dans une composition dense *all over* aux coups de pinceau supposant une grande dextérité calligraphique. De cette murale aujourd'hui détruite, il subsiste quelques esquisses qui se retrouvent dans la collection de la Mendel Art Gallery (fig. 5). Cette commande lui fournit à nouveau prétexte à réfléchir sur le caractère illusoire de l'espace que peut créer une murale, sur la nécessité de peindre de plus en plus en aplat afin de préserver une certaine intégrité architecturale et de contrer l'effet de profondeur.

La Mendel Art Gallery possède également des esquisses et collages de papiers de l'artiste, datant du début septembre 1958 et destinés à un projet de murale de mosaïque de 99 mètres carrés intérieur / extérieur, commandée par l'architecte Tinos Kortes pour le compte du Bureau des assurances du gouvernement de la Saskatchewan (fig. 6); portant sur les thèmes de la protection des secteurs de l'industrie et l'agriculture, un contenu iconographique pertinent dans les circonstances, elle est achevée en 1959. Les esquisses comprennent dans leur phase préliminaire des études d'imbrications de formes abstraites nettement découpées et d'intersections de plans en jeux de transparence : « La mosaïque a été exécutée en Italie à partir d'études détaillées à l'échelle, dessinées à l'aquarelle. Certaines parties réussissent à rendre la richesse de la couleur que

Figure 2
Wynona Mulcaster, *La rivière Saskatchewan en novembre* (1955), huile sur panneau de fibres, 49,9 x 65 cm. Collection permanente du Saskatchewan Arts Board, Regina (1955-005).

Figure 3
Robert Murray retouchant sa murale *Formes végétales des Prairies* (1957), cafétéria des étudiants, Regina College, Regina.

Figure 4
Robert Murray, *Autoportrait* (1958), gravure sur bois sur papier, 45,6 x 29,4 cm. Mendel Art Gallery, Saskatoon, don d'Ernest F. Lindner, 1972 (72.3).

Figure 5
Robert Murray, *Murale de la résidence Solomon – d'après le plan d'architectes nᵒ 13* (v. 1958), gouache, crayon de couleur sur carte, 32,5 x 45,1 cm. Mendel Art Gallery, Saskatoon, don de l'artiste, 1989 (89.23.9).

Figure 6
Murale (1959) à l'entrée du Bureau des assurances du gouvernement de la Saskatchewan, Saskatoon.

8

7

je recherchais; d'autres, contenant du verre d'une moindre qualité, sont un peu plus pâles. » Conscient des réseaux d'influence qui le marquaient alors, l'artiste ajoute : « Le panneau extérieur incorporait INS (*insurance*) à la manière de Stuart Davis, le panneau du côté opposé reprenait plutôt la manière de Léger – voilà deux artistes qui ont exercé une grande influence sur mon travail à l'époque [...] – formes et couleurs se fondant sur le thème de la récolte, de la machinerie agricole, des mouettes et des champs à motifs géométriques [32]. » Au cours de la même période, un professeur de Murray au Regina College, Wolfram Niessen, émigrant allemand arrivé au Canada en 1954, a exécuté à Regina trois panneaux en mosaïque pour l'entrée du laboratoire du nouvel édifice de la Santé publique [33]. À Vancouver, B.C. Binning a quant à lui réalisé en 1957 une murale en mosaïque pour la Banque canadienne impériale de commerce à l'angle des rues Granville et Dunsmuir. Ces murales de verre correspondent donc à une certaine vogue de la mosaïque appliquée à ce type de projets, probablement due à la redécouverte de cette technique antique au cours de voyages en Europe, particulièrement en Italie.

Récipiendaire d'une bourse d'étude, Robert Murray s'inscrit à l'automne 1958 à l'Instituto Allende de San Miguel au Mexique. Des lectures comme *Le Serpent à plume* (1926) de D.H. Lawrence ont déjà enflammé son imagination au sujet de ce pays. D'après Christine Boyanoski, qui a étudié l'attrait de cet endroit sur les artistes canadiens, l'accroissement du tourisme rendu plus facile depuis 1950 a permis l'éclosion du phénomène [34]. Fréquenté par un grand nombre de nos artistes, l'Instituto Allende marquera à plus d'un titre l'art canadien. L'enseignement à San Miguel du peintre expressionniste figuratif Rico Lebrun, par exemple, aura des conséquences directes sur la carrière de bien des artistes de Toronto. Murray y étudie auprès d'un autre professeur influent, James Pinto, qui a fait ses classes avec le muraliste David Alfaro Siqueiros, promoteur d'un art national destiné au grand public et qui prend sa source dans l'art précolombien.

Ce séjour au Mexique, terre d'origine d'un important mouvement muraliste aux répercussions internationales, permet à Robert Murray d'y voir de nombreuses murales et d'approfondir pour lui-même la grande question de l'art public. Il a de plus l'occasion d'exercer ses talents à San Miguel en réalisant une murale sur béton intitulée *Quetzalcóatl et le Corbeau* (1958, fig. 7). Cette fois, il divise l'espace en registres à la Gottlieb, les fonds en à-plat, de couleurs variées, intègrent des formes qui s'agrandissent et s'assouplissent pour s'aplatir sur le mur, le tout dans un jeu de contrastes de couleurs vives et de zigzags. Le titre de l'œuvre évoque la convergence dans l'esprit de l'artiste de deux cultures autochtones américaines, l'oiseau-serpent toltèque-aztèque et le corbeau haïda. Dieu civilisateur hautement considéré, Quetzalcóatl a apporté au genre humain la connaissance, la science et la prêtrise, il s'opposait au sacrifice humain et avait des visées non militaristes [35]. Quant à Corbeau, le libérateur, il a mis les humains au monde en les arrachant à l'emprise d'une palourde géante et leur a apporté le feu et la lumière. Pour la première fois dans cette œuvre, Murray exprime clairement la fascination qu'exercent

9

sur lui les cultures originelles qui se sont épanouies dans les lieux où il séjourne. Il a réalisé sur le même thème des versions en format réduit, un *duco* sur masonite (fig. 8) ainsi qu'un tapis.

C'est à San Miguel en 1959 que Robert Murray reçoit sa première commande de sculpture pour le compte de la ville de Saskatoon. L'artiste, qui a précédemment exercé un emploi d'été au département de la planification urbaine de la ville, apprend que celle-ci s'apprête à commander une fontaine – la Leslie Memorial Fountain – pour orner le parterre de l'hôtel de ville. Il prend donc un vif intérêt au projet, suggérant même aux responsables des noms de sculpteurs, notamment celui de John Nugent. Intrigués par son insistance, ils offrent à Murray de soumettre lui-même une proposition en se guidant sur des instructions plus ou moins précises : il devait y avoir « quelque chose évoquant la Saskatchewan ». Comme le rappelle Murray, il existe alors peu d'exemples à suivre dans l'environnement où il a grandi (en 1956, la Saskatchewan Teachers' College Federation de Saskatoon a commandé à Eli Bornstein une sculpture d'extérieur, *Construction d'aluminium (Arbre de la science du bien et du mal)*, qui a fait scandale à cause de son caractère abstrait) et il doit se fier à ses propres intuitions pour découvrir la voie à suivre. De plus, cette offre inattendue le force à concevoir sa première sculpture, lui qui n'a aucune formation dans le domaine. Lui vient alors l'idée d'avoir recours à un ferblantier qui façonnera une maquette préliminaire selon ses spécifications. D'autres maquettes (voir notice, cat. 3) suivent et le projet est soumis et retenu.

À la fin du printemps 1960, à son retour de San Miguel, Robert Murray entreprend un long voyage en auto-car afin de visiter Seattle, Victoria, Vancouver et la côte de la Colombie-Britannique; il en profite pour s'arrêter dans les musées d'anthropologie et il en ressort ébloui par la richesse des œuvres qu'il y découvre. Les mâts totémiques au sol de certains villages de la côte (fig. 9) lui font prendre conscience de la nature profonde de la sculpture qui est monumentale.

L'attraction de New York sur le jeune artiste commence à s'exercer à San Miguel à cause de tout ce que l'on y entend sur la nouvelle peinture de la métropole américaine. Après avoir participé à l'atelier d'Emma Lake à l'été

Figure 7
Robert Murray devant sa murale
Quetzalcóatl et le Corbeau (1958),
San Miguel de Allende, Mexique.

Figure 8
Quetzalcóatl et le Corbeau (1958), Bedford
Collegiate, Saskatoon.

Figure 9
Mâts totémiques au sol en Colombie-
Britannique, 1960.

10

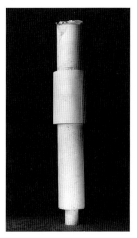

11

1959 – il y a rencontré Barnett Newman et passé du temps avec lui, se faisant à Saskatoon le guide de l'artiste américain et de son épouse Annalee en route vers New York – les motivations deviennent plus fortes. Une bourse du Conseil des arts en 1960 permet son départ définitif. Cette date marque aussi le début d'une longue amitié avec Newman, grâce à qui Murray a accès dès son arrivée à certaines collections new-yorkaises (celle de Ben Heller par exemple); il est littéralement bouleversé par ce premier contact avec des œuvres de Rothko, Gottlieb et De Kooning, pour ne nommer que ceux-là.

En voyant la sculpture-fontaine de Saskatoon, Barnett Newman a décelé « la force de l'image » dans la sculpture de Murray et c'est pourquoi il l'encourage à poursuivre dans cette voie. Par ailleurs, fortement ébranlé par la qualité de la peinture qui se fait à New York, Murray se lance avec détermination dans l'expérimentation sculpturale vers 1961–1962. Il commence avec des plâtres, pour des raisons pratiques, le matériau lui laissant en quelque sorte la liberté de se former en autodidacte dans un domaine qu'il n'a jamais étudié : « J'ai commencé à travailler avec le plâtre parce que j'étais installé dans un atelier exigu à New York (fig. 10). Je pouvais descendre dans la rue et acheter du plâtre et me procurer de l'eau au robinet. À l'aide de quelques bouts de bois et de fils métalliques, je pouvais construire ces formes. Cela ne nécessitait pas tout le gros équipement industriel auquel je m'étais habitué pendant l'expérience acquise à Saskatoon [...] Le plâtre est réellement un matériau très sexy, c'est tellement séduisant cette idée d'avoir quelque chose de liquide à un moment puis qui devient solide la minute d'après [...] Je me suis finalement trouvé à faire des plâtres de plus en plus simples, presque exempts de toute texture, ce qui a renforcé chez moi le désir d'avoir des surfaces simples et lisses [36]. »

Ses premières sculptures de plâtre, pour la plupart en forme de colonnes cylindriques, se présentent dans des dimensions variées. Les surfaces lisses sont à l'occasion interrompues par des éruptions de matière texturée, contenant en elles-mêmes bien des embryons d'expansion future. L'insatisfaction générée par les limites du travail manuel [37] et le constat que les techniques de la fonte du bronze ne le passionnent pas particulièrement l'amènent à réfléchir aux avantages de travailler à nouveau avec une usine de fabrication. En mai 1962, il a fait couler en bronze quelques-uns de ses petits plâtres à la Modern Art Foundry de Long Island (N.Y.), une fonderie découverte en compagnie de John Nugent, un autre sculpteur de la Saskatchewan. Les deux hommes ont déjà rendu visite à David Smith à Bolton Landing (N.Y.) [38], au nord du lac George, dans son atelier désormais célèbre, le Terminal Iron Works. Équipé de sa propre machinerie, Smith y assemblait sur place ses sculptures d'acier, qui couvraient les alentours de la ferme, un site aux vues prenantes.

David Smith réalise ses sculptures en assemblant par soudure des pièces de métal de rebut choisies avec grande minutie. La série des *Tanktotems* des années 1950 ainsi que le *Zig IV* de 1961 aux feuilles d'acier peintes jaune ocre constituent des œuvres fondamentales aux yeux de la communauté des jeunes sculpteurs. Robert

Murray cependant se trouve davantage attiré par la dimension des œuvres de Smith. Il rejette tout l'aspect d'assemblage de nombreuses parties, qui empêchent à son avis une vision claire d'une œuvre « qui peut être comprise comme complète plutôt que comme fragmentaire – façonnée d'une seule feuille métallique plutôt que composée de divers morceaux et parties [39]. »

Par exemple, une œuvre comme *Alethia* (1962, fig. 11), plâtre de 59,6 cm coulé en bronze en avril 1963, auparavant dans la collection de Betty Parsons et aujourd'hui non localisée, comprend trois cylindres de diamètres variés emboutis l'un dans l'autre; elle suggère au premier abord la forme lisse du tuyau, mais ne nous méprenons pas, il s'agit ici d'un tuyau de bronze. On note déjà la présence du *look* industriel : « Pendant la courte période où j'ai travaillé le bronze, j'ai exécuté une sculpture qui devait être vue de façon bidimensionnelle. C'est-à-dire qu'il s'agissait d'une silhouette forte. De simples cylindres empilés les uns sur les autres de façon irrégulière présentaient une configuration que je voyais plus comme linéaire que comme volumétrique [40]. »

Le choix du titre *Alethia*, adapté du grec *alètheia,* la vérité, mérite qu'on s'y arrête : pour la première fois, Murray laisse à quelqu'un d'autre le soin de titrer ses œuvres, à Barnett Newman dans ce cas-ci, attendant de recevoir la réaction du spectateur à sa sculpture. Il veut mettre à contribution l'érudition de Newman [41]; la vérité réside-t-elle dans la verticalité qui, depuis Brancusi et Smith, s'identifie bien souvent au mât totémique ? L'homme moderne est-il porté à chercher sa vérité dans l'*autre* ?

Les premières expositions new-yorkaises

La première exposition individuelle de Robert Murray à New York a lieu chez Betty Parsons au printemps de 1965. D'autres suivront en 1966, dans le cadre de l'exposition de groupe *Pattern Art* [42] ainsi qu'à l'automne 1968. Barnett Newman agissait à titre de conseiller à la programmation auprès de Betty Parsons [43] et se montrait généreux mais exigeant dans ses encouragements aux jeunes artistes. L'imposante stature du peintre avait

---

Figure 10
Robert Murray dans son atelier-appartement de New York, 1962.

Figure 11
Alethia (1962), plâtre, 59,6 cm, non localisé.

touché profondément Murray et il se développa une filiation artistique particulière entre Newman et lui, une concertation à propos des grandes questions à la source de la création de l'art en Amérique, notamment en ce qui concerne l'approche holistique. Newman avait désiré au plus haut point se couper de la filiation artistique européenne : on ne peut véritablement partir que de soi-même, clamait-il.

Dans le contexte de son analyse de la production récente de sculpteurs américains et britanniques, la critique bien connue Barbara Rose, qui a publié plusieurs textes sur Murray, notamment dans *Artforum*[44] et *Canadian Art*, formule ce commentaire vivifiant sur la participation de celui-ci à la Whitney Annual de 1965 : « Il s'est affirmé comme l'un des membres les plus talentueux et les plus ambitieux d'une nouvelle génération de sculpteurs [...] Murray s'est révélé le plus vigoureux d'un groupe de jeunes sculpteurs qui travaillent exclusivement sur métal poly-chrome et qui utilisent souvent des pièces de construction industrielle standard comme des tuyaux et des poutres[45]. »

Rose avait tenté de discerner dans un texte devenu un classique de la période « ABC Art »[46], une nouvelle sensibilité que l'on avait commencé à qualifier de minimaliste[47] mais qui au sens strict s'appliquait uniquement aux créations les plus radicales de Donald Judd, Carl Andre ou Dan Flavin. Un plus grand nombre de sculpteurs misaient davantage sur une exploitation de fondements géométriques simples à grande échelle, dans l'esprit de l'exposition *Primary Structures* tenue au Jewish Museum à New York en 1966 : « Bon nombre d'artistes com-mencèrent à tendre vers la simplification dans leurs œuvres et à leur donner une taille plus ambitieuse. Certains critiques réagirent à cette tendance en cherchant une nouvelle terminologie appropriée. Le terme de minima-lisme apparut plus tard et on limita généralement son application à un petit groupe d'artistes[48]. »

Le symposium international de sculpture de Long Beach

D'après le journaliste Lawrence Allison, l'intérêt porté à la sculpture monumentale dans le sud de la Californie, où germa l'idée d'un symposium international s'expliquerait par l'existence dans la région d'un exemple spec-taculaire de sculpture vernaculaire. Entre 1921 et 1955, un immigrant italien a construit à Los Angeles la célèbre Tour Watts; il s'agit de Simon Rodia, « qui a innocemment attiré sur lui-même la colère des instances du Sud, mais qui, ayant vécu suffisamment longtemps pour émerger comme un héros culturel, a tout aussi innocemment engendré une révolution dans la sculpture américaine[49] », un commentaire lancé un peu à la blague.

Le phénomène des ambitieux symposiums de sculpture existe depuis la fin des années cinquante. Un autre sculpteur canadien, Robert Roussil, qui a connu l'expérience aigre-douce de ce genre d'entreprise et qui s'est fait le promoteur de l'idée d'un symposium à Montréal sur le Mont-Royal en 1964, en tire ses conclusions : « À ce moment-là, ça a été une affaire importante les symposiums parce que ça permettait aux sculpteurs d'avoir du matériel dans des quantités importantes, de faire des œuvres qui dépassaient la petite sculpture. C'était un truc essentiellement d'expérience pour le sculpteur. D'ailleurs, c'était toujours des affaires qu'on faisait pour rien [...] C'était un truc qui, disons, marchait par lui-même, sans frais, si l'on peut dire [50]. »

Sous les auspices de l'International Sculpture Federation, un organisme de l'Unesco, le premier Symposium international de sculpture aux États-Unis se tient en 1965 au Long Beach State College, à Long Beach (Cal.). La Fédération s'est donné comme objectif de couvrir la planète de sculptures, symboles manifestes de l'unicité du genre humain et de l'artificialité des frontières. Jusque-là, environ 25 symposiums de sculpture ont eu lieu ailleurs dans le monde. En sculpture sur pierre, après un premier symposium tenu dans la carrière abandonnée de St. Margareth en Autriche à l'été 1959, à l'instigation du sculpteur Karl Prantl, il y en aura à Protoroz en ex-Yougoslavie, en Israël (organisé par le sculpteur d'origine russe Kosso Eloul qui devait plus tard s'installer à Toronto), à Tokyo et à Berlin. À Montréal, Robert Roussil se tourne vers Otto Bengle pour organiser une manifestation où les sculpteurs ont le choix des matériaux. Le fer et le bois ont également servi de thèmes à d'autres grandes expositions de sculpture de plein air.

La formule permet aux artistes de travailler directement à l'extérieur dans des espaces plus vastes et sous une lumière naturelle, des conditions fort différentes du travail en atelier. Elle leur offre aussi la possibilité de créer de nouvelles formes, ce qui s'avère fort attrayant pour eux. Enfin, comme il ne s'agit pas de commandes précises pour un client, ils jouissent d'une plus grande liberté de création et d'expérimentation.

En 1964, Ken Glenn, professeur de sculpture au Long Beach State College, participe à l'International Symposium Conference à Paris et il en revient assez motivé pour se lancer dans l'organisation d'un symposium international de sculpture d'une durée de dix semaines et placé sous le patronage du College. Encore tout frais dans les mémoires, il y a le souvenir de la notoriété qu'ont value aux États-Unis les 26 sculptures monumentales créées en un mois par David Smith pour le festival de Spolète [51] en 1962. Le sculpteur russo-israélien Kosso Eloul, artiste en résidence au College depuis plusieurs mois et expérimenté en la matière, agit à titre de consultant.

Comme l'expliquait Ed Killingsworth, l'architecte en charge de la planification sur le campus, « Les sculpteurs considérés étaient classés selon les catégories générales des matériaux et des styles dans lesquels chacun travaillait. Avant 1959, tous les symposiums ont principalement abordé la sculpture de la pierre. Ce matériau ne se trouve pas comme tel dans le sud de la Californie, tandis que le séquoia, le ciment, l'acier et l'aluminium comptent parmi les ressources naturelles ou les produits de la région. La considération de matériaux exigeant le recours à la technologie industrielle visait des sculpteurs participant à leur premier symposium et qui semblaient avoir la capacité et le goût d'expérimenter à l'échelle monumentale [52].

Les organisateurs expédièrent une cinquantaine de lettres de sollicitation et sélectionnèrent quatorze artistes, Robert Murray représentant le Canada. Sur la liste des participants apparaissent, entre autres, les noms de Kengiro

Azuma (Japon), J.J. Beljon (Hollande), Kosso Eloul (Israël), Gabriel Kohn (États-Unis), Piotr Kowalski (Pologne), Eduardo Paolozzi (Angleterre), Gio Pomodoro et Leonardo Leoncino (Italie) – Claire Falkenstein des É.-U. remplacera ce dernier, victime d'un accident – et André Bloc (France), fondateur de la revue *Architecture d'aujourd'hui,* la grande vedette du symposium. À cette même occasion, le président du State College commanda une murale extérieure pour le Faculty Office Building 3 à la peintre Rita Letendre, déjà sur place en compagnie de son conjoint Kosso Eloul [53].

Un noble objectif servait de principe unificateur à toute l'entreprise, la création d'un musée sans murs, comme on disait alors, dans un geste de grand rapprochement avec la technologie du sud de la Californie : « Le principe de veiller à n'imposer aucune limitation à l'artiste a été élargi jusqu'à inclure un soutien sans bornes de la part de l'industrie pour aider le sculpteur à trouver des solutions à des problèmes nécessitant de la recherche, de l'expérimentation et des installations spécialisées dans les industries de l'aérospatiale, de l'électronique, de la construction de navires, de la chimie, des métaux et du commerce des métaux, du ciment et de la construction. Nous espérions que ces ressources industrielles inciteraient le sculpteur à relever le défi de réévaluer ses propres limites de créativité [...] Chaque sculpteur s'est servi de la technologie industrielle bien au-delà des attentes, et au-delà de notre budget [54]. »

Selon l'entente de départ, les artistes devaient donner au College l'œuvre exécutée sur place, en retour de quoi on leur promettait les matériaux, l'accès gratuit aux usines locales ainsi que leurs frais de subsistance. Robert Murray est d'abord séduit par la perspective de travailler dans plusieurs grandes usines de fabrication (avions, bateaux, missiles) et d'avoir à sa disposition de la machinerie lourde en quantité plus considérable qu'à l'habitude. Il croyait se retrouver dans une situation similaire à celle de David Smith à Voltri et Spolète en Italie où une aciérie avait participé à l'événement. Cependant, un certain désenchantement s'installe bientôt parmi les sculpteurs invités, le soutien universitaire n'étant pas du même calibre et les problèmes d'organisation sur le campus semblant insurmontables à plusieurs.

Quelques-uns décident d'abandonner, comme Paolozzi et Pomodoro, à la suite de mésententes sur le logement. Robert Murray, pour sa part, exprime publiquement ses doléances mais il choisit de rester puisque son travail est bien amorcé grâce à l'excellente collaboration de la Bethlehem Steel, un chantier naval au nord-ouest de Long Beach dans le port de San Pedro : « Travailler avec de lourdes plaques d'acier et réaliser le genre de formage dont j'avais besoin fait partie de leur travail régulier [...] Les formes fabriquées qu'on assemblera éventuellement pour devenir la coque d'un navire constituent des formes très abstraites pour commencer, et lorsque vous voyez ces formes étalées sur le plancher des énormes hangars, il est difficile de les distinguer de mon travail. Finalement, une fois les sections assemblées, ils ont estimé le tout assez innovateur [55]. »

12

La presse se chargea de relever les circonstances atténuantes : « Quarante firmes industrielles avaient consenti à fournir les matériaux, les services et les conseillers nécessaires, et nombre d'entre elles contribuèrent généreusement. Cependant, une grève des opérateurs d'équipement lourd dans la construction – cinq semaines, au début du symposium – plaça centaines firmes dans l'impossibilité d'effectuer les dons. Et à partir du moment où les sculpteurs se rendirent compte de l'énorme potentiel du complexe industriel sophistiqué dans le sud de la Californie, leurs projets prirent de l'ampleur et devinrent plus coûteux [56]. » Néanmoins, l'amertume se glissa dans les rapports avec les organisateurs et Robert Murray s'exprima de la sorte, soulevant la question d'obligations contractuelles et indirectement celle du statut de l'artiste dans ces projets d'envergure : « Je me soucie constamment des droits de propriété sur ce que je produis. Ici, je me trouve dans la ridicule position d'offrir en cadeau une de mes œuvres les plus ambitieuses à des gens avec qui aucun rapport n'est possible [...] Dit simplement, ils ne tirent aucune satisfaction d'avoir obtenu à un si bas prix une sculpture monumentale [57]. » Comme dans toute campagne de financement, l'Université avait annoncé qu'elle obtiendrait à bon compte toute une collection de sculptures monumentales, la plus étendue à l'époque aux États-Unis, et cela irritait l'artiste au plus haut point [58].

Le symposium de Long Beach offre tout de même à Robert Murray l'occasion de fabriquer son œuvre la plus ambitieuse à ce jour, *Duo* (fig. 12), une sculpture d'acier de 3175 kilos, mesurant 3,05 x 5,49 x 1,22 m, recouverte de peinture époxyde orange vif, et qu'il a dédiée à la mémoire de David Smith récemment décédé. Habile performance d'un duo gracieux malgré le poids de deux grandes plaques d'acier, la sculpture autoportante, grâce à la tension dynamique d'obliques fendant l'espace, se trouve en parfait équilibre; le poids de la partie supérieure contrebalance celui de la partie inférieure sans qu'il y ait nécessité de soudure, et tout en gardant leurs caractéristiques propres, les parties se joignent sans se fondre, s'inscrivant ainsi dans un triangle imaginaire. La surface

Figure 12
Duo (1965), California State University,
Long Beach.

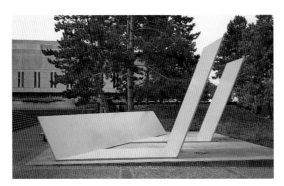

13   14

lisse continue n'est interrompue que par une calotte sphérique convexe dans la partie inférieure, peut-être un rappel des tanktops de David Smith ou d'une œuvre antérieure, *Printemps* (1965), où le renflement se voulait une allusion voilée à la grossesse de l'épouse de Murray.

Alors que ses sculptures précédentes, de taille moyenne, comme *TO* (1963), *Chef, Montauk* et *Jalon* (1964), ou encore *Printemps* (1965), s'élèvent à la verticale, dans le cas de *Duo* on parle d'une œuvre à l'horizontale, la base étant complètement éliminée. Robert Snyder, professeur d'anthropologie au San Pedro Fernando Valley State College et cinéaste attitré du symposium, voyait en *Duo*, coïncidence curieuse, une figure au repos chac-mool d'origine toltèque comme celles que l'on trouve à Chichén Itzá au Yucatán et qui ont inspiré Henry Moore. Cependant, Murray songe toujours aux mâts totémiques lorsqu'il en parle : « Je suppose que mes sculptures "autoportantes" ne diffèrent pas de beaucoup des totems. Les autochtones en les créant les ont imprégnés d'une sorte de magie, et si mes œuvres ont un certain caractère mystérieux, je serai satisfait. Elles constituent une tentative de découvrir un secret [59]. »

Murray considère pourtant que la taille de la sculpture, installée près du Student Union Building, produisait un bien meilleur effet à l'intérieur de la Bethlehem Steel, un environnement contenu, que sur le campus universitaire, où la vue se perd dans la vaste étendue horizontale des terrains [60]. La simplicité des lignes réduites à leur minimum s'impose comme un *a priori* sur lequel il va miser de plus en plus : « J'ai essayé de donner forme à mes idées aussi clairement et aussi simplement que possible. Je ne veux pas que des éléments non essentiels viennent nuire à l'ensemble [61]. » « Ma théorie consiste à explorer comment je peux créer une sculpture en limitant mes interventions au minimum [62]. »

On a donc affaire à une œuvre de grande simplicité, mais qui résulte d'une démarche fort complexe. D'après Dore Ashton, « Si Murray vise comme objectif la simplicité, il ne la recherche certainement pas quand il choisit les moyens pour y parvenir. Il s'engage dans des paradoxes, mettant des contradictions et des stress inhabituels dans l'unicité sculpturale. Le contrepoids de deux éléments dans la sculpture autoportante *Duo*, par exemple, consiste en une subtile fusion de deux oppositions. » Plus loin, lorsque Ashton établit les comparaisons d'usage entre Murray et ses contemporains, elle note dans le travail du premier une caractéristique essentielle : « Murray se distingue aussi par son insistance sur l'espace clos. Il n'interprète pas les éléments d'une manière illimitée. Il définit soigneusement la sculpture comme une unité simple avec des frontières visibles [63]. » Ainsi, les similarités que l'on a trop souvent cru voir entre le travail de Murray et celui d'Anthony Caro démontreraient plutôt une méconnaissance profonde de l'œuvre de chacun.

La déconstruction de Cumbria

Peu après la réalisation de sa monumentale *Duo* à Long Beach, Murray entreprend une œuvre encore plus ambitieuse, *Cumbria* (1966–1967, fig. 13, 14), dont la version originale sera construite à l'usine de fabrication Lippincott à North Haven (Conn.) et marquera le début d'une longue et fructueuse collaboration avec ce fabricant. Deux plaques d'acier pliées de dimensions considérables, placées en porte-à-faux diagonalement, s'élancent dans l'espace, rattachées qu'elles sont à un plan incliné qui prend la direction opposée. Il s'agit peut-être là de la sculpture de Murray qui se rapproche le plus de la rigueur minimaliste en raison de son extrême simplicité géométrique. *Cumbria* s'ouvre et se projette audacieusement, comme aspirée vers le haut, démontrant du même coup tout le chemin parcouru dans l'occupation de l'espace depuis la densité compacte des compositions cylindriques : « *Cumbria* de Robert Murray [...] consiste essentiellement en une étude de plans. Il ne s'agit pas d'une sculpture dans le sens habituel, c'est-à-dire qu'elle ne traite pas principalement de masse, de texture ou d'espace confiné [...] Les deux plans jumeaux s'éloignent du sol avec l'allégresse d'un jet quittant la piste d'envol [...] C'est une œuvre de mouvement ample; jamais en repos, l'œil assisté par une seule couleur voyage rapidement sur toutes les surfaces [64]. »

La sculpture fut exposée à la place Nathan Phillips de l'hôtel de ville de Toronto au cœur de l'exposition en plein air *Sculpture '67*, organisée par Dorothy Cameron pour le compte de la Galerie nationale du Canada, une des multiples activités des célébrations du Centenaire, et à New York sur le site de Battery Park, dans le cadre d'un programme de la sculpture du mois [65] en mars 1968 (fig. 13). Dans une impressionnante installation, on pouvait admirer la sculpture sur un fond d'édifices en hauteur se détachant en arrière-plan, une mise en scène à la mesure des ambitions de l'œuvre.

Probablement influencé par ce dernier emplacement, le ministère canadien des Transports se porta acquéreur de *Cumbria* en 1969 pour les besoins de l'aéroport de Vancouver. À l'époque on avait comme objectif de

---

Figure 13
Installation de *Cumbria* (1966–1967) sur le
site de Battery Park, New York, en 1968.

Figure 14
Cumbria, Morris and Helen Belkin Art Gallery,
Université de la Colombie-Britannique.

15

16

mettre en valeur la vocation internationale de l'aéroport, et principalement celle de la ville de Vancouver :
« L'œuvre, avant tout, évitera l'esprit de clocher. Il n'y aura donc pas de rondins de bois, ni de poissons, ni de puits de mine, ni même de signes de dollars. Il s'agit de ne pas perdre de vue le caractère international de l'aéroport de Vancouver [66]. »

Cumbria, que l'édition canadienne de la revue *Time* avait proclamée l'une des sculptures publiques les mieux réussies [67], devait originellement être installée devant le terminal, au niveau de la rue, de manière à ce qu'on puisse aussi la regarder à partir des étages de l'aéroport. Par la suite, la Vancouver International Airport Authority décida, malheureusement pour l'œuvre, de la placer plutôt sur un terre-plein à l'intersection des voies d'accès à l'aéroport, lui donnant comme arrière-plan non prévu garage et pompes à essence; sur un tel emplacement, on ne pouvait que lui jeter de brefs coups d'œil à partir de véhicules en marche.

Victime d'un changement de régime [68], quelque vingt-cinq ans plus tard, en 1993, *Cumbria* fut évincée de son site d'une manière peu élégante, à l'aide de bulldozers qui l'ont endommagée irrémédiablement [69]. L'agrandissement de l'aéroport ainsi qu'un programme artistique totalement différent [70] justifiaient cette action aux yeux des autorités de l'aéroport, encore une fois au nom de la vocation internationale de celui-ci. Il aurait fallu s'enquérir des façons de procéder pour déplacer une œuvre d'art de cette dimension – *Cumbria* se démonte en sections, mais personne ne daigna consulter son créateur. Un tel comportement provoqua l'indignation à l'échelle nationale, et les appuis à l'artiste se multiplièrent [71]. L'événement mit en lumière la confusion engendrée par le transfert de responsabilités des aéroports canadiens – maintenant confiées par bail aux autorités locales –, notamment en ce qui a trait à la propriété des œuvres d'art commandées par le ministère des Transports au fil des ans, et qui lui appartiennent toujours.

Le sculpteur gagna sa cause et la sculpture fut reconstruite en 1995 chez Murray-Latta de Richmond (C.-B.), avec cette fois des plaques d'acier solide de 50,8 mm d'épaisseur; la nouvelle *Cumbria,* dorénavant à l'épreuve des bulldozers, pèse maintenant quelque 19 350 kilos . Depuis le 1er avril 1997, elle occupe un emplacement plus approprié sur le magnifique campus de l'Université de la Colombie-Britannique, dans la *Sculpture Court,* entre le Pavillon Lasserre et la Belkin Art Gallery de l'architecte Peter Cardew (fig. 14).

L'artiste éprouve naturellement une affection particulière pour cette sculpture, un attachement renforcé par de rudes épreuves. Il évoque en ces termes ce qu'elle représente à ses yeux : « C'est un peu comme dessiner dans la masse [72] », ou encore, « comme une sensation devant deux pièces d'acier qui pèsent cinq tonnes, et que l'on peut percevoir à un moment comme une longue ligne fine, et l'instant d'après comme une lourde plaque ou encore comme une étendue de couleur sans pesanteur [73]. »

17

Abondance de commandes

Dans le sillage de l'ambitieux patronage des arts du ministère des Transports du Canada, la Corporation canadienne pour l'exposition universelle de 1967 ayant pour thème de « Terre des hommes » lance un vaste programme de commandes de sculptures pour agrémenter le site de l'exposition. Murray y propose *Dyade* (1967, fig. 15), une œuvre monumentale de 4,8 m de haut que l'on installera dans l'île Notre-Dame. Cette sculpture, une évolution à partir du concept de *TO* (1963), réconcilie une certaine tension créée par la dualité de *TO* (cat. 10), pièce constituée de deux éléments verticaux qui peuvent s'opposer à partir de n'importe quel point, en rattachant définitivement et irrémédiablement les deux éléments dominants. On allait plus tard installer *Dyade* sur le campus de l'Université de l'Alberta grâce à l'appui financier de la House of Seagram Ltd.

Le rouge de Megan (1968, fig. 16, 17), dont le titre dérive de la couleur préférée de sa fille Megan, compte parmi les sculptures de Murray les mieux situées : on l'aperçoit sur une allée surélevée reliant les divers bâti-ments conçus par I.M. Pei et ses partenaires[74] à la State University of New York, College at Fredonia. Composée d'aluminium peint en rouge (3,6 m de haut, 3175 kilos), on l'avait d'abord empruntée à la collection Jack Feldman de Philadelphie pour la placer devant la bibliothèque Reed en 1969. On l'a par la suite intégrée défi-nitivement aux nouveaux aménagements de Pei sur le campus. *Le rouge de Megan* renverse le dynamisme et l'agressivité de *Chinook* (cat. 18) : au lieu de projeter le cylindre à l'oblique dans l'espace, Murray cette fois-ci le renverse au sol dans un ample mouvement d'audacieuse bascule qui lance son « empennage » dans la direction opposée. Comme d'autres artistes de cette période, il cherche à résoudre les problèmes posés par le rejet des formes emprisonnées à l'intérieur du rectangle imaginaire du cubisme, un héritage devenu plutôt conventionnel, et on peut considérer *Le rouge de Megan* comme un bon exemple de solution proposée : « Lorsque j'ai recommencé à fabriquer les sculptures, j'ai essayé d'utiliser les plaques de manière à suggérer

---

Figure 15
Dyade (1966) sur le site d'*Expo '67*,
Montréal.

Figures 16, 17
Le rouge de Megan (1968), State University
of New York, College at Fredonia.

19

18

le volume sans vraiment emprisonner la forme. Autrement dit, je voulais créer plus d'espace que je ne pouvais en remplir en réalité [75]. »

En 1973, lorsque l'Université de Toronto lui commande une sculpture pour souligner le centenaire de la fondation de la faculté d'ingénierie et de sciences appliquées, Robert Murray propose une œuvre de 1969, *Le H de Rebecca* (fig. 18, 19) – cette fois-ci, Rebecca, l'autre fille jumelle du sculpteur, lui a inspiré le titre : toute petite, elle aimait dessiner des H sur les murs. Simple coïncidence, David Smith avait lui aussi, en 1965, donné à une de ses sculptures le titre de *Rebecca*, d'après le nom de sa propre fille. Même dans ses compositions les plus réductrices, Murray nous offre une généreuse diversité d'angles de vue; la structure de support en forme de large H retient un plan incliné dont la continuité constitue une parfaite illusion. La partie supérieure – une seconde feuille de métal qui émerge du dessous du support sans qu'on la voie – repose allègrement en porte-à-faux dans le vide. *Le H de Rebecca* se distingue par son assemblage de deux métaux, de l'acier plus lourd pour le bas et de l'aluminium plus léger pour le haut; l'utilisation de matériaux prépeints a prévenu l'effet non désiré de galvanisation par contact.

Controverses à Ottawa

Une fois bien établi le programme voulant que l'on consacre un pour cent des coûts de construction à la réalisation à œuvres d'art, le ministère fédéral des Travaux publics commande à Murray une sculpture pour le nouvel édifice du ministère des Transports, conçu par la firme d'architectes John B. Parkin Associates. De nombreuses péripéties marquèrent la construction de cet immeuble situé entre le pont Mackenzie et le canal Rideau à Ottawa. Au point de départ, dans le choix de l'emplacement de la sculpture, l'artiste avait tenu compte d'un projet de cafétéria qui devait ouvrir sur le canal et sur la Promenade du Colonel By que l'on a élargie depuis. L'installation de cette œuvre, conçue pour être vue d'une certaine hauteur, eut lieu avant l'arrivée des nouveaux occupants. Cependant, un changement de vocation du bâtiment modifia sensiblement la perception de l'esthétique de la sculpture : lorsque le ministère de la Défense nationale prit possession des lieux, pour des raisons de sécurité il interdit l'ouverture de l'édifice sur le canal et *Tundra (pour Barnett Newman)* (1972–1973, fig. 20) se retrouva bien esseulée, avec pour compagnie presque exclusive la circulation automobile : « Il n'existe guère d'espoir que *Tundra* – qui n'a absolument rien d'une œuvre mineure – se languissant dans son emplacement actuel, sans accès pratique et visuellement dominée par l'imposante façade située derrière elle, puisse jamais réaliser son potentiel esthétique ou gagner l'affection et l'estime du public [76]. »

Murray avait dédié *Tundra* à Barnett Newman en souvenir peut-être d'un tableau orange du même titre que Newman avait peint en 1950, ou plus vraisemblablement pour souligner son décès en 1970. Des pliures dans la feuille de métal qui partent dans des directions à angles variées contribuent à accentuer le plan horizontal. Le

20

21

sculpteur découvrit là un riche filon et la poursuite du développement des formes dans l'espace à l'horizontale avec *Balancement* (1973, cat. 24) culminera avec *Hillary* (1983, fig. 33, 34), une œuvre maîtresse. Murray avait installé peu de temps auparavant, devant le ministère des Affaires étrangères, une sculpture intitulée *Haïda* (1973, fig. 21) qui avait soulevé l'ire des journalistes et politiciens s'exprimant soi-disant au nom des payeurs de taxes, comme d'habitude. L'*Ottawa Journal,* qui n'avait pas oublié, titrait, à l'occasion de l'installation de *Tundra* : « From Those Wonderful Folks Who Brought You *Haïda* »[77]. La forme « menaçante » du métal plié semblait personnifier le pire des affronts et troublait, aux dires de certains, la quiétude psychologique du grand public. On alla même jusqu'à suggérer de la recouvrir[78]!

Le ministère des Affaires étrangères à Ottawa inaugurait en effet en 1973 l'édifice Lester B. Pearson, en forme de ziggourat, une conception des architectes Webb, Zefara, Menkes et Housden de Toronto. Pour l'occasion, on avait commandé toute une série d'œuvres d'art, dont les portes extérieures de bronze à Robert Hedrick et la sculpture *Haïda* à Robert Murray. Président du comité consultatif responsable de la sélection, K.C. Stanley, des Travaux publics, avait suivi dans le cas de Murray la recommandation du peintre Kenneth Lochhead, alors professeur associé à l'Université du Manitoba, que le sculpteur avait connu au Regina College à la fin des années cinquante. Projetant un savant équilibre de courbes et d'angles, et particulièrement élégante dans sa jonction d'un arc de cercle et d'une équerre sur sa pointe, *Haïda* se déploie dans un grand mouvement entre une feuille d'acier courbée et une autre découpée et pliée à angle droit. On décelait des courbes dans la *Sculpture-fontaine* (voir maquette, cat. 1) de l'hôtel de ville de Saskatoon ou encore dans *Brisant* (1965, cat. 13). Mais à partir d'ici, Murray se mettra à investir davantage dans les formes incurvées, stimulé sur le plan créateur par les possibilités offertes par la machinerie de plus en plus raffinée à sa disposition : « Tout a commencé lorsqu'on a laminé certaines des feuilles au lieu de réaliser une sculpture à géométrie plate, dans le genre de *Split* ou de *Haïda* dont les grandes courbes résultent de l'utilisation de laminoirs[79]. » La commande fournit au sculpteur

---

Figure 18
Le H de Rebecca (1968–1969) devant l'Engineering Building, Université de Toronto.

Figure 19
Le H de Rebecca (1968–1969) dans l'usine de fabrication Lippincott Inc., North Haven (Conn.).

Figure 20
Tundra (pour Barnett Newman) (1972–1973), ministère de la Défense, Ottawa.

Figure 21
Haïda (1973) devant le ministère des Affaires étrangères, Ottawa.

l'occasion d'échapper un peu à l'austère rigueur « minimaliste » grâce à laquelle il avait produit des œuvres fort significatives, mais il lui restera encore beaucoup de choses à exprimer à l'intérieur d'un vocabulaire sculptural en voie de transformation. Le critique John Bentley Mays reconnaîtra plus tard, dans un commentaire sur une exposition de Murray à la galerie Klonaridis de Toronto, la finesse inhérente à son travail : « Il y a par exemple une magnifique construction en acier datant de 1973 et intitulée *Haïda* – des plaques d'acier en feuille coupées, incurvées et en angles, se heurtant comme des danseurs de ballet et peintes d'un bleu profond lumineux [...] Comme la plupart des œuvres de Murray antérieures à 1977 ou à peu près, ces sculptures constituent d'excellents exemples du bon goût moderniste. Elles sont profanes, d'une abstraction sereine et d'une austérité digne; elles rendent hommage à la beauté majestueuse des métaux souples (aluminium, acier; pas de bronze résidentiel, s'il vous plaît) [80]. »

22

23

Chapitre 3   **Le complexe Vulcain-Icare**

Si les expositions chez Betty Parsons s'avérèrent cruciales pour établir la réputation de Murray à New York, celles du marchand David Mirvish de Toronto jouèrent un rôle à peu près similaire sur la scène canadienne. Mirvish se passionnait pour le volet formaliste et moderniste de l'école américaine et particulièrement la peinture *colour field* – Frank Stella, Kenneth Noland, Jules Olitski, etc. – à part égale avec la discipline de la sculpture, et le travail de Murray se situait fort bien à l'intérieur de cette aire de rayonnement [81]. Sept expositions individuelles se succédant à un rythme rapide à partir de 1967 contribuèrent à asseoir solidement la réputation de Murray dans son pays.

Le phénomène de la prolifération de sculptures dans les endroits publics en Amérique du Nord se poursuivait toujours au début des années 1970 et les campus universitaires américains se trouvaient encore en pleine expansion. Lorsque se termina la construction du Ferry Mall sur le campus de la Wayne State University à Detroit, les philanthropes Dexter et Hawkins Ferry offrirent de couvrir les frais d'une commande de sculpture pour la plaza au nord du McGregor Memorial Conference Center [82]. Le mail lui-même relie entre eux des bâtiments à l'architecture recherchée; par conséquent, *Nordkyn* (1973–1974, voir fig. 22, 23) [83], dernière sculpture monumentale géométrique et austère, profitait d'un environnement convivial. On y retrouve le « L » de *Haïda*, cette fois-ci renversé sur ses pointes, et dont la découpe se déploie sur un plan incliné dans une autre direction, le tout se fusionnant dans un profil continu et en équilibre quasi instable. De la commandite du début – une œuvre à édition limitée chez Lippincott Inc. – la commande avait évolué en une sculpture unique et beaucoup plus ambitieuse.

Le programme *Art in Public Places* du National Endowment for the Arts offrait toujours la possibilité aux campus universitaires de parsemer leurs terrains de projets artistiques. Profitant de la construction de nouveaux bâtiments en 1974, des responsables de l'Université du Massachusetts se rendirent au parc de sculptures de Lippincott, à la recherche d'une œuvre destinée au Haigis Mall devant le Fine Arts Center. Ils se décidèrent sur une maquette et approuvèrent la construction de *Quinnipiac* (1975, fig. 24, 25), une sculpture de 5,5 m de

Figures 22, 23
Nordkyn (1973–1974), Wayne State
University, Detroit. Don de W. Hawkins Ferry.

25

24

hauteur qui, par la jonction de ses deux longues feuilles d'acier ondulé rappelle la forme d'une arche. Il arrive parfois que le sculpteur laisse voir les rivets qui attachent entre eux les éléments de ses pièces afin de respecter l'intégrité du processus, et ces rivets en viennent à faire partie du contenu; ici cependant, le raccordement des deux énormes feuilles d'acier s'effectue plutôt avec discrétion : « Il est important sur le plan esthétique que l'on ne remarque pas les attaches », affirmait le fabricant Lippincott dans la même ligne de pensée que l'artiste [84]. Murray veilla très attentivement à ce que la sculpture ne se révèle pas entièrement au premier coup d'œil, à ce que le spectateur ne puisse prévoir à l'avance les divers angles de vue lors du parcours, mais qu'il ait cependant la possibilité de passer sous la sculpture, ce que permettait évidemment la forme de l'arche.

Taku (1976, fig. 26, 27, 28), placée au centre d'un parc de huit acres sur la propriété des quartiers généraux de la compagnie Honeywell à Minneapolis, compte parmi les installations de sculpture de Murray les mieux adaptées au site qu'elles occupent. Première commande qu'il ait reçue d'une société privée, *Taku* figure aussi parmi les œuvres majeures de l'artiste. Alliant la sobriété bien maîtrisée des années 1960 avec des ondulations toujours restreintes des années 1970, Murray réussit à attirer le regard sur un jeu gracieux de formes convexes et concaves qui, malgré un poids de 6350 kilos et une largeur de plus de 9 mètres, restent comme suspendues à plusieurs centimètres au-dessus du sol, dans un grand effort d'extension à l'horizontale. La compagnie Honeywell, qui depuis quelque temps s'est départie de sa collection d'art, a fort heureusement conservé *Taku* sur ses terrains : « J'essaie de faire en sorte que le spectateur éprouve devant ma sculpture un sentiment de grâce aisée. *Taku* donne l'impression d'être perchée très délicatement sur le sol, bien qu'elle pèse sept tonnes […] On la croirait en suspension dans les airs [85]. »

L'affaire *Nimbus* à Juneau en Alaska

Il y a loin de la coupe aux lèvres. Entre le gros titre « Choix unanime de Robert Murray pour réaliser la sculpture commandée par Juneau », publié dans l'édition de février-mars 1977 de *The Arts in Alaska* à Anchorage et cette autre manchette « Il est temps de déloger la Chose verte » dans le *Juneau Empire* du 13 avril 1984, on a vu se dérouler toutes les péripéties classiques d'une controverse publique dans le vase clos d'une communauté éloignée, microcosme de débats similaires qui allaient surgir à l'échelle du continent. La controverse apparaît comme le présage du sort peu enviable qui attendait le commanditaire principal de la sculpture *Nimbus* (1978, fig. 29, 30, 31), le National Endowment for the Arts et son programme d'art public, qui a malheureusement perdu bien du lustre depuis quelques années aux yeux de son bailleur de fonds, le Congrès américain.

La ville de Juneau au sud-est de l'Alaska se caractérise par son site absolument spectaculaire, remarquable et terrifiant dans la disproportion entre le gigantisme des montagnes et l'enclave étroite de la ville elle-même,

26

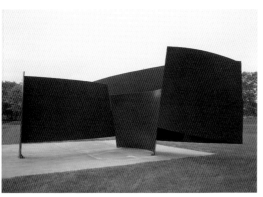

27

28

29

30

31

Figure 24
Quinnipiac (1974–1975), University of Massachussets, Amherst.

Figure 25
Les employés de l'usine, Robert Murray et Don Lippincott devant *Quinnipiac*, à North Haven.

Figure 26, 27, 28
Taku (1976) sur la Plaza Honeywell, Honeywell Inc., Minneapolis (Minn.).

Figure 29
Fabrication de *Nimbus* dans l'usine Lippincott Inc.

Figure 30
Nimbus (1978) installée sur la Dimond Courthouse Plaza à Juneau (Alaska).

Figure 31
Nimbus sur son site actuel, devant l'Alaska State Museum à Juneau.

véritable chambre à écho naturelle. Les montagnes aux flancs abrupts rendent fort modeste l'échelle humaine et intimident le citadin par leur présence dominatrice. À l'origine du développement de la ville, on souligne le rôle joué par les prospecteurs d'or Richard T. Harris et Joseph Juneau, attirés dans la région du Gastineau Channel (lieux de pêche traditionnels des Tlingit) en 1880 par la perspective d'y découvrir de l'or; le site devient rapidement un centre de prospection minière. L'établissement d'une importante compagnie internationale, la Treadwell Gold Mining Co. qui prendra de l'expansion jusqu'en 1915 sur l'île Douglas, attire une population qui finit par s'y installer et prendre de l'essor.

En 1977, quand le National Endowment for the Arts accorda des fonds pour la création d'une œuvre majeure en Alaska dans le cadre de son programme *Art in Public Places,* il s'agissait d'une première. D'après Gordon A. Smith, directeur du programme des arts visuels au Conseil des arts de l'Alaska : « On ne commandera que des œuvres reconnues comme de grandes réalisations d'artistes exceptionnels, dans l'espoir qu'elles auront une importance qui ne se démentira pas [86]. » Le comité de sélection comprenait pour représenter le National Endowment for the Arts : Maurice Tuchman du Los Angeles County Museum, Sebastian Adler du Museum of Contemporary Art La Jolla ainsi que Suzanne Foley du San Francisco Museum of Modern Art.

La sculpture commandée devait orner la Dimond Courthouse Plaza devant le Capitole et le Palais de justice; soulignons que l'architecte Lucian A. Casseta, concepteur de ce dernier édifice, faisait partie du comité de sélection local et se prononça en faveur du choix de Murray. Des fonds fournis par le National Endowment for the Arts, le State Council on the Arts ainsi que l'Alaska Court System servirent à financer la fabrication de l'œuvre par Lippincott Inc. et son transport par train depuis le Connecticut et par barge à partir de Seattle.

Le comité de sélection retint les critères suivants : l'artiste doit tenir compte de l'environnement naturel plutôt gris de Juneau en proposant une œuvre à la surface réfléchissante ou très colorée, à l'épreuve des vents, qui ait une signification régionale et nationale, ne comporte pas trop de détails et, si possible, souligne la force du système judiciaire et son accessibitlié [87]. En dernier ressort, le projet *Nimbus* de Robert Murray remplissait la plupart de ces conditions.

Formée de deux feuilles d'acier Cor-Ten découpées et pliées qui se rejoignent dans un flot presque uniforme à une hauteur de 4,8 mètres du sol, la sculpture *Nimbus*, peinte de couleur turquoise, évoque par son titre une forme de nuage gros et bas, porteur de pluie ou de neige. Pour l'artiste, il ne s'agit pas d'un premier contact avec l'Alaska [88], puisqu'il a déjà participé à un voyage de pêche impromptu sur les lacs Tikchik près de Dillingham [89]. De telles excursions constituent souvent pour lui un moment privilégié pour réfléchir à l'incidence du peuplement occidental sur les populations autochtones : « Je pouvais me rendre compte que les problèmes de l'Alaska n'étaient pas moins compliqués qu'ailleurs et je me demandais si la concurrence entre les autochtones et les colons serait plus conviviale dans cette dernière frontière de l'Amérique [90]. » Cherchant l'inspiration pour les besoins de cette commande, Murray survole l'arrière-pays, la région de Glacier Bay en l'occurrence, là où « glaciers et montagnes se fondent en une seule forme [...] un Sahara de glace, qui donne le frisson [91] ». La couleur choisie rappelle l'eau turquoise au pied des glaciers, « le côté bleu-vert d'un iceberg nouvellement sculpté à partir d'un glacier [92] ». De plus, la sculpture doit résister à des vents printaniers qui atteignent une vitesse de 240 kilomètres à l'heure : la forme légèrement inclinée de *Nimbus* qui se découpe gracieusement en silhouette ainsi que le déploiement de son arche montrent bien son adaptation aux conditions environnantes. Le fini semi-brillant absorbe subtilement toutes les qualités de lumière : « Pour bien voir *Nimbus,* il faut en faire le tour car elle subit des modifications considérables selon le point de vue du spectateur qui se déplace autour d'elle ou qui passe à l'intérieur. Mais on peut dire qu'il y un avant et un arrière [93]. »

Quant au thème de la force du système judiciaire, un concept au moins aussi abstrait que la sculpture elle-même, le juge en chef Robert Boochever trouva moyen d'y faire finement allusion au cours de l'inauguration, le 30 juin 1978 : « Lorsque le projet a été proposé pour la première fois, quelqu'un a dit qu'il espérait que la sculpture refléterait la force et la stabilité du système judiciaire de l'Alaska [...] Je me rends compte également que cette sculpture se démarque de façon audacieuse de l'art traditionnel auquel nous sommes habitués. Elle risque donc fort de se trouver au centre d'une controverse, ce qui sera stimulant et finalement bénéfique. Encore une fois, je vois un parallèle avec notre système judiciaire [...] et les juges savent par expérience qu'ils ne peuvent pas plaire à tout le monde [94]. »

Cherchant à établir un lien psychologique entre l'œuvre et la ville de Juneau, un ancien juge de la Cour supérieure, Thomas B. Stewart, en donnait une interprétation éloquente : « Vue d'un point d'observation plus élevé, la sculpture rappelle la proue d'un navire naufragé, penché sur un récif rocheux [...] Du côté opposé, elle ressemble étrangement à un tunnel de mine, ciselé dans un effort laborieux et difficile par un prospecteur opiniâtre [...] Si on la regarde à angles droits de ces perspectives, elle ressemble fortement à un iceberg, dentelé par son récent détachement d'un glacier côtier [95]. »

Par la suite, la direction politique de l'état de l'Alaska changea d'orientation, certains politiciens de même que des citoyens influents se firent les porte-parole des protestations véhiculées par la presse. L'affaire avait mal tourné. Ainsi, quelques années plus tard, le 4 mars 1983, le gouvernement de l'Alaska adoptait la résolution suivante : « ATTENDU QUE la sculpture "Nimbus" actuellement située sur le terrain du Palais de justice de Juneau pourrait être placée ailleurs; et ATTENDU QUE le déplacement de la sculpture "Nimbus" et la construction d'un monument à la mémoire du peuple aléoute pourraient être financés par des fonds publics, IL EST RÉSOLU par la législature de l'Alaska de retirer la sculpture "Nimbus" du terrain du Palais de justice pour la remplacer par un monument à la mémoire des Aléoutes qui ont été évacués des îles aléoutiennes et Pribilof pendant la Deuxième Guerre mondiale; et IL EST ÉGALEMENT RÉSOLU que ce projet sera financé par des fonds publics [96]. » On attend toujours l'érection du monument devant honorer les populations des îles aléoutiennes. Une sculpture de bronze représentant un ours, réalisée par un sculpteur de Juneau qui refusa toutefois d'occuper le même site que *Nimbus,* orne maintenant la plaza. Cette décision signifiait « l'évacuation » de *Nimbus* que l'on déposa sans autre cérémonie dans la cour d'entreposage du ministère des Transports où elle resta plus de cinq ans.

Afin d'orienter pour l'avenir le choix des œuvres d'art de commande qui accompagneraient la construction d'édifices publics, le 1er juillet 1985 on proposa un amendement restreignant le sens de l'expression « œuvre d'art » à une production directement et exclusivement en rapport avec l'Alaska [97]. Notons toutefois que l'œuvre ne fut pas démantelée tout à fait dans les règles de l'art [98].

En 1990, et après bien des péripéties, *Nimbus* eut droit à une entrée un peu plus digne au Alaska State Museum, grâce à l'appui des « Friends of *Nimbus* », une organisation mise sur pied à l'initiative de Mark Daughhetee. Pour éviter d'attiser la controverse suscitée par l'utilisation de fonds publics dans le domaine artistique, cette fois-ci, on fit appel au soutien financier de particuliers, comme l'ancien juge en chef de la Cour suprême Robert Boochever ainsi que de compagnies privées locales, pour couvrir les frais de la relocalisation. Sachant que la ville de Juneau et la Borough Assembly refusaient de prêter leur concours, on évita délibérément l'utilisation de fonds publics de toute autre source. Quant au musée, craignant des retombées négatives sur ses subventions, il prit soin de ne pas se prononcer sur la valeur artistique de la sculpture; il justifia plutôt cette acquisition comme un témoignage d'un événement marquant de l'histoire de la communauté, comme un artefact en quelque sorte.

Cette épopée valut à *Nimbus* « l'insigne honneur » de devenir la première sculpture publique subventionnée par le NEA à être relocalisée. En partie pour éviter la répétition de l'affaire *Nimbus,* le National Endowment for the Arts commença à lier l'allocation de ses fonds à l'obligation de laisser les œuvres en place au moins une dizaine d'années.

Robert Murray dut prendre position publiquement à plusieurs reprises au cours de toutes les années que dura cette histoire. La remise en question du choix des experts, qui subissent les pressions d'une démocratie directe s'exerçant par des mécanismes pas encore au point, offre souvent aux frustrations du public un exutoire inoffensif en apparence : « Je trouve tout à fait étonnant que le public accepte volontiers les décisions des experts dans tous les domaines, sauf apparemment dans celui de l'art. Il semble que les gens ne comprennent pas bien le processus compliqué par lequel les sculpteurs sont choisis pour ces commandes ni les contrats laborieux qui les contraignent à agir de façon responsable en tant qu'artistes, professionnels et entrepreneurs. Mais si l'œuvre prête à controverse, par hasard ou sciemment, c'est généralement le sculpteur seul qui écope, et non ceux qui sont responsables de l'avoir choisi ou ceux qui administrent les programmes. Et tant qu'on n'établira pas de lien sensé et informatif entre le milieu artistique et le grand public, je pense que ces problèmes se reproduiront avec une régularité monotone – ou tant qu'il y aura des fonds [...] Ce n'est pas l'art public ni l'art officiel qu'il faut encourager mais plutôt un art de bonne qualité – les œuvres les plus exaltantes de notre temps, destinées à des endroits publics, et qui contribueront à créer un environnement plus vibrant et plus stimulant [99]. »

Une sculpture qui pouvait résister sans dommage à des vents très violents n'a pu se prémunir seule contre le souffle d'une mauvaise conjoncture politique. L'exemple de la sculpture monumentale de Calder à Grand Rapids (Michigan), qui passa du rejet total à l'acceptation par un large public, aurait pu servir de modèle. Même si l'on mentionne la nécessité d'un dialogue avec la communauté concernée, l'artiste lui-même avoue n'avoir jamais eu autant d'occasions de rencontrer en personne le public de Juneau; cependant dans le cas qui nous occupe, les dés politiques étaient pipés. En dernière analyse, *Nimbus* démontre de plus grandes affinités esthétiques avec l'envergure et la majesté des montagnes et des glaciers environnants qu'avec les bâtiments de la Cour et aurait pu trouver sa véritable place quelque part seule, entre l'eau glacée et la montagne, sur un site spectaculaire unique, parmi ceux qu'offre cette région.

Lippincott Inc.

La vue étonnante de sculptures réparties çà et là sur le site de Bolton Landing (N.Y.) autour de l'atelier du sculpteur David Smith a fasciné bien des visiteurs au cours des années 1950. Elle a sûrement motivé indirectement la création ultérieure de plusieurs parcs de sculptures, dont le récent « Grounds for Sculpture » à Hamilton (N.J.). Don Lippincott, pour sa part, mentionne Bolton Landing parmi les facteurs qui ont inspiré sa décision de se lancer dans la fabrication de sculptures monumentales [100]. Sa famille possédant une firme de design publicitaire new-yorkaise qui avait pour cliente la compagnie U.S. Steel, Don et son père se trouvaient fort bien placés pour connaître les projets de promotion de celle-ci concernant l'acier Cor-Ten, un nouveau type de produit aux propriétés anticorrosives bien particulières. Sans la disponibilité de ce nouvel alliage sur le marché, l'histoire récente de la sculpture moderne aurait pris un tout autre visage.

À l'été 1965, Don Lippincott a effectué un placement immobilier en se portant acquéreur d'une usine désaffectée de produits de béton précontraint située à North Haven dans le Connecticut. De fil en aiguille, un concours d'événements l'amène à orienter son action dans la voie de la création artistique. Il y a d'abord l'influence de son frère Steve, sculpteur non professionnel qui d'ailleurs réalisa la première œuvre à sortir de l'usine, puis ses visites des galeries d'art new-yorkaises où il a l'occasion de rencontrer des sculpteurs, et aussi son contact avec les écrits de Barbara Rose sur le nouvel intérêt que représente la sculpture. Ajoutez à cela la demande croissante d'œuvres monumentales pour lieux publics à New York et Chicago, qui s'inscrit dans un grand mouvement idéaliste de démocratisation des arts, et voilà que Don Lippincott se lance dans la production de sculptures métalliques au service des artistes, en exclusivité. Formé en administration des affaires à Syracuse, il a acquis de l'expérience en gérant les usines que possédait sa famille.

Assuré d'obtenir à bon prix l'acier Cor-Ten de la U.S. Steel, celle-ci désirant percer de nouveaux marchés et promouvoir de nouvelles applications pour son produit, Lippincott consulte des architectes déjà familiers avec l'usage que les ingénieurs font de ce type d'acier. Les sculpteurs suivent avec des résultats encore plus probants. Comme il faut démontrer la rentabilité et l'utilité du matériau, Lippincott embauche à titre de vice-présidente de la firme Roxanne Everett qui a tissé tout un réseau de connaissances dans le milieu des artistes new-yorkais. Alors, il propose aux sculpteurs une formule de financement totalement inédite.

La firme Lippincott Inc. fabrique des sculptures en spéculant sur leur valeur probable; elle les installe ensuite aux abords de l'usine dans un champ éclairci couvrant une dizaine d'acres (fig. 32), les offrant ainsi aux clients éventuels. La plupart du temps, Lippincott fournit les matériaux et la main-d'œuvre et le sculpteur a la responsabilité du concept et de la direction des travaux, le tout sous un régime de copropriété. La volonté de Don Lippincott de financer des sculptures de grandes dimensions sans avoir obtenu de commande au préalable a profondément marqué le cours de l'histoire de la sculpture en permettant la réalisation d'œuvres d'art qui autrement n'auraient jamais pu exister. En raison des coûts prohibitifs, un sculpteur peut très rarement se permettre de créer une œuvre monumentale sans recevoir de commande. Or, celle-ci impose généralement de sérieuses contraintes à l'artiste forcé de s'accommoder de paramètres très restrictifs. Grâce à la formule « géniale » de financement de Lippincott, à un moment unique dans l'histoire, des sculpteurs ont le loisir de créer en toute indépendance d'esprit; et ce moment précis où l'artiste jouit de conditions de production idéales coïncide justement avec celui où la sculpture commence à exprimer les signes de sa propre autonomie formelle (point d'achèvement du projet moderniste pour la sculpture).

Robert Murray était là dès les débuts de la firme[101] en 1966, alors un centre d'opération bien modeste. D'autres sculpteurs s'y joignirent graduellement : Ellsworth Kelly, Robert Morris, Claes Oldenburg, Barnett Newman, Louise Nevelson. Ces derniers évoquaient avec chaleur l'atelier de gravure californien Tamarind qui offrait aux artistes invités la possibilité de fonctionner comme s'ils se trouvaient dans leur propre atelier; l'endroit s'était tout naturellement transformé en un fantastique lieu de rencontre, et le phénomène se répéta finalement pour l'usine de fabrication Lippincott. Les sculpteurs devaient intervenir de manière intensive à toutes les étapes du processus et ils fréquentaient les équipes spécialisées dans diverses tâches : disposition et coupe du métal, formage et soudure, application de peinture, polissage et travail de finition.

32

Don Lippincott eut l'occasion de s'exprimer sur les aléas du processus : « Nous faisons souvent des changements importants pendant le processus de fabrication [102]. » Il compare ainsi la fonderie conventionnelle à l'usine de fabrication de sculptures : « Oui, dans le sens du savoir-faire. Mais pas dans le sens de l'échelle ou de l'allure générale de l'œuvre sortie des fonderies [...] Mais je pense que nous sommes vraiment différents dans la mesure où nous travaillons avec un éventail plus large de techniques et dans plus de domaines et nous pouvons accomplir beaucoup plus de choses qu'une fonderie [103]. »

Afin de répondre aux besoins, l'usine va s'agrandir en 1970 [104] et acquérir du nouvel équipement; sa réputation continue de s'accroître et elle accepte bientôt de s'attaquer à des œuvres de commande. Les fonctions de l'entreprise et les services offerts sont d'une grande complexité : « Non seulement pour travailler mais pour contribuer aux dessins techniques, à l'entreposage, au déplacement, à l'installation, au travail avec les architectes, les concepteurs, etc. [105]. » Au faîte de son parcours, l'usine emploie une douzaine de travailleurs métallurgistes et peut mener de front cinq ou six projets. La direction de l'usine se montre généralement favorable aux expérimentations, et ce qu'elle ne peut réaliser sur place, elle le donne en sous-traitance.

Un dépliant publicitaire explique ainsi la mission de la firme : « Lippincott Inc. se rend compte que les gens réagissent différemment à l'art contemporain et nous espérons, grâce à nos efforts, sensibiliser le public au fait que les œuvres d'art peuvent enrichir leur vie quotidienne. Nous entreprenons l'exécution d'une sculpture d'exposition pour montrer comment la sculpture peut améliorer l'environnement urbain et encourager la commande d'œuvres de cette sorte pour des endroits publics [...] nous cherchons à créer le genre de climat propice à des relations créatrices entre les artistes et ceux qui s'intéressent aux sculptures monumentales [106]. »

Au cours de ses dix premières années d'opération, Lippincott Inc. est le seul fabricant exclusif de sculptures métalliques. Cependant, en 1994, l'usine doit à regret fermer ses portes et mettre à pied des ouvriers qui s'y étaient spécialisés depuis les débuts. Cette décision s'explique par l'apparition de sociétés concurrentes, comme

Figure 32
Robert Murray (à gauche) et Don Lippincott
en train de mesurer sur les terrains de l'usine
Lippincott à North Haven (Conn.).

la Milgo Art Systems de Brooklyn (N.Y.), la création par la grande industrie de sections offrant les mêmes services aux artistes, et enfin par la diminution du nombre de commandes.

Robert Murray a formulé ce témoignage d'appréciation du système Lippincott : « J'ai tenu à souligner que le caractère original de Lippincott Inc. ne réside pas seulement dans les techniques et les matériaux mis à la disposition du sculpteur, mais aussi dans la possibilité qu'il lui offre de rester en contact étroit avec son œuvre en voie de réalisation. Avant de commencer à travailler à North Haven, l'artiste inspecte les installations et l'endroit et procède à des essais de matériaux. Cette période initiale de familiarisation semble lui donner plus de liberté au moment du processus final de création. C'est donc le contact direct avec l'œuvre qui distingue les pièces exécutées par Lippincott [107]. »

Le métal en sculpture

Lorsque David Smith affirme sans ambages à propos de l'acier que « Le métal (acier) occupe une toute petite place dans l'histoire de l'art. On ne peut l'associer qu'avec notre siècle, à cause de leurs caractéristiques communes : force, structure, mouvement, progrès, suspension, destruction, brutalité [108] », il adopte le point de vue de notre expérience de la révolution industrielle qui a exigé la transformation de quantités énormes de métal à des fins technologiques aussi bien que pour les guerres meurtrières de ce siècle. Rappelons cependant qu'en des temps plus anciens la métallurgie était un art primordial et l'on y revient en force dans les années d'après-guerre.

Le raffinement dans la connaissance des métaux et les nouvelles applications qui en dérivent jouèrent un rôle crucial dans le développement du monde moderne. La plupart des métaux peuvent se travailler ou se façonner d'une manière ou d'une autre; ils ont comme caractéristique fondamentale de changer de forme plutôt que de se briser sous la pression ou l'impact. On peut notamment les marteler en feuilles, et si on en polit la surface, ils ont la propriété de réfléchir la lumière. Les nouveaux alliages d'aluminium par exemple sont légers, résistants à la corrosion, faciles à travailler et soudables. De telles particularités ont petit à petit attiré l'attention des sculpteurs.

Au cours de cette période d'effervescence — les années d'après-guerre — la question des matériaux « naturels » à l'art se posa avec acuité, car jamais dans l'histoire récente de la sculpture n'avait-on utilisé une aussi grande variété de nouveaux matériaux. Si on imagine difficilement aujourd'hui l'impact qu'ils ont produit, l'exemple contemporain de l'utilisation inusitée du fer de titane, un matériau issu du monde de l'industrie aérospatiale, comme enveloppe du musée Guggenheim de Bilbao dans les Provinces Basques espagnoles, pourrait nous aider à comprendre le phénomène.

Le corpus d'œuvres sculptées de Robert Murray a la caractéristique de porter exclusivement sur le métal. Murray a développé de grandes affinités avec ses matériaux et il en parle presque avec affection : « L'acier est un matériau fascinant. Je suis toujours ébahi de voir à quel point chaque œuvre diffère par son tempérament et son caractère. Il y a une sorte de collaboration, de réciprocité, entre le métal et vous [109]. » Il éprouve de même un profond respect pour les grandes qualités et les capacités de l'industrie américaine qui se distingue par son expertise, sa machinerie et ses techniques.

Au cours d'une conférence prononcée à l'Université Yale en 1990, le sculpteur Richard Serra décrit fort bien les lacunes du savoir ou le peu d'intérêt du monde des arts en ce qui a trait aux exigences techniques qui ont permis l'essor de la sculpture métallique d'après-guerre. « Le travail de l'acier, non pas comme élément pictural, mais comme matériau de construction exigeant la prise en compte de divers facteurs — masse, poids, équilibre, charge maximale admissible, charge ponctuelle, compression, friction et statique — a été totalement coupé de l'histoire de la sculpture. Il a cependant trouvé une application directe dans celle de l'architecture, de la technologie et de la construction industrielle. C'est la logique des tours, des barrages, des silos, des ponts, des gratte-ciel, des tunnels, etc. [...] La plupart des sculpteurs n'ont pas tenu compte des résultats de la révolution industrielle et n'ont pas étudié les méthodes et procédés fondamentaux de la fabrication et de la technique de l'acier ainsi que des constructions réalisées avec ce matériau [110]. »

Quant à Murray, profitant chez Lippincott d'une machinerie et d'une expertise plus sophistiquées [111], il introduit des changements graduels mais marquants au début des années 1970, notamment ces courbes de plus en plus audacieuses qui contribuent à briser le couple machine / rigueur géométrique auquel on identifiait jusque-là l'utilisation des processus industriels par les sculpteurs. Le travail amorcé dans certaines œuvres de la fin des années 1960 qui comportent des sections en aluminium contribue à familiariser le sculpteur avec ce matériau aux caractéristiques particulières. Comme les jeunes le découvrent très vite avec les canettes de boissons gazeuses, l'aluminium se presse avec une relative facilité, et pour toutes sortes de raisons, il devient le matériau préféré de Murray dans les années 1970. Puis, à mesure que la préoccupation de la qualité de l'environnement gagne en popularité, l'artiste prend conscience des conséquences écologiques des processus de conversion d'un matériau comme l'aluminium; cela explique partiellement son retour au bronze dans les années 1980, mais pour être conséquent avec lui-même, il favorise la feuille de bronze.

La collusion mentale facile entre l'état du métal plié et l'apparence du métal « accidenté » était trop attrayante pour ne pas servir de principal argument à ceux qui en contestent la valeur artistique. Pour le commun des mortels, il faut, à ce qu'il semble, que le métal soit droit. S'il est plié ou courbé, ce n'est pas « correct », il y eu accident, ce n'est pas de l'art, c'est bon pour la poubelle, comme les carrosseries endommagées (le paradigme

33

34

de l'automobile toujours); il s'ensuit naturellement que la force nécessaire pour plier le métal ne peut résulter que d'un accident. Au moment de la création de ces sculptures, le grand public comprenait difficilement que le contrôle de la force nécessaire à modifier la forme de la feuille de métal soit devenu un art. Les compressions de parties automobiles par John Chamberlain visaient directement à contrer cette opinion. Ironiquement, Murray eut l'idée d'exercer de la pression sur le métal après avoir vu des plaques de métal courbées dans un accident de chemin de fer[112].

Sans abuser du modèle historique de H. Wölfflin – la reconnaissance d'une alternance dans les mouvements artistiques entre les périodes classiques plus linéaires et les périodes baroques plus picturales –, le concept de « période baroque » chez Murray s'avère fort séduisant dans la mesure où le travail du sculpteur repose essentiellement sur l'utilisation des courbes à partir du milieu des années 1970. L'évolution de Frank Stella depuis les rigueurs formalistes de la fin des années 1950 constitue un exemple du même ordre, lui qui découpe le métal et le projette, multiforme, dans l'espace à partir d'un relief. Est-il possible d'obtenir dans le métal un effet de fluidité équivalent aux ondoiements des drapés anciens en peinture ? La métaphore de la feuille de papier découpée et froissée avec les qualités de légèreté que cela implique semble également pertinente pour apprécier les défis que se donnait l'artiste. Grâce à la relative intimité du travail chez Lippincott, dans un milieu plus ouvert aux exigences de la création artistique, Murray résiste difficilement à la tentation de mettre à l'épreuve le potentiel des machines et d'en devenir le virtuose[113].

Le traitement du métal devient alors beaucoup plus expressif et les formes plus sensuelles. En élaborant un peu, on serait tenté de comparer l'ensemble des formes masculines, angulaires, obliques, parfois agressives des années 1960 avec les courbes plus sensuelles et féminines des années 1970, un principe dualiste de composition au mouvement de balancier qui se retrouve à plusieurs niveaux chez Murray, parfois même au sein d'une même œuvre, toujours à la recherche d'un équilibre fragile; nous reviendrons plus loin sur le sujet. Neil Marshall croit par contre que l'évolution de Murray a suivi logiquement une trajectoire technique à mesure qu'augmentait sa maîtrise de la machinerie mise à sa disposition[114], ce qui explique pourquoi il rejette l'épithète de baroque : « Ni additif ni sculpture baroque, il s'agissait d'un nouveau genre de sculpture construite qui avait résolu le problème de savoir comment faire sortir le style sculptural des limites du réductionnisme[115]. »

Murray n'ignore pas que plusieurs sculpteurs cherchent à transcrire des plis dans des matériaux divers. Il est fasciné par les formes noueuses que Lynda Benglis[116] a réalisées au moyen de techniques diverses et aussi par les plis qu'elle a obtenus dans de l'aluminium très mince. En une dizaine d'années, on le voit passer des sculptures aux bordures strictes, puis découpées avec flair, à l'injection d'un effet de souplesse dans la feuille de métal elle-même[117]. Il a trouvé une grande source d'inspiration dans les minces feuilles de zinc ou d'aluminium utilisées par les imprimeurs, elles qui se plient presque comme du papier et dont il se sert pour réaliser ses maquettes. Il en arrive même à nous présenter une sculpture qui se moque pratiquement de la légèreté de la feuille de papier, palliant le statisme imposant ou la rigidité géométrique réductive de son travail antérieur. Il anime le métal, lui insuffle du mouvement, répondant ainsi à son profond désir de donner l'illusion que son œuvre a vaincu la gravité et qu'elle pourrait presque s'envoler.

Il faut dire aussi que Robert Murray pilote de petits avions de plaisance et son expérience d'aviateur a aiguisé sa sensibilité. Nécessité oblige, il se doit de posséder une bonne compréhension des phénomènes atmosphériques et de pratiquer une observation attentive de la topographie : « Une des choses que j'apprécie particulièrement dans le fait de piloter un avion est la relation avec la topographie. Cela ne veut pas dire qu'il y a des images de champs ou de montagnes dans mes sculptures, mais l'ondulation de la topographie me fascine. On vole au-dessus d'un milieu fluide et changeant [118]. » La sensibilité développée face aux changements brusques de température ou de pression dans l'atmosphère s'avère fort utile lorsqu'il s'engage dans le long processus d'application de diverses couches de peinture sur des œuvres monumentales d'extérieur.

Dans une œuvre très personnelle intitulée *Hillary* (fig. 33, 34) s'effectue la synthèse des deux identités de Murray, le sculpteur et le pilote. Par sa couleur, la sculpture nous ramène directement à l'avion jaune de l'artiste, aussi à l'origine du nom d'Oiseau Jaune que lui ont donné des amis ojibways. *Hillary* s'étale à l'horizontale et son dessus ondulant représente presque une abstraction d'une vue topographique aérienne. L'artiste nous fait part de son désir intense de s'extraire, de s'envoler, d'être aspiré par le haut.

Figure 33
Robert Murray, une maquette d'Hillary et la sculpture elle-même en cours de fabrication à l'usine Lippincott Inc., North Haven (Conn.).

Figure 34
Hillary sur son site actuel, Grounds for Sculpture, à Hamilton (N.J.).

Chapitre 4   **L'Oiseau Jaune**

Au moment même où Murray se lançait dans le déploiement lyrique monumental d'*Hillary,* il entreprenait à plus petite échelle un type de quête « alchimique » portant sur la couleur dans le métal. Comment réussir l'illusion de la couleur s'incorporant dans le métal [119] ? Les patines acides appliquées à chaud avec de larges brosses sur une œuvre comme *Saguenay* (1982, cat. 33), et qui laissent entrevoir les traces multicolores résultant d'un mouvement vertical, donnent l'impression nouvelle d'avoir pénétré le métal. Murray n'a jamais partagé la conviction sacrée de l'école greenbergienne, selon laquelle la sculpture ne doit avoir que la couleur du matériau qui la constitue, et il a eu certaines disputes avec le critique à ce propos.

Une série de petits bronzes ultérieurs, façonnés le plus souvent à partir de la feuille de bronze, arborent toutes sortes de finis obtenus par des techniques diverses, et démontrent toute l'importance que le sculpteur accorde à la finition, au travail propre de la surface. Il aime voir le spectateur reconnaître que le matériau est du métal. La minceur de la couche picturale devient alors essentielle, là où elle se fond avec le métal même.

Plusieurs sculptures de Murray portent un titre suggéré par des gens de son entourage, notamment lorsque celui-ci semble refléter l'opinion générale. Le sculpteur apprécie et accepte les allusions indirectes et les idées résultant de la façon dont on perçoit son travail, et parfois il s'en inspire. Il s'agit presque d'un exercice surréaliste de dénomination par libre association. Les automatistes montréalais ont largement exploité cette technique pour choisir des titres d'œuvres qui, dans leur cas, retentissaient de fortes évocations poétiques. Lorsque plus tard Murray choisit des noms de lieux à consonance autochtone ou qui se réfèrent directement aux nations elles-mêmes, il procède par points de repère biographiques ou par libre association pure. Depuis quelque temps, il se montre plus prudent en raison du militantisme autochtone qui exerce une vigilance sans relâche sur les questions d'« appropriation » putative. L'exercice de dénomination du sculpteur moderne entre en conflit avec la perspective autochtone qui craint la banalisation de l'important rituel du don de noms.

Invité à créer une installation dans une galerie à Atglen (Penn.) en 1993, Murray propose un ensemble constitué de cônes de céramique et de bronze en forme de tipis aux couleurs variées, déposés en rangée sur le plancher dans un coin de la salle, et de petits tableaux, adoptant eux aussi la forme de tipis, accrochés aux murs. Des toiles plus grandes qui montrent la croisée des poteaux de tentes, exposant ainsi la structure non recouverte, de même qu'une série de quatre tableautins, respectivement en forme de pyramide tronquée, de pyramide à gradins, d'igloo et de tipi – un hommage à la contribution architecturale autochtone en Amérique – viennent compléter le tout. Comme principale source d'inspiration, l'artiste s'est reporté à des photographies anciennes prises en Saskatchewan au milieu du XIXe siècle. On connaît maintenant l'ensemble de l'œuvre sous l'appellation *Installation d'Atglen,* bien que Murray semble considérer chacune des parties comme indépendante. L'installation démontre sa fascination pour la beauté structurelle ou l'armature architecturale, comme si le reste n'était que

36

35

pure décoration. Au cours de la construction de son nouvel atelier à West Grove en 1996, à l'étape du montage du toit, on l'a entendu souvent discourir abondamment sur la façon dont les poutres se rencontrent.

Projet de l'Institut national canadien pour les aveugles

À la demande de l'Institut national canadien pour les aveugles (INCA) de Toronto, Murray vient tout juste de réaliser un projet de sculpture tactile, visant à souligner la collaboration entre l'Institut et Poste Canada (fig. 35, 36). Cette sculpture commémorative dévoilée en octobre 1998 marque le 80ᵉ anniversaire de l'Institut et le centenaire de la franchise postale accordée à l'envoi de matériel pour les malvoyants, le Canada étant à l'avant-garde dans ce genre de pratique. Partant du principe qu'une sculpture monumentale constitue un obstacle pour une personne malvoyante, il propose une sculpture en forme de table à hauteur de la taille, longue et étroite, à la surface texturée, évoquant d'une manière comprimée, simplifiée et stylisée la topographie du Canada. Les contours du pays vus à vol d'oiseau influent sur les formes de la sculpture; sur le pourtour, un texte en braille complète la proposition. Telle une carte topographique fantaisiste, *Canada – Un survol* incarne dans son parcours le symbolisme du mouvement est-ouest et vice-versa. Le temps requis pour toucher la sculpture correspond à celui qu'il faut pour circuler autour d'une sculpture « ordinaire » et en saisir la complexité. Le rendu de la nature se trouve ainsi transformé en matière tactile. Au moment où le sculpteur tente de justifier à ses propres yeux tout le temps passé à s'occuper d'aviation, il prend davantage conscience que sa vision en vol a modifié en profondeur son sens des formes. Ces réflexions se traduisent par la conception de ce projet, signe d'une intégration dans son œuvre d'une façon plus marquée, d'une conscience aiguë de la topographie.

La pratique de l'aquarelle ou l'appel de la nature

Même au plus fort de sa collaboration avec la grande industrie, Murray n'a jamais cessé de s'intéresser à la nature,

Figure 35
Canada – Un survol (1998), à l'extérieur de
l'atelier de Murray, West Grove (Penn.).

Figure 36
Canada – Un survol (1998), Fragrant Garden,
Institut national canadien pour les aveugles,
Toronto.

37

à sa façon. Cet amour de la nature va plus tard se transformer chez lui en préoccupations environnementales, d'autant plus que les membres de sa famille se sentent concernés par ces questions : « La plus grande partie de mon travail s'inspire des observations de phénomènes naturels, de l'abstrait dans la nature, référentiel d'une façon ou d'une autre [120]. » La pratique de l'aquarelle doit probablement se comprendre dans cette perspective, cette fois-ci d'une manière explicite. Il ne faut pas écarter non plus le romantisme nostalgique d'une inspiration du Groupe des Sept pour un jeune artiste ayant grandi dans le nord de la Saskatchewan.

Une amitié durable entre le peintre aquarelliste Toni Onley et Robert Murray s'amorce en 1958 lorsque les deux hommes se rencontrent à l'Instituto Allende de San Miguel au Mexique. Une passion commune pour l'aviation et le pilotage de petits appareils leur permettra de cultiver cette amitié malgré l'éloignement géographique. Originaire de l'île de Man en Grande-Bretagne, Toni Onley s'installe définitivement à Vancouver en 1959, où s'épanouit sa personnalité artistique dans un style qui combine avec bonheur une maîtrise exceptionnelle des techniques de l'aquarelle britannique et un goût oriental pour les formes minimales – l'artiste mettant brillamment à profit un séjour prolongé au Japon.

À partir de 1972, les deux hommes s'adonnent à l'aquarelle de façon épisodique, à chacune des visites de Toni Onley à Lookout Island (fig. 37), résidence d'été de Murray. Ils aiment bien se qualifier à la blague de « Groupe des Deux ». Les scènes de paysage de la Baie Georgienne servent d'inspiration première. Les aquarelles de Murray se caractérisent avant tout par l'élégance du design [121].

L'autre en nous-mêmes [122]

La fascination de Murray pour l'univers autochtone remonte à ses années d'enfance à Saskatoon, alors qu'il fréquentait l'école avec des enfants cris; puis durant sa jeunesse, sa participation à des fouilles archéologiques organisées par l'Université de la Saskatchewan [123] lui laisse des souvenirs marquants. Convaincu alors que les autochtones entretiennent avec la nature des rapports plus authentiques que ne le fait la majorité des citadins, il cherche à se rapprocher d'eux et n'a jamais cessé de cultiver quelques amitiés au sein des Premières Nations. Ainsi, bon nombre de ses sculptures ont comme titres des noms de lieux d'inspiration autochtone, à défaut des noms dans les langues originales; Murray a toujours trouvé prétentieuse l'attitude des nouveaux arrivants qui ont imposé leur propre système toponymique.

À la recherche de ses propres origines, Murray revient en Colombie-Britannique à la fin des années cinquante, particulièrement à Vancouver, sa ville natale, afin de visiter dans les musées les collections anthropologiques des Indigènes de la Côte Nord-Ouest. Rappelons dans cette même optique que Barnett Newman avait en septembre 1946 organisé l'exposition *Northwest Coast Indian Painting* à la Betty Parsons Gallery [124] – et rédigé la préface au catalogue – profitant de l'occasion pour clarifier encore une fois les motifs de son rejet catégorique de l'art européen. « Les nombreuses traditions artistiques primitives se distinguent comme des réalisations esthétiques authentiques sans l'apport de l'histoire européenne [125]. » Thomas B. Hess résumait ainsi la pensée de Newman au milieu des années 1940 sur le sujet : « Un nouveau tableau américain doit formuler sa propre Déclaration d'indépendance qui affirmera la mort de l'art ancien et annoncera la possibilité de travailler comme s'il n'existait plus – à partir de la *tabula rasa* de Descartes. Mais l'art ne peut pas naître de rien. Il ne peut qu'évoluer à partir d'un autre art. Peut-être trouvera-t-on des parallèles aux traditions de la Renaissance en Occident, dans l'art précolombien et l'art amérindien, dans leurs versions les plus brutes et dans leurs formes les moins familières [126]. » Un tel raisonnement découlait d'un constat pessimiste : « La peinture moderne est paralysée, prise dans un piège qui se referme depuis la Renaissance. Une première étape consiste à reconnaître que la peinture est morte – ou de le supposer, de prétendre qu'elle n'existe plus. Il découle de ce postulat que l'artiste doit recommencer à zéro. Continuer c'est commencer [127]. »

Évidemment, les enjeux artistiques de l'après-guerre de ce côté-ci de l'Atlantique résidaient dans l'américanisation, au sens territorial du terme, de l'art de haut niveau, la culture populaire étant déjà en train de remporter la bataille haut la main sur le plan du prestige international. Une des façons d'atteindre ce but consistait à entrer en contact et à se familiariser avec les premiers accomplissements des artistes aborigènes. Nous comprenons mieux maintenant grâce à Jack Rushing [128] pourquoi de nombreux artistes de l'avant-garde new-yorkaise – Jackson Pollock, Adolph Gottlieb et d'autres – ont cultivé un intérêt vis-à-vis l'art des diverses nations autochtones, y découvrant source inspirante de rajeunissement. Plus près du domaine de la sculpture proprement dite, la série des *tanktotems* de David Smith y faisait une allusion indirecte.

À partir de la simple utilisation de noms d'inspiration autochtone dans les années 1960 jusqu'aux allusions des plus directes à l'architecture du tipi dans les années 1990, Murray a trouvé une solution évolutive aux paramètres formalistes adoptés en début de carrière, condition *sine qua non* à l'époque pour qui voulait lancer

Figure 37
Atelier et résidence d'été de Murray, Lookout
Island, Baie Georgienne.

une carrière sérieuse. En réalité, il y a une forme qui l'intéresse jusqu'à l'obsession : architecturale, elle dérive du cône et est engendrée naturellement par le travail de laminage des feuilles de métal. La relative légèreté du tipi, une qualité que le sculpteur recherche dans sa production métallique, ne peut manquer d'attirer aussi son attention. Peut-on considérer la conception de tipis, ou la référence à ce genre d'habitation, comme une sorte de commentaire socio-politique indirect, à la manière de B. Newman lorsqu'il créa *Lace Curtain for Mayor Daley* (1968) en réponse à une remarque antisémitique du maire de Chicago au congrès des démocrates de 1968 ? Notons cependant qu'en raison de ses origines juives, Newman se trouvait directement concerné. Nous ferions mieux d'aller du côté des réflexions d'Hal Foster à propos de certains courants de l'art contemporain, dans lequel il faudrait situer le développement récent chez Murray : « Le lieu de la transformation artistique est le même que celui de la transformation politique [...] Deuxièmement, ce lieu est toujours ailleurs, dans le champ de l'Autre [...] dans le paradigme de l'ethnographe, c'est l'Autre culturel, le néocolonisé, le subalterne ou le représentant d'une sous-culture opprimée. De plus, cet ailleurs, cet extérieur, est le point d'appui d'Archimède qui vient transformer, au moins subvertir, la culture dominante [129]. »

Pour un Canadien œuvrant aux États-Unis, s'intéresser aux autochtones constitue une façon d'élargir l'affirmation de ses origines propres, dans une perspective nord-américaine, comme ceux-ci ont l'habitude de le faire : « En raison de mon mode de vie, je me considère comme un Nord-Américain [130]. » Sa production a fini par se retrouver sur tout le territoire nord-américain, et les commandes de sculpture ici et là en ont fait un nomade du travail, une autre bonne raison expliquant sa fascination pour les tipis. Murray a toujours rejeté avec force la question de l'identité nationale de l'art, rétorquant qu'il ne s'agissait pour les artistes que de créer de l'art de qualité.

L'attrait des États-Unis se manifeste très tôt chez Murray, qui rappelle la présence de plusieurs professeurs américains à l'Université de la Saskatchewan, venus au Canada dans les années 1950 au plus fort du maccarthysme, attirés peut-être par un milieu ayant élu un gouvernement d'allégeance socialiste dirigé par T.C. Douglas [131]. Puisque d'après lui l'art au Canada reflète alors simplement ce qui se passe à New York, pourquoi ne pas se rendre directement au centre artistique le plus important de l'heure ? Il constate que notre pays souffre de l'absence d'un foyer central de rayonnement artistique – Montréal et Toronto se disputant ce titre – et du fait que les collections nationales sont conservées dans une troisième ville, Ottawa.

D'autre part, le nationalisme des magazines artistiques canadiens des années 1960 l'agace au plus haut point : « Pour être connu à jamais comme Canadien, il suffit de sortir du pays. Nous avons tous un pays d'origine, là n'est pas la question. En général, on est Canadien par la naissance. Mais pour être artiste, il faut avoir une identité artistique et, en ce sens, nous pouvons choisir nos "pères" sans être limités géographiquement [132]. » Après plus de vingt-cinq ans de résidence dans la métropole américaine, il se verra davantage comme artiste new-yorkais. Au tournant des années 1980 cependant, les États-Unis vont à leur tour passer par une phase nationaliste et refuser l'accès à certains programmes aux artistes n'ayant pas la citoyenneté américaine [133].

Après le nécessaire réalignement de l'après-guerre, au moment où chaque nation cherche à définir son identité propre, l'avant-garde du monde de l'art opte plutôt pour des valeurs internationales, si bien que les artistes, d'où qu'ils viennent, doivent adopter ces multiples identités. Pour en revenir à l'identité qui compte, David Smith affirmait : « Mon identité réside dans mon art [134] »; ainsi, ajoutait-il plus loin, « je suis devenu un sculpteur qui peignait ses images [135] », un commentaire qui pourrait fort bien s'appliquer à Murray.

Dualité / dialogue

L'anthropologue et structuraliste français Claude Lévi-Strauss a identifié un mode binaire [136] dans la structure des mythes autochtones nord-américains, qu'il a étudiés avec une passion lucide. La dualité comme principe d'organisation est cause de déséquilibre dynamique : « Je constate seulement que des peuples qui occupent une aire géographique immense, certes, mais circonscrite ont choisi d'expliquer le monde sur le modèle d'un dualisme en perpétuel déséquilibre dont les états successifs s'emboîtent les uns dans les autres : dualisme qui s'exprime de façon cohérente tantôt dans la mythologie, tantôt dans l'organisation sociale, tantôt dans les deux ensemble [137]. » Se pose alors la grande question : « Comment produire la dualité [...] à partir de l'unité ou plus exactement à partir d'une image assez ambiguë de l'unité pour qu'on puisse concevoir que la diversité en émerge [138] ? » Dans la pensée autochtone de la Côte Nord-Ouest, un des éléments fondamentaux de la dualité est le « décepteur » qui introduit le principe de déséquilibre, un dualisme instable engendrant un autre dualisme instable [139], et ainsi de suite. S'il y a nécessité de recherche de l'unité dans la *gestalt* de l'art au début des années 1960, la fameuse approche holistique, c'est qu'il y a eu rupture de l'entité primordiale, par déséquilibre... La sculpture, art de l'équilibre par excellence, se trouve bien placée pour tenter de proposer certaines solutions.

Par coïncidence significative, Murray parle souvent de la nécessité du dialogue entre les différentes parties de ses sculptures. À propos d'œuvres comme *TO, Dyade,* ou *Le rouge de Megan,* il mentionne : « Voilà un groupe d'œuvres qui utilisent ces deux éléments fondamentaux. Quelqu'un a cru qu'il s'agissait des éléments masculin et féminin. Je ne pense pas que cela soit aussi spécifique. Mais d'une certaine façon, il y a un contraste et une dualité, l'aller-retour, le dialogue entre ces deux éléments [140]. » On peut énumérer plusieurs cas de dualisme associés à son œuvre ou à sa vie personnelle : la dualité hybride peinture / sculpture ou le jeu des formes dans les œuvres à deux ou à trois dimensions – les estampes en particulier –, les formes masculines / féminines, les rapports blancs / autochtones, l'identité canadienne / américaine, et enfin ses deux conjointes qui lui ont chacune donné deux filles, dont un couple de jumelles. Lévi-Strauss ne connaissait certainement pas Robert Murray!

Conclusion

Le dualisme qui caractérise le travail de Robert Murray le distingue de prime abord des œuvres minimalistes dont le radicalisme plus poussé a éliminé toute relation entre les formes au sein d'une même œuvre [141]. Une tension dualiste à la recherche d'un équilibre d'une audacieuse précarité anime fréquemment ses sculptures, mais l'artiste propose toujours une solution unificatrice par la force même de la forme dominante qui se découpe en silhouette. Attiré d'abord par l'effet d'impact immédiat de la sculpture de David Smith [142] et le refus de la composition au sens européen du terme, Murray exprime en ces termes le but qu'il poursuit : « Je veux que les gens voient la transformation du matériau en un objet qui a de l'importance pour eux, au sens d'une totale confrontation, plutôt que comme toutes sortes de morceaux qui rappellent autre chose [143]. »

Au cours de l'incessant processus de distillation de l'histoire, le contexte d'une dualité canado-américaine a peut-être teinté la réception de son œuvre à ce jour. Un art qui a voulu s'élaborer dans un contexte américain se juge à l'aune américaine. Cependant, les ambitions universalistes new-yorkaises des années 1960 ont avec le temps cédé la place à une américanisation plus intensive des pratiques culturelles, forcée en partie par la réduction des ressources financières et décidée par des agents politiques et économiques, dans un autre retour à une mentalité isolationniste. Cela n'empêche pas les visées internationalistes de l'industrie culturelle américaine d'être en pleine expansion, signe d'une « destinée manifeste » : ce qui est bon pour les États-Unis doit être bon pour le reste du monde!

L'organisation de cette exposition nous a rappelé une fois de plus que l'art canadien s'inscrit inévitablement dans le champ culturel nord-américain, particulièrement depuis la fin de la dernière guerre. Dans les années 1960, David Silcox a signalé que le déplacement du centre artistique de l'Europe vers New York s'était avéré bénéfique pour la modernité canadienne, entraînée dans ce mouvement qui l'a fait sortir de sa position périphérique. En établissant des relations avec New York, elle a affirmé son américanité, entrant ainsi résolument en phase postcoloniale vis-à-vis de l'Europe [144].

Les belles années de l'abstraction formaliste moderniste sont évidemment derrière nous. L'entreprise de démolition de la version greenbergienne de ce type de critique d'art obsédée par la primordialité de la surface a constitué une industrie florissante dans le monde académique depuis les années 1970 [145], passant au crible inquisiteur la recherche moderne de la pureté et l'épuration de l'art. Il nous incombe maintenant de mettre en relief les œuvres significatives créées dans ce contexte, à une époque exigeante en ce qui concerne la qualité de l'art, intransigeante dans ses jugements, et machiste dans ses valeurs... Comme le mentionnait avec justesse l'artiste, les gens de ce milieu, les collègues sur la scène artistique, étaient souvent les personnes pour qui on réalisait des choses au delà de soi-même, pour qui on cherchait à se dépasser [146].

À n'en pas douter, la sculpture émergea comme un art majeur durant les années 1960 par une pratique qui, comme nous l'avons mentionné au tout début, puisait son inspiration dans les avancées de la peinture significative d'après-guerre. En fin de compte, l'œuvre de Robert Murray tire sa force de sa matérialité, puisqu'elle nous ramène constamment à elle par les traces du processus qui en explicitent le devenir. Reste à savoir s'il peut y avoir une matérialité artistique susceptible de transcender. Un sublime romantique d'ordre technologique est-il contradictoire ? À partir du moment où la sculpture part de ce qu'elle est tout simplement, dans quelle direction nous entraîne-t-elle ? Le désir de l'envol qui aspire littéralement vers le haut, l'incessante confrontation avec la gravité ou, sur un autre plan, l'ambition d'une élévation éthique à propos de questions de nature plus humaine, voilà des pistes qui nous font déborder de l'austérité première.

On doit regretter que depuis une quarantaine d'années les milieux artistiques et ceux qui s'y intéressent n'aient pas su trouver un langage tout à fait approprié pour parler de l'art abstrait au grand public, ni surmonté la difficulté culturelle d'apprécier les valeurs visuelles abstraites pour ce qu'elles sont, sans devoir y projeter le familier ou le connu, des valeurs acceptées dans l'univers des arts décoratifs mais rejetées en vrac dans le monde de l'art proprement dit. Les ondes de choc provoquées par les sculpteurs qui s'attaquaient au problème de la monumentalité comme telle et les idées reçues sur la signification de la monumentalité dans le passé continuent toujours de se répercuter dans nos sociétés.

Dès 1956, Murray souhaitait qu'on le juge « sur la sincérité de sa démarche[147] ». Hugh M. Davies définit assez bien le rôle joué par ce dernier dans la production de sculptures de métal aux États-Unis durant la période de l'après-guerre : « Robert Murray a toujours été une force innovatrice dans l'évolution de la sculpture abstraite et la création des ateliers qui ont permis aux sculpteurs de réaliser des œuvres monumentales. Parmi les caractéristiques unificatrices de sa sculpture, il y a le strict respect de l'ethos consistant à créer une forme tridimensionnelle à partir d'une plaque de métal plate[148]. » Il nous lègue une expression classique des possibilités de l'abstraction réductive en sculpture : « La sculpture réductive de Murray se classe parmi les grandes expressions classiques de ce genre. C'est en cela que l'on peut voir la représentativité de Murray [...] Et un jour son art recevra une appréciation encore plus grande, et ses œuvres compteront parmi les expressions sculpturales les plus intelligentes des vingt dernières années[149]. » D'après Robert Fulford, Murray a créé en outre d'importants monuments du Canada moderne : « Robert Murray a réalisé certains des grands monuments publics du Canada moderne – *Cumbria* à l'aéroport de Vancouver, *Tundra* pour le ministère de la Défense à Ottawa, *Haïda* pour celui des Affaires étrangères à Ottawa[150]. »

Il fit partie d'un groupe de sculpteurs qui s'opposaient au caractère précieux de la sculpture idéaliste montée sur un piédestal qui la séparait du reste du monde. Cependant, le reste du monde ne se comporta pas toujours comme prévu. L'accès à l'art, facilité par les œuvres installées sur les places publiques, fut parfois interprété avec une familiarité exagérée. Utilisation de la sculpture publique à des fins personnelles (graffiti), irrespect par vandalisme, abus verbaux dans la presse, négligence des propriétaires en ce qui a trait à l'entretien, menace de dommages résultant de la pratique de nouveaux sports, tels la planche à roulettes, par les adolescents, voilà autant de problèmes auxquels il ne semble pas y avoir de solution magique, et qui ne peuvent que s'accentuer avec le temps.

Paradoxalement, le grand attrait qu'il ressentait pour le processus industriel permit à Murray de poser des actes zen spontanés « où vous savez presque que vous n'allez pas pouvoir le reproduire, mais que tout s'est mis en place d'un seul coup, en un seul geste [151]. » Il demeure malgré tout un homme des Prairies dans sa façon de considérer la nature en rapport avec son œuvre : « Le ciel, l'atmosphère, la lumière oblique du soleil valorisent tous sa sculpture [152]. » Au cours des dernières années, la fascination qu'ont toujours exercée sur lui les cultures autochtones renforça son emprise sur sa personnalité en plus d'inspirer son travail récent. Il manifesta au grand jour sa prise de position par des témoignages tangibles ou extérieurs de sa vie quotidienne : implantation de tipis sur ses propriétés de West Grove et de Lookout Island, et, dans sa tenue vestimentaire, port occasionnel d'accessoires autochtones. Le pouvoir de séduction du mode de vie occidental sur les communautés qui n'en font pas partie se démontre d'une manière constante; celui-ci, plus que tout autre facteur, fut probablement responsable de la chute de l'empire soviétique. Et maintenant, pour l'insigne bénéfice de notre intellect, pourquoi ne pas nous intéresser à l'inverse ? L'attirance des réalités autochtones sur certains milieux intellectuels américains au cours de ce siècle rayonna et s'étendit peu à peu vers d'autres cercles; plus près de nous par exemple, on a commencé récemment à recueillir de la documentation sur ceux que l'on nommait les « indiens blancs », ces Français coureurs des bois convertis à des modes de vie autochtones au XVIIe siècle [153]. Ce long et lent processus d'américanisation psychique des Européens nous permettra de prendre conscience d'un passé beaucoup plus ancien qu'on ne le reconnaît habituellement.

L'évolution dans l'œuvre de Murray a suivi de plus ou moins près l'articulation des décennies : celui qui pratiquait un art minimal et réducteur dans les années 1960, et qui a produit une sculpture aux formes florissantes et somptueuses dans les années 1970, a cédé la place à l'artiste-ethnographe à partir des années 1980. L'intégration d'une complexité formelle ou contextuelle lui a permis de poursuivre son travail au-delà de l'incontournable force d'impact de la rigueur minimaliste dans le domaine artistique. Au-delà de la fracture moderne, il cherche à nous réinscrire dans une continuité autre, de lignée fort ancienne.

Juste avant de conclure, laissons la parole à Robert Murray, puisque la grande éloquence et l'articulation de son discours ont fait de nous, et à plus d'un titre, des témoins privilégiés de son processus créateur. « C'est là un genre de confession, j'ai tendance à m'inquiéter des intérêts divergents que je peux avoir. Parfois, il semble n'exister aucun rapport entre eux. J'ai toute une vie dans l'aviation, mon intérêt pour les choses autochtones constitue une autre tangente. Il m'arrive d'écrire des choses qui n'ont rien à voir avec la peinture ou la sculpture; j'ai tous ces intérêts et parfois ils me donnent l'impression de dévorer ma vie. Depuis la mort de mon père, je suis devenu plus introspectif. Je ne me sens plus coupable... parfois! C'est le puritanisme canadien, je suppose [154]. » Pour notre part, nous avons tenté au cours de ces pages de tisser un réseau de fils conducteurs qui permettra, nous l'espérons, de concentrer un peu l'éclairage sur un ensemble de préoccupations artistiques de premier ordre.

Notes

Chapitre 1

1
« La sculpture avait remplacé la peinture en tant que discours dans l'élaboration des mouvements de l'art et le minimalisme avait élargi les termes dans la compréhension des jugements esthétiques. » – Monk 1993, p. 4.

2
Rockman 1965, p. 48, 54.

3
À propos du rôle des ministères des Transports et des Travaux publics, voir Richardson 1974, p. 63.

4
Kozloff 1965, p. 24

5
« Je crois qu'il est exact de dire qu'en 1959, j'ai été parmi les premiers sculpteurs à utiliser les grandes installations industrielles comme environnement de travail. Ma préoccupation de trouver une imagerie purement abstraite dans des formes uniques de grand format, tout au début des années 1960, a certainement précédé l'apparition du concept minimaliste ou « ABC Art ». Lettre de Robert Murray, New York, à Greg Bellerby, Victoria, 28 mars 1983, dossiers de l'exposition 1983 Victoria.

6
Pour une meilleure compréhension de ses premières expériences de travail en usine, laissons Robert Murray s'expliquer, au cours d'une entrevue accordée à Marion Barclay à Lookout Island (Ont.), 5 août 1997. Dossier de l'exposition au Musée des beaux-arts du Canada : « Mais ça nous apprend aussi à quel point il faut se montrer homme d'affaires dans ces circonstances, parce que c'est comme entreprendre un long trajet dans un taxi. On sait que le compteur avance durant tout le temps que l'on travaille. Cependant, ces projets s'exécutent en partie selon une estimation préliminaire, quoique approximative en temps et en matériel, ce qui peut, à l'occasion, entraver le projet. Mais je dois avouer qu'au fil des ans, je n'ai jamais eu l'impression d'accepter des compromis importants. Parfois je n'ai pas gagné beaucoup d'argent avec une sculpture parce qu'il fallait retourner sur les lieux pour y retravailler quelque chose, ou éliminer certaines sections et refaçonner la pièce, ou encore il fallait simplement plus de temps pour exécuter le travail. Voilà ce qui est quelque peu intimidant lorsqu'on travaille avec des grandes installations industrielles. »

7
« Il y a quelque chose de très beau dans l'agencement des édifices à Bethlehem. On ne perd jamais de vue le sérieux de la tâche à accomplir, et il n'en résulte jamais rien de disgracieux. Un environnement industriel produit le même genre de stimulation que la nature à l'état sauvage [...] il y a là quelque chose de très réel, de très masculin. » – Robert Murray, cité dans Snyder 1966, p. 11.

8
« Il insiste sur l'influence que l'immensité des environnements dans les installations industrielles exerce sur la taille et la forme définitives de ses sculptures, mentionnant tout particulièrement le Bethlehem Steel Ship Building Yard à San Pedro (Cal.), The Aluminum Welding Company à Montréal et Lippincott Incorporated à North Haven (Conn.). » – Smith 1969 a, p. 31.

9
Friedman 1970, p. 36.

10
Voir à ce propos l'excellent ouvrage de Terry Smith, Smith 1993

11
Dans une société qui prend un malin plaisir à transgresser bien des interdits, se trouve-t-il en matière de dommages matériels une offense plus sérieuse que d'abîmer le capot d'une voiture ? Si la question a jusqu'ici échappé à l'analyse, les milliards de dollars réclamés chaque année à ce titre aux compagnies d'assurance constituent l'hommage rituel rendu à la déesse « automobile », preuve éclatante que l'être humain n'a pas renoncé à tout idéal de perfection...

12
Robert Murray dans Cameron 1967, p. 10.

13
Benjamin 1992, p. 483–489.

14
Foster 1996, p. 171–172.

15
Jones 1996, p. 348.

16
Ibid., p. 2.

17
Robert Murray, cité dans Glenn 1966, copie non paginée.

18
« La peinture se situe dans un contexte où l'on prend pour référence un plan bidimensionnel. La continuité du plan bidimensionnel devient une condition fondamentale de l'école de peinture minimaliste qui prévaut dans les années 1960; cette dernière met l'accent sur le tableau comme objet dans un espace réel – il s'agit donc d'une peinture « sculpturale ». Auparavant, le même genre de relation avait encouragé le développement de la sculpture picturale. Il existe un rapport direct entre la résurgence de la sculpture et des préoccupations sculpturales durant cette période et cette discussion sur la peinture en tant qu'objet. » – Allen 1980, p. 3.

19
Elise Emery, « Sculptor Moulds Steel to "Talk" », California State College at Long Beach, dossier du symposium, copie d'un article du 14 août 1965.

20
Davies 1977, p. 129–130, note 6.

21
Ibid., p. 129–130.

22
D'après Nicole Dubreuil-Blondin, Barnett Newman fut le dernier artiste de la génération des expressionnistes abstraits à miser sur la transcendance. – Nicole Dubreuil-Blondin, « Tightrope Metaphysics », dans Barber *et al.* 1996, p. 152-161.

23
Toutefois, il ne s'agit pas du formalisme plus restrictif de tendance greenbergienne. Clement Greenberg réfutait en effet la légitimité de la sculpture peinte. Comme on s'en doute bien, l'hybridité n'était pas sa tasse de thé!

24
« [...] l'isolement de ces espaces et la nature solitaire de leur production sont devenus des aspects importants de la présentation de l'art en tant qu'expérience esthétique transcendante. – Jones 1996, p. 464, note 51.

25
Bois 1993, p. xix.

26
Robert Murray, « Centre and Periphery », discours prononcé en octobre 1989 à la Mendel Art Gallery, Saskatoon.

27
Holstein 1963, p. 114.

Chapitre 2

28
« En grandissant en Saskatchewan, je n'avais pas été du tout en contact avec la sculpture. En fait, on n'enseignait pas la sculpture à l'école des beaux-arts de Regina, même si un sculpteur originaire de l'Allemagne venu travailler au Musée de l'histoire naturelle offrait un cours du soir où il donnait un aperçu général de l'art. Il montrait souvent

des diapositives de sculptures et j'y ai vu des gens comme Julio Gonzalez pour la première fois. Quant à David Smith, je crois que je l'ai connu par les revues d'art. Tout simplement, il n'y avait pas beaucoup d'occasions d'avoir un contact direct avec la sculpture, donc la somme de mes connaissances en ce domaine jusqu'au moment où j'ai quitté le Canada reposait sur quelques reproductions. » – Robert Murray, cité dans Fulford 1975, p. 28.

29
« Formule de renseignements » reçue le 15 mars 1956, dossier de l'artiste, Saskatchewan Arts Board Archives, Regina.

30
« Je traitais tout le monde comme un artiste individuel, n'ayant qu'un seul critère, l'honnêteté. Bob faisait partie des cinq cents braves et donc sa présence dut se faire sentir. Mon approche semblait plaire à Bob qui, ayant reçu un enseignement académique rigide en art à l'école secondaire, en avait gardé un sentiment de frustration. Soudainement, il s'est senti libéré des exigences techniques et s'est enthousiasmé à l'exploration de ses propres idées. Il a commencé à se rendre à la Section des beaux-arts entre ses classes et après l'école pour peindre et discuter avec d'autres étudiants passionnés. Souvent il se présentait chez moi en début de soirée lorsqu'il avait réfléchi sur les idées qui le tourmentaient. Parfois, nous parlions jusqu'aux petites heures du matin. Il était très intense et avait un besoin de verbaliser; je l'écoutais et il semblait respecter mon point de vue. » – Lettre de Wynona Mulcaster à l'auteure, San Miguel de Allende, 7 avril 1998.

31
« Les sculptures sur pied et les projets de murales remplacèrent progressivement les détails architecturaux dans l'art public comme symboles du progrès. Beaucoup d'artistes s'intéressèrent à l'art public comme expression de la modernité et de ses liens avec l'expérience urbaine. » – Ring 1994, p. 19. Il faudrait aussi examiner plus en profondeur le rôle joué par les architectes dans cette vogue de murales.

32
Robert Murray, questionnaire soumis à l'artiste en 1989, dossier de l'œuvre, Mendel Art Gallery, Saskatoon.

33
« Coast to Coast in Art » 1959, p. 55.

34
« En 1950, le tourisme mexicain est un plein essor. En octobre 1953, la compagnie aérienne Canadien Pacifique commence à offrir des vols à destination de Mexico. Une publicité pour l'École des beaux-arts à San Miguel de Allende, parue dans la revue *Canadian Art* connaît un succès populaire en suggérant que l'on peut combiner des études artistiques et des vacances au Mexique. Vers 1956, Brooks rapporte qu'il y a "beaucoup de Canadiens logeant à San Miguel ainsi que d'autres de passage". » – Boyanoski 1992, p. 2–5.

35
Root 1996, p. 4–6.

36
Entrevue avec l'auteure, West Grove, 18 février 1998.

37
« Mes plâtres devenaient de plus en plus simples, jusqu'à ce qu'il s'avère beaucoup plus pratique de retourner dans une installation industrielle. Tout le problème de la texture et du traitement de la surface, notamment, je trouvais tout cela trop limitatif, ce qui se produisait au bout de mes doigts demandait trop de considération. » – Robert Murray, cité dans Glenn 1966, copie non paginée.

38
« Avec un ami, le sculpteur Robert Murray, il [John Nugent] se rendit à Woodstock, une colonie d'artistes dans l'état de New York, visiter le peintre expressionniste abstrait Herman Cherry. Ce dernier prit les dispositions pour que Nugent soit reçu à l'atelier de David Smith à Bolton Landing. » – Pincus-Witten 1983, p. 21.

39
Robert Murray, cité dans *Statements* 1967, p. 82.

40
Robert Murray, cité dans Rose 1966 b, p. 45.

41
« On peut également songer à la méditation suggestive de Heidegger sur l'"alètheia", que l'on traduit par vérité. » – Maffesoli 1997, p. 25–26. La verve de Barnett Newman se nourrissait de ses vastes connaissances et de ses multiples sphères d'intérêt. La philosophie d'Heidegger, popularisée par les thèses existentialistes de Jean-Paul Sartre, alimentait alors les discussions dans les cercles littéraires et artistiques. Il y a peut-être ici un rapport...

42
Auparavant, entre 1958 et 1961, Betty Parsons a déjà exposé des artistes de tendance *Hard Edge*, notamment Ellsworth Kelly, Alexander Lieberman et Ad Reinhardt. – Alloway 1966.

43
« Plus que tout autre, Barney avait conseillé et influencé Betty sur des questions ayant trait à la galerie – son exploitation, les artistes à exposer, les tendances et les attitudes à prévoir, à rechercher ou encore à former. » – Hall 1991, p. 143.

44
Rose 1965 a, p. 33.

45
Rose 1965 b, p. 53.

46
Rose 1965 d, p. 57–69.

47
Wollheim 1965, p. 26–32.

48
Entrevue avec l'auteure, West Grove, 18 février 1998.

49
Allison 1965.

50
Robert Roussil, cité dans Fournier 1986, p. 151.

51
Krauss 1971, p. 51.

52
Conférence donnée par Ed Killingsworth devant les conseillers aux étudiants du California State College de Long Beach, avril 1967, dossier du symposium.

53
Mary Barber, « A 320-Acre Sculpture Garden », *Los Angeles Times*, 28–29 avril 1979.

54
Glenn 1966, copie non paginée.

55
Robert Murray, interviewé par Barbara Rose, Rose 1966 a, p. 8.

56
Elise Emery, « Symposium », *Press-Telegram*, Long Beach, 7 nov. 1965.

57
Robert Murray, « Sculptor Blasts Symposium: Letter to the Editor », *The 49er* (Long Beach), vol. 17, n° 1, 24 sept. 1965.

58
Les organisateurs exprimèrent leurs intentions d'une manière explicite dans le but d'obtenir l'appui du College : « Dans tout cela, que recherchent les commanditaires ? La réponse tient en un seul mot : PROFITS. Dans une période très courte – de huit à douze semaines –, ils obtiennent, au prix que leur coûteraient trois ou quatre pièces s'il s'agissait de commandes privées, un jardin permanent de sculptures comptant de dix à

quatorze pièces monumentales, qu'ils offrent à leur ville ou à leur pays. » – Kosso Eloul, « The International Sculpture Symposia », dossier du symposium, California State University, Long Beach.

59
Elise Emery, « Sculptor Moulds Steel to "Talk" », *op. cit.*

60
Robert Murray, cité dans Snyder 1966, p. 11.

61
Robert Murray, cité dans Allison 1965.

62
Robert Murray, cité dans George Russell, « Bad Robert Murray: Why Is He Taking Taxpayers' Money for Avant-Garde Nonsense? », *The Globe and Mail* (Toronto) Weekend Magazine, 15 mars 1975, p. 13.

63
Ashton 1968 a, p. 46–47.

64
Malcolmson 1967 b, p. 40–42.

65
Harry Malcolmson, « Battery Park Gets a Steel Sculpture », *The New York Times*, 15 mars 1968.

66
Jacques McCaugherty, « Art Takes a Flight of Fancy at Airport », *Vancouver Province*, 13 juin 1968.

67
« élégante [...] l'une des sculptures publiques les mieux réussies au Canada », James 1969, p. 19.

68
« Dans les siècles passés, le renversement d'une monarchie entraînait habituellement aussi celui des représentations sculpturales de son chef! » – Senie et Webster 1992, p. 171.

69
« *Cumbria*, jadis l'œuvre maîtresse de l'aéroport, a été entreposée sans aucun ménagement dans l'un de ses hangars. » – Saenger 1994, p. 28. Dans le même article, le sculpteur est interviewé : « *Cumbria* a été brisée, désassemblée sans précautions, a rouillé et s'est cassée aux points de soudure [...] le plus gros problème est que la structure d'acier sur laquelle reposent les feuilles métalliques a été déformée et pliée; il faudra donc peut-être couper les feuilles métalliques pour restaurer l'œuvre. » – *Ibid.*, p. 29.

70
« [...] une célébration de la beauté naturelle et du patrimoine culturel de la Colombie-Britannique [...] L'art local devient public,

voire mondial. » – *Vancouver International Airport*, 31 mai 1996, encart publicitaire annonçant l'achat d'une version en bronze de *Spirit of The Haida Gwaii – The Jade Canoe* de Bill Reid : « Mais la pièce parle aussi du rôle de Vancouver comme d'une ville qui tente de se définir en tant que communauté internationale en pleine croissance dans un monde dynamique en constante évolution ». Voir p. A–13.

71
« Les années 1960 ont suscité de grands espoirs au Canada et presque partout dans le monde. Robert Murray fut l'un des rares artistes de ce pays qui a su regarder au-delà de son petit univers et relever des défis à l'échelle planétaire, et qui a pu ainsi jouir d'une renommée internationale pour son œuvre. » – David Mirvish, Toronto, se portant à la défense de *Cumbria*, lettre à l'honorable Douglas Young, Ottawa, 11 mai 1994.

72
Entrevue avec Marion Barclay, Lookout Island, 5 août 1997.

73
Robert Murray, à propos de la première sculpture, cité dans Cameron 1967, p. 10.

74
« La sculpture a été empruntée pour Fredonia puis gardée là à l'insistance du concepteur du projet, Henry Cobb, tellement il était convaincu qu'elle convenait parfaitement à cet emplacement. » – Greenwood 1974, p. 36.

75
Robert Murray, cité dans Rose 1966 b, p. 45–47.

76
Greenwood 1974, p. 34.

77
Livraison du 14 septembre 1973.

78
« Ralph Stewart (L – Cochrane), président du comité de la Chambre des communes sur la radiodiffusion et l'assistance aux arts, a utilisé au cours d'entrevues sur la sculpture toute une série d'expressions péjoratives – ferraille, canulars, monstruosités – et a dit à propos de *Tundra* et de *Haïda* qu'on devrait les retirer ou les recouvrir. » – Presse canadienne, « Sculpture Stirs Storm », *The Citizen* (Ottawa), 29 sept. 1973.

79
Entrevue avec l'auteure, West Grove, 23 janvier 1995.

80
John Bentley Mays, « Two Sculptors Worth Experiencing », *The Globe and Mail* (Toronto), 30 mai 1981.

Chapitre 3

81
David Mirvish possède dans sa collection personnelle la sculpture *Mesa* (1968) de Robert Murray.

82
Bilaitis 1992, p. 50.

83
Le Detroit Institute of Arts possède une des maquettes de la sculpture.

84
Don Lippincott, cité dans Davies 1975, p. 44.

85
Entrevue avec l'auteure, West Grove, 23 janvier 1995.

86
Smith 1977, p. 6.

87
Note de service de Roy H. Helms de l'Alaska State Council on the Arts à l'Alaska Court System, 26 novembre 1976, dossier de l'œuvre, Alaska State Museum, Juneau.

88
De nombreux titres d'œuvres de Murray font d'ailleurs allusion à des aires géographiques de l'Alaska, des noms de rivières notamment : *Tikchik, Togiak, Nerka, Aqulapak, Kodiak.*

89
Cette expédition est racontée dans Robert Murray, « Alaska », *Waterflying Annual*, 1975, p. 71–73. Membre fondateur de cette revue, le sculpteur fait partie de l'équipe éditoriale et a rédigé au cours des années de nombreux articles.

90
Entrevue avec l'auteure, West Grove, 5 octobre 1995.

91
Ibid.

92
Ibid.

93
Lettre de Robert Murray, New York, à Mark Daughhetee, Alaska State Museum, Juneau, le 18 septembre 1990.

94
« Remarks Made by Chief Justice Robert Boochever: Dedication of "NIMBUS" 30 juin 1978 », copie du texte, dossier de l'œuvre, Alaska State Museum, Juneau.

95
Thomas B. Stewart, lettre à la rédaction, *Juneau Empire*, 11 janvier 1990.

96
« State of Alaska House Concurrent Resolution No. 19, Thirteenth Legislature – First Session », 4 mars 1983.

97
« Par œuvre d'art, on entend une pièce d'artisanat originale ou un objet d'art qui exprime la culture, les ressources, l'environnement ou le point de vue propres à la population de l'Alaska, ce qui inclut les objets d'art autochtones de l'Alaska. » – Dans « House Bill No. 259 in the Legislature of the State of Alaska – Fourteenth Legislature », photocopie du document, dossier de l'œuvre, Alaska State Museum, Juneau.

98
Rapport de la restauratrice Alice R. Hoveman et de Ken Deroux, conservateur à l'Alaska State Museum, 2 septembre 1986 : « On a démonté la sculpture à l'aide d'un chalumeau en coupant la base au-dessus du point de jonction de la plaque d'assemblage. Une partie indéterminée de la base originale a ainsi été retirée. La sculpture se trouve donc divisée en deux sections, les deux ayant été coupées à la base. La sculpture le long de ce bord inférieur est maintenant irrégulière, coupée de façon grossière et recouverte de rouille car la couche de peinture protectrice a disparu au moment du découpage, etc. » – Dossier de l'œuvre, Alaska State Museum.

99
Lettre de Robert Murray, New York, le 18 mars 1985, à Susan Walker de *Canadian Art* à Toronto.

100
Entrevue de Don Lippincott avec Marion Barclay et l'auteure, North Haven (Conn.), 28 janvier 1998.

101
Entrevue avec l'auteure, West Grove, 7 oct. 1995. Plusieurs renseignements qui suivent proviennent de cette conversation.

102
Davies 1975, p. 35.

103
Ibid., p. 42.

104
Ibid., p. 35.

105
Entrevue de Don Lippincott avec Marion Barclay et l'auteure, North Haven, 28 janvier 1998.

106
Lippincott Inc. Large Scale Sculpture (dépliant publicitaire).

107
Entrevue avec l'auteure, West Grove, 7 oct. 1995.

108.
David Smith, cité dans Davies 1975, p. 9.

109
Robert Murray, cité dans Ingrid D. Jaffe, « Robert Murray's Fountain Was Start of Something Big », *Saskatoon Star-Phoenix*, 6 oct. 1971.

110
Richard Serra, « From the Yale Lecture », dans Harrison et Wood 1992, p. 1125.

111
« Murray explique l'émergence de la courbe irrégulière dans ses sculptures à ce moment-là comme le résultat, en partie, d'une nouvelle expertise technique de l'atelier de Lippincott. Avant cela, il aurait été difficile de réaliser des courbes aussi compliquées avec une telle précision. "Ce qui m'intéressait vraiment dans ces œuvres les plus récentes, c'était de voir ce que l'on pouvait faire de plus avec la presse. Nous ne réchauffons pas le métal et nous n'utilisons pas d'autres techniques de formage. Nous travaillons toujours directement avec le métal, ce qui correspond tout à fait à mon goût. Une fois que nous avons commencé à intégrer la courbe, il semblait aller de soi de continuer et d'exploiter encore plus la machinerie". » – Davies 1977, p. 128–129.

112
« Au Canada, au cours de l'été 1974, un soudeur et entrepreneur local, qui aidait Murray à réparer une œuvre antérieure, a attiré son attention sur une collection intéressante d'objets trouvés ayant des qualités sculpturales. "Pendant que nous réparions la sculpture, il s'est intéressé à ce que je faisais et m'a montré un tas de métal récupéré à la suite d'un accident de train. Le train avait déraillé et un wagon de plaques d'un quart de pouce était tombé le long d'un talus abrupt, ce qui avait créé dans le métal des courbes fantastiques. Malheureusement, je n'ai pas fait cette découverte avant le milieu de l'été, mais les sections ressemblaient tellement à certaines parties des études en aluminium sur lesquelles je travaillais que j'ai entrepris immédiatement la réalisation d'une série de petites sculptures". » – *Ibid.*, p. 129.

113
« [...] l'idiome baroque pictural de l'expressionnisme abstrait rendu par une sculpture ouverte et généreuse qui est également fréquemment baroque. » – Rose 1965 b, p. 53.

114
« En ce sens, Murray a eu la chance de travailler directement avec de grandes presses. Les méthodes de travail ont évolué naturellement en techniques plus complexes et plus exigeantes de pliage, de flexion, de plissement, de courbure et parfois d'étirement d'une feuille rectangulaire d'aluminium d'un pouce d'épaisseur. La logique picturale de Murray, qui est née dans les années 1970, découle de cette méthode de travail. » – Marshall 1979 a, p. 33.

115
Ibid., p. 45.

116
« [...] le travail de l'artiste californienne Lynda Benglis, dont les œuvres de mousse pigmentées et moulées semblaient contester les formes du minimalisme essentiellement masculin, avec ses nombreuses références techniques et mathématiques. » – Taylor 1995, p. 19.

117
« La difficulté réside dans le formage. On crée des formes qui sont à l'opposé de ce à quoi l'on s'attend. On n'exerce pas de pression sur le métal là où se trouve le pli. Le pli est un sous-produit du formage à l'intérieur des courbes coniques autour de ce qui devient le bord de la pliure [...] Pour que le métal jaillisse en ce genre de courbes, il faut en réalité former les sections d'un cône [...] Il faut couper en cinquante ou soixante pièces afin de former chaque unité et les ressouder ensemble. » – Robert Murray, entrevue avec l'auteure, West Grove, le 23 janvier 1995.

118
Catherine Quillman, « Area Artist Flies in the Face of Convention: Robert Murray Helped Redefine Public Art », *The Inquirer* (Philadelphie), 8 avril 1996.

Chapitre 4

119
« Selon Murray, la sculpture, tout comme la peinture, est épidermique. Par conséquent, tous les procédés de sculpture visent à préserver la peau, ou la surface. Murray se sert de la couleur pour renforcer la continuité de cette peau et pour exprimer de façon tactile la sensualité inhérente à la surface. » – Henry 1990.

120
Entrevue avec l'auteure, West Grove, 23 janvier 1995.

121
« Ces paysages sont peints à plat avec
d'importants débordements d'opacités et de
tons divers qui renvoient aux détails du
paysage sans les préciser. » – Sims 1979, p. 27.

122
L'expression est empruntée à Hal Foster,
dans Foster 1996 b, p. 499.

123
« J'ai toujours été fasciné par l'idée de
participer au primordial [...] » – Robert Murray,
entrevue avec l'auteure, West Grove,
12 février 1998. Il affirmait aussi que la visite
de lieux où très peu d'humains avaient mis
les pieds avait toujours le don de l'émouvoir,
ces endroits protégés facilitant une prise
de contact plus directe avec la nature et
permettant peut-être même de s'associer
par contiguïté à une sorte de croyance
animiste et de retrouver un écho des temps
très anciens.

124
« Une des premières conversations que j'ai
eues avec Barney Newman, lorsque nous
nous sommes rencontrés à Emma Lake, a
porté sur l'art indien de la Côte Ouest. C'est
un sujet que nous avons souvent abordé
après mon installation à New York. À cette
époque, la culture amérindienne était pratiquement la chasse gardée des anthropo-
logues, qui avaient tendance à ne pas voir,
dans l'expression picturale ou sculpturale,
des œuvres d'art. Ils défendaient en partie
cette position en se fondant sur la théorie
que les cultures autochtones ne possédaient
pas le concept d'art dans leurs langues et
que, dans bien des cas, ce que nous admirons
c'est surtout le dessin et la décoration. Je
partageais l'opinion de Newman qui trouvait
ces attitudes inutilement limitatives. Peu
importe qu'il existe ou non pour cette activité
des termes équivalents qui aient leurs parallèles dans la culture européenne [...] Appeler
œuvre d'art un crucifix d'ivoire sculpté en
France au Moyen-Âge et amulette une figurine
en ivoire okvik de la région de la mer de
Béring relève de l'ambiguïté sémantique. Il
est vrai que de nos jours, certains autochtones
qui se prononcent sur ce sujet estiment
également que leurs ancêtres ne faisaient
pas des objets d'art. Mais, dans la plupart des
cas, ils font cela simplement pour insister sur
la valeur spirituelle de ces objets plutôt que
sur le fait qu'ils sont devenus un produit du
marché de l'art. » – Lettre de Robert Murray
à l'auteure, West Grove, 13 avril 1997.

125
Barnett Newman, « Northwest Coast Indian
Painting », dans O'Neil 1990, p. 106.

126
Hess 1969, p. 25.

127
Ibid.

128
Rushing 1995.

129
Foster, *op. cit.*, p. 499.

130
Entrevue avec l'auteure, 7 oct. 1995.

131
Entrevue avec Lowery Sims en 1978, archives
du Metropolitan Museum, New York.

132
Statements 1967.

133
Robert Murray, dans Max Wyman, « New York »,
Vancouver Province, 15 mai 1983. « Ironiquement, dit-il, le fait d'être Canadien semblait
importer moins à cette époque que maintenant. Aujourd'hui, bon nombre des œuvres
d'importance commandées aux États-Unis
le sont par des organismes gouvernementaux
qui insistent pour confier le travail à des
artistes américains. »

134
David Smith, cité dans Krauss 1971, p. 7.

135
Ibid., p. 10.

136
« Étant donné que les innombrables mythes
amérindiens que lui-même (Lévi-Strauss) et
d'autres avaient réunis étaient manifestement
élaborés selon des oppositions binaires,
la linguistique structurelle lui a fourni un système capable de découvrir de nouvelles
paires et de montrer que ces oppositions
constituaient un vaste code sémantique qui
façonnait les cultures ayant donné naissance
à ces mythes. » – Bois 1993, p. xiv.

137
Lévi-Strauss 1991, une étude portant principalement sur les mythes des jumeaux, p. 316.

138
Ibid., p. 299–300.

139
Ibid., p. 306.

140
Entrevue avec Marion Barclay,
Lookout Island, 5 août 1997.

Conclusion

141
« Bien qu'il travaille dans la veine minimaliste,
il se préoccupe encore du dialogue qui
s'établit entre les éléments formels que les
minimalistes ont éliminé de leurs propres
œuvres. » – Friedman 1970, p. 36.

142
« C'est simplement en regardant ce que les
autres ont fait, en particulier les Européens
après la guerre [...] l'influence de quelqu'un
comme David Smith, le caractère direct
de son œuvre était terriblement attirant,
et la clarté que tend à avoir la sculpture
fabriquée. » – Entrevue avec l'auteure,
18 février 1998.

143
Withrow et Waghorne 1965, n.p.

144
Silcox 1968, p. 273–279.

145
« [...] et Murray, qui ont joué un rôle marquant
dans l'abstraction des années 1960, sont
négligés parce que – au moins on le
suppose – ils ne sont plus populaires. » –
Colpitt 1994, p. 246, note 2.

146
Entrevue avec l'auteure, West Grove,
12 février 1998.

147
Robert Murray répondant en mars 1956
à un questionnaire du Saskatchewan Arts
Board qui se retrouve dans les archives de
cet organisme.

148
Davies 1977, p. 127.

149
Marshall 1979 a, p. 45.

150
Fulford 1975, p. 27.

151
Entrevue avec l'auteure, West Grove,
23 janvier 1995.

152
Lowndes 1970, p. 74.

153
Jacquin 1996.

154
Entrevue avec l'auteure, West Grove,
12 février 1998.

ŒUVRES DE L'EXPOSITION

Acier soudé
74,6 x 58 x 42,3 cm
Musée des beaux-arts du Canada, Ottawa
(37070)

Usine de fabrication
John East Iron Works, Saskatoon

Historique
Don de l'artiste à James A. et Arliss
MacNeill, Meota (Sask.) en 1962; acquise
en 1993.

Expositions
1989 Saskatoon, n° 29, ill.; 1992 Ottawa,
n° 104, ill.

Bibliographie
Leclerc 1992; Sheila Robertson,
« Saskatchewan Art Discovered Far Afield,
Saskatoon Star-Phoenix, 20 mai 1995, ill.

Notes

1
« Rapport 26-1959 », Article 7, Hôtel de ville,
Saskatoon, p. 3.

2
Robert Murray, cité dans Ian MacAlpine,
« Will It Be "Something Saskatchewan" ?:
Council Divided on City Hall Fountain,
Accepts It Anyway », *Saskatoon Star-Phoenix*,
18 août 1959.

3
Lettre de Wynona Mulcaster à l'auteure,
San Miguel de Allende, 7 avril 1998.

4
Entrevue avec Marion Barclay, 5 août 1997.

5
Robert Murray, cité dans Ian MacAlpine,
op. cit.

6
Entrevue avec Marion Barclay, 5 août 1997.

7
Entrevue avec l'auteure, 18 février 1998.

1
MAQUETTE POUR
« SCULPTURE-FONTAINE » [1959]

Parce qu'il occupait un emploi d'étudiant au bureau de planification de la ville de Saskatoon à l'été 1958, Robert Murray savait que flottait dans l'air le projet de construire une fontaine sur un plan d'eau devant l'hôtel de ville. Il recommanda donc à ses employeurs plusieurs sculpteurs locaux; mais devant l'intérêt certain qu'il manifestait, on lui suggéra plutôt de faire lui-même une proposition. La première maquette (hors catalogue) fut réalisée en laiton peint d'après le concept de l'artiste, dans une fabrique où l'on travaillait le métal à San Miguel de Allende au Mexique, où Murray séjournait grâce à une bourse d'étude en peinture. En août 1959, il rentra du Mexique pour faire sa présentation devant le Conseil municipal : « On étudie actuellement la possibilité d'ériger devant l'hôtel de ville une sculpture-fontaine qui aurait autant une valeur esthétique que symbolique [1]... », lit-on dans le compte rendu du greffier. Cette troisième maquette, en acier soudé, et une autre non localisée serviront aussi à la défense du projet que le Conseil approuva le 17 août 1959 grâce, en dernier ressort, au soutien du maire Sid Buckwold. La *Maquette pour « sculpture-fontaine »*, une pièce achevée, dépasse à notre avis ce que l'on attend d'une maquette et peut véritablement être lue comme une œuvre en soi.

Lorsqu'il reçut la commande, Murray exprima en ces termes les réflexions qui l'avaient amené à la formulation du projet final : « Pendant la phase de conception de cette œuvre, j'ai pris conscience de l'importance primordiale de l'eau dans l'histoire de notre province. Les sources d'eau ont déterminé les déplacements des peuples nomades qui les premiers ont occupé ces terres, ainsi que l'habitat des bisons et autre gibier dont ils vivaient. Dans les mythes de ces peuples, les sources mystiques de l'eau étaient étroitement liées aux légendes concernant tous les aspects de leur vie [2]. » Dans cette même ligne de pensée, son ancien professeur d'art Wynona Mulcaster ajouta : « Il s'agissait de la première œuvre publique qu'on installerait devant l'hôtel de ville de Saskatoon, et la population a accepté l'idée avec enthousiasme. Bob a choisi de faire une œuvre qui soit en accord avec la prairie dévastée par la sécheresse, ce qu'il a appelé "Une prière pour la pluie". Des plaques d'acier courbées, symbolisant des mains qui implorent le ciel, d'une simplicité austère et peintes en noir [3]. » Tout récemment, Murray a commencé à utiliser le titre *Faiseur de pluie* [4] quand il parle de cette œuvre.

Murray dut se porter à la défense de son projet que la presse attaqua avec virulence en raison de son modernisme et d'une incompréhension des rapports subtils existant entre la sculpture et le site qu'elle occupait. Il répliqua d'une manière pertinente : « La traduction d'une idée dans le métal a ses limites [...] J'ai essayé de créer une œuvre qui aurait une fonction utile dans son emplacement physique et qui serait, en même temps, l'expression d'une idée. En somme, une fontaine qui aurait un sens comme sculpture [5]. »

Cette controverse publique, une première qui ne fut évidemment pas la seule, constitua pour lui une sorte de rodage. De même, les délibérations sur le plan technique entre différents finis proposés lui serviront plus tard d'une manière ou d'une autre : possibilité d'un fini rouille obtenu par l'oxydation naturelle et scellé par la suite, vaporisation de bronzine, ou encore – la solution retenue – peinture en noir sur vert qui peut simuler un effet de patine à travers les coups de pinceaux [6].

Dès cette première sculpture, on note déjà la présence de ces courbes « prémonitoires », qui réapparaîtront dans les années 1970. En somme, d'après Murray :

« Il s'agit essentiellement de courbes en forme de tube. En silhouette, on les voit moins que les deux parties plates. Elles sont plus importantes en silhouette, un peu plus massives. Mais c'est simplement un moyen de lancer les courbes dans les airs. Ce sont les deux courbes opposées qui m'intéressaient dans cette sculpture, et qui sont devenues les deux courbes de *Athabasca* et les trois courbes de *Taku*[7]. »

Les doigts de la « baigneuse » – terme utilisé par l'artiste dans un des dessins préliminaires de la collection de la Mendel Art Gallery – dans la partie supérieure des deux courbes, ressemblent étonnamment au dessin de la queue de l'oiseau de la murale de mosaïque du Bureau des assurances du gouvernement à Saskatoon, dénotant un lien formel entre des œuvres en deux et en trois dimensions. En dernier ressort, la *Sculpture-fontaine* qui se trouve aujourd'hui devant l'hôtel de ville de Saskatoon ne résulte pas du simple agrandissement d'une seule maquette mais plutôt de l'ensemble des idées explorées au cours du processus, un phénomène qui se répétera et marquera tout le reste de sa production.

Peinture-émail pour automobile sur
carte calandrée
56 x 76,3 cm
Inscriptions : b.g., *4.3.60 M.*; b.d.,
estampillé, *ROBERT MURRAY*
Mendel Art Gallery, Saskatoon
(MAG 65.13.3)
Don de l'artiste, 1965

Historique
Don de l'artiste en 1965.

Exposition
1992 Ottawa, nº 105, ill. p. 160.

2

DESSIN POUR LA SCULPTURE-FONTAINE DE L'HÔTEL DE VILLE DE SASKATOON 1960

Il arrivait parfois à Murray de réaliser des dessins postérieurs à l'adoption d'un concept définitif pour une sculpture, une invitation à interpréter l'œuvre d'une manière plus libre. C'est le cas de cette étude dramatique de la sculpture-fontaine, aux qualités très expressives. L'artiste avait pour objectif de la rendre aussi intéressante qu'une peinture.

Figure 38
Sculpture-fontaine devant l'hôtel
de ville de Saskatoon.

Bronze coulé en mai 1962
34,5 x 10 x 10,7 cm
Inscription : dans le bronze, incision sous
la section la plus large, *RM 61/1/3*
Collection J.A. et Mary Ellen Pyrch,
Victoria (C.-B.)

Édition
2 exemplaires

Fonderie
Modern Art Foundry, Long Island City
(N.Y.)

Historique
A.J. Pyrch, achetée à la Jerrold Morris
International Gallery, Toronto, en 1964;
léguée à Mary Ellen Pyrch en 1994.

Exposition
1962 Ottawa, n° 11, ill., n.p.

Bibliographie
Holstein 1963, ill. p. 116, 117.

3
CÉRÈS [1961]

Au printemps 1961, Robert Murray se rend pour la première fois, en compagnie d'un collègue sculpteur de la Saskatchewan, John Nugent, à la Modern Art Foundry à Astoria (N.Y.), qui fait maintenant partie de Long Island City. Au cours de cette visite il examine de plus près le processus du coulage du bronze. L'expérience le stimule grandement et l'incite à son retour à travailler le plâtre et à utiliser du bois pour construire ainsi des maquettes qui se prêteraient au coulage du bronze. Murray a moulé dans le plâtre une version de cette œuvre qui mesurait presque deux mètres de hauteur; aujourd'hui malheureusement détruite, elle l'avait, nous admet-il, forcé à déménager. En réalité, la quantité et la taille des sculptures en plâtre qu'il produisait rendaient inhabitable le logis qu'il occupait à l'époque. Bien des plâtres expérimentaux des débuts n'ont pas survécu à ces déplacements nécessaires. À ce moment-là, l'artiste n'était pas totalement convaincu de la légitimité et de l'intérêt de ce matériau pour créer une œuvre d'art en soi, une attitude qu'il regrette évidemment à l'heure actuelle. L'attrait du bronze n'était pas nouveau chez lui. Rappelons-nous qu'initialement la surface de la *Sculpture-fontaine* de l'hôtel de ville de Saskatoon avait reçu une finition à la bronzine.

Murray a accepté le titre suggéré par Barnett Newman qui, nous le savons, possédait une bonne connaissance du latin. Divinité de la fertilité chez les Romains, on identifiera Cérès aux fruits de la récolte. Le sculpteur exploitera ultérieurement un thème similaire dans *Printemps* (1965, cat. 12), une évocation du temps des semailles. Un montage photographique publié dans *Canadian Art* [1] nous montre d'ailleurs un autre plâtre de l'œuvre juxtaposé à un immense champ de blé des prairies canadiennes. Jouant sur la métaphore végétale, un ami de l'artiste, Jonathan Holstein, l'entrevoyait comme ceci : « *Cérès* permet aux formes réalisées avec les doigts de paraître dans la fente comme les grains d'une cosse trop mûre et partiellement éclose [2]. » En fait, l'effervescence que retient à peine ce bronze de très petit format trouvera son exutoire dans les formes tout à fait libres des années 1970.

Notes

1
Holstein 1963, p. 117.

2
Ibid, p. 114.

Bronze coulé en mai 1962
60,9 x 17,8 x 17,2 cm
Inscriptions : sur la lèvre du cylindre,
RM 61; sous le cylindre principal, *1/2*
Collection Paul et Dinah Arthur, Toronto

Édition
2 exemplaires

Fonderie
Modern Art Foundry, Long Island City
(N.Y.)

Historique
Achetée à l'artiste en 1964.

Expositions
1963 Montréal, nº 110, ill., (ex. nº 2);
1964 Montréal, (ex. nº 2)

Bibliographie
Holstein 1963, ill. p. 114, 115.

4
CHARYBDE 1961

L'autre exemplaire de *Charybde* appartient au Musée des beaux-arts de Montréal et a remporté une mention honorable au *80ᵉ Salon annuel du printemps* du MBAM en 1963. Nommée par Annalee Newman, elle évoque une force tourbillonnante qui se soulève. Le nom même de Charybde désigne un dangereux tourbillon au pied du rocher de Scylla en Sicile, où s'échouaient de nombreux navires, d'où l'expression « tomber de Charybde en Scylla ». Le courageux Ulysse avait réussi à naviguer entre les deux.

Murray a produit à l'époque une série de plâtres, quelques-uns d'assez grandes dimensions, qui explorent ces explosions de formes au centre du cylindre : « [...] ou pour le centre de *Charybde,* j'inventais en créant des formes, souvent en utilisant un matériau quelconque, en feuilles assez épaisses, que je tordais et pliais et que je recouvrais ensuite de fibres de chanvre, de fils métalliques ou d'autre chose pour le renforcer au fur et à mesure, et je le réduisais parfois un peu et lui ajoutais des éléments pour le compléter. C'était un processus entièrement différent [1] », véritable course contre la montre, pendant que le plâtre séchait. De telles œuvres introduisent par contraste un dialogue entre les parties : « Elles révèlent une tension créée par un dialogue entre la régularité géométrique du cylindre et la spontanéité des formes organiques [2]. »

Notes

1
Entrevue avec l'auteure, West Grove,
18 février 1998.

2
Bellerby 1983, n.p.

Peinture à tableau noir diluée sur papier
vélin
57 x 41,1 cm
Inscription : b.d. à l'encre noire, *Robert
Murray 1962*
Collection Ashton Hawkins, New York

Historique
Acquis de l'artiste en 1965.

Bibliographie
Holstein 1963, ill. p. 115.

5
DESSIN POUR CHARYBDE 1962

Murray a exécuté ce dessin à la peinture mate à tableau noir diluée au distillat de pétrole, une technique adaptée de celle d'Art McKay de Regina. Il aimait réinterpréter librement sur papier certaines de ses compositions sculpturales, les deux dimensions du matériau posant évidemment le problème d'un autre type d'espace avec lequel jouer.

Bronze coulé d'avril à septembre 1963
144,2 x 28 x 28 cm
Inscription : b.g., dans la boîte, *Robert Murray 61–62 / 1/5*
Succession de Marie LeSueur Fleming, Toronto

Édition
Un exemplaire

Fonderie
Modern Art Foundry, Long Island City (N.Y.)

Historique
Marie LeSueur Fleming, Toronto, achetée à la Jerrold Morris International Gallery, Toronto, en 1964; sa succession, 1989.

Expositions
1964 Toronto a, ill. Autre présentation : St. Catharines and District Arts Council, 1966.

Bibliographie
Holstein 1963, ill. p. 114; McPherson 1964, ill. p. 227.

6
LAZARE 1961–1963

Comme dans quelques occasions similaires, Barnett Newman a proposé le titre de *Lazare* et, à la manière de *Nunc Dimittis* (1961–1963), il s'agit principalement d'une sculpture frontale. Implicite dans le titre, il y a sûrement le vif sentiment sinon d'une résurrection, au moins d'une éruption de formes qui se libèrent du contenant oblong qui les retient. Le bronze resta unique car même si l'artiste planifiait originellement une édition de cinq, il renonça à ce moment-là à exploiter les possibilités de reproduction de la sculpture de bronze.

Lazare fait partie d'une série des bronzes verticaux de taille moyenne, datant du début de sa carrière et qui sont fascinants à étudier car ils nous permettent d'appréhender en raccourci une gamme de problèmes reliés à la sculpture sur lesquels l'artiste se penchera plus tard. Œuvre frappante, selon le critique new-yorkais Henry Geldzaler qui lui préférait cependant le plâtre, la sculpture *Lazare*, inspirée de la forme ouverte d'une boîte de bois, dut être coulée en différentes sections; le dos, légèrement incurvé, n'est pas sans évoquer le monde de l'aviation.

N'ayant reçu aucune formation spécifique en sculpture, Murray expérimentait le plâtre en toute candeur et avec ardeur, pour produire des sculptures dépassant souvent les deux mètres. Lui qui n'avait aucune idée préconçue sur la façon de travailler le bronze pouvait se permettre d'expérimenter en toute originalité. Cependant il ne poussa pas plus avant dans cette direction; un cran plus bas et l'on tombe d'après lui dans des surfaces tarabiscotées. Sur des photographies d'époque, on reconnaît les boîtes de bois qui servaient de socles dans son appartement. Avec *Lazare*, la forme allongée des socles a finalement déterminé le fondement de l'œuvre : « *Lazare* requiert un moule à plâtre en forme de boîte pour contenir une série de formes froissées en plâtre[1]. » Murray utilisait toutes sortes de techniques : « Je réalisais beaucoup de moules à partir de papiers d'aluminium épais ou d'un matériau caoutchouteux, ou encore j'utilisais divers types d'enduits, de la vaseline aux vaporisateurs de gras alimentaire, sur du papier à construction résistant; c'est ainsi que j'ai construit les formes, ce genre de formes libres que l'on trouve au centre de *Lazare*[2]. » Murray fera remarquer plus tard que David Smith s'était inspiré de la forme de ses boîtes de bois à whisky pour sa sculpture *Cubi XII* de 1963.

Notes

1
Holstein 1963, p. 114.

2
Entrevue avec l'auteure, 18 février 1998.

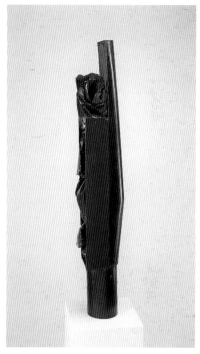

Aluminium avec laque transparente à
base de vinyle et cuite
62,1 x 31,8 x 14,5 cm
Inscriptions : en-dessous, au feutre noir,
*ROBERT MURRAY / NUNC DIMITTIS 1961–63
aluminum;* en-dessous, le long du bord le
plus large, estampille, *ROBERT MURRAY /
N.Y. 1963*
Musée du Nouveau-Brunswick, Saint-Jean
(A65.42)

Édition
2 exemplaires

Usine de fabrication
Treitel-Gratz, New York, avril 1963

Historique
Achetée à la Jerrold Morris International
Gallery, Toronto, en 1965, grâce à l'aide
du Conseil des arts du Canada.

Expositions
1964 New York a; 1965 Toronto, n° 3A, ill.

Bibliographie
Smith 1969 a, p. 30; Smith 1969 b, ill. n° 3.

7
NUNC DIMITTIS [1961–1963]

Murray réalisa le concept de cette œuvre en plâtre en 1961 et l'assemblage de la
sculpture se fit au début de 1963 au moyen de plaques d'aluminium, un matériau
qu'il utilise pour la première fois. Son ami Jonathan Holstein de Cazenovia (N.Y.),
un expert en œuvres autochtones, possède l'autre exemplaire de *Nunc Dimittis.* S'y
rattachent également des dessins (coll. B. Arnaud, Appleton, Wisconsin) ainsi que des
peintures. Il s'agit de la sculpture qui laisse paraître le plus explicitement l'impact
sur l'artiste de la peinture de Barnett Newman, celui qui d'ailleurs a suggéré le titre
latin de l'œuvre. Si l'on prend en considération l'espace négatif central, la composition se divise en trois parties, comme plusieurs peintures à *zips* de Newman, et elle
rappelle ses sculptures verticales. Dans l'atelier de ce dernier, rue Front, Murray avait
vu en 1960 *Here I* peint dix ans plus tôt[1] : « Ces deux formes entament un genre de
dialogue silencieux l'une avec l'autre. L'espace entre elles se charge d'une légère
tension et semble presque palpable », disait-il à propos de ce tableau[2]. Le défi
consistait à donner une forme à l'espace, ce que réussit *Nunc Dimittis,* que l'on doit
voir à la hauteur de l'œil. Peut-être commence-t-il ici, par cette sculpture frontale
relativement mince, à élaborer son concept de silhouette.

En s'inspirant de *Nunc Dimittis* et en l'adaptant, il a créé une petite sculpture
commandée par la Seaplane Pilots Association en 1983 et remise au gagnant du
prix Henri Fabre en l'honneur de celui dont l'appareil a réalisé le premier vol à décoller
sur l'eau, le 20 mars 1910 . « Les deux éléments verticaux de la sculpture sont coupés
et placés de manière à donner forme à l'espace qui les sépare. Dans un sens très
réel, l'air est le quatrième élément de la sculpture, et cette silhouette négative se
fonde sur les courbes aérodynamiques des ailes et des coques[3]. »

Notes

1
« Je l'ai vu pour la première fois dans l'atelier
de Newman, rue Front, en 1960. », dans le
« Rapport de Robert Murray », à l'occasion
de la reconstruction et du remontage de
Here I en 1987; dossier de l'œuvre, The Menil
Collection, Houston (Texas).

2
Robert Murray, « The Sculpture of Barnett
Newman », dans Barber *et al.* 1996, p. 165.

3
Robert Murray, note à Mary Carrington,
Seaplane Pilots Association, à propos du prix
Henri Fabre, vers 1983.

Bronze coulé en septembre 1964
109,1 x 16 x 15 cm
Inscriptions : Élément du bas, h.d.,
R M / 62-63, h.g., *ROBERT MURRAY / Unique
cast / Two parts*
Musée des beaux-arts du Canada, Ottawa
(16622)

Fonderie
Modern Art Foundry, Long Island City
(N.Y.)

Historique
Achetée à l'artiste en 1970.

Expositions
1964 New York c, nº 38, ill.; 1965
New York a.

Bibliographie
McPherson 1964, p. 225, ill. p. 227;
Rosenthal 1965, p. 122, ill.; Rose 1965 b;
Rose 1966 b, p. 45; « What Dorothy
Cameron Likes », *The Globe and Mail*
(Toronto), 23 avril 1966, ill.; Smith 1969 a,
p. 30; Smith 1969 b, ill. p. 4, 5; *Cinquième
revue annuelle 1972–1973,* Ottawa, Galerie
nationale du Canada, 1973, ill. p. 176;
Davies 1975, ill. p. 55.

8
ADAM ET ÈVE 1962–1963

Imprésario rebelle à qui l'on doit plusieurs expositions récentes d'envergure internationale, Jean Clair a, par ses dernières interventions, substitué l'expressionnisme
au cubisme comme source vivifiante de l'art moderne[1]. L'abandon de l'éclairage
précédent, qui se donnait les apparences d'un mouvement irréversible, rend plus
facile la tâche de nous dégager de l'emprise du carcan formaliste. Bien que fort utile
à la compréhension du développement de l'art abstrait avancé de l'époque, le
formalisme était devenu, avec le temps et avec l'émergence vigoureuse d'autres
types d'art et de critique, réducteur dans son cadre d'interprétation. Il en découle
une opportunité fort stimulante de considérer la pratique de l'art abstrait avancé
autrement que par une compréhension de sa logique interne. Comme l'affirmait Jean
Clair : « En fin de compte, avec Foucault [Michel] et Morris [Robert], je considère
impossible de réaliser une image abstraite sans y projeter un contenu humain, le
plus souvent à caractère érotique[2]. »

Dans une entrevue avec l'auteure[3], Murray affirme qu'*Adam et Ève* – Barnett
Newman a proposé le titre – s'inscrit dans la même veine qu'une série de sculptures
ayant comme point de départ le cylindre, une forme qui évoque à ses yeux la configuration du mât totémique. Il y résume assez bien son projet artistique : se sortir
de l'aspect « fracturé » du cubisme à partir d'idées provenant du monde de la peinture et en simplifiant la composition. Il veut se démarquer rigoureusement de
l'approche « collagiste » ou assemblagiste de collègues sculpteurs contemporains.
Il privilégie une silhouette forte, linéaire plutôt que volumétrique et obtenue grâce
à des formes simples, statiques, ainsi qu'une relation à deux composantes, la dualité
lui suffisant.

Le sculpteur interprète la forme cylindrique, dans ce cas-ci par l'évocation de
l'action des pistons, ce qui pourrait suggérer aux yeux des Occidentaux la copulation
originelle. « Ainsi, dans *Adam et Ève*, un cylindre est ouvert à l'intérieur pour révéler
une forme en V pénétrée par un piston; les nuances sexuelles implicites sont imman-
quables et définissent le contenu de manière plus explicite [que dans les constructions métalliques]. Comme parallèle occidental au symbole indien *ligam-yoni* de
l'union sanctifiée, cette œuvre se révèle très puissante[4]. » Les études en plâtre qui
avaient précédé l'œuvre donnent une idée plus précise de la sensualité du propos.

Notes

1
Les travaux relativement récents de Rosalind
Krauss comme *The Optical Unconscious*
(1993) ou encore Hal Foster et *Compulsive
Beauty* (1993), ont également contribué
à mettre en lumière avec acuité cette vague
de fond qui consiste à revisiter la vision
linéaire de ce qui fut considéré comme
essentiel en art moderne au cours du siècle.

2
Clair 1995, p. 8.

3
Entrevue avec l'auteure, West Grove,
7 octobre 1995.

4
Rose 1965 b, p. 53.

Acier peint
360,8 x 111 x 56 cm
Inscription : sur la base, en lettres de
vinyle, *ROBERT MURRAY FERUS 1963*
Collection Paul et Dinah Arthur, Toronto

Usine de fabrication
Treitel-Gratz, New York

Historique
Acquise de l'artiste vers 1965.

Expositions
1964 New York b; 1965 New York a,
(sous le titre de *Pointe-au-Baril II*);
1967 Boston, n° 25 (sous le titre de
Pointe-au-Baril II).

Bibliographie
Holstein 1964, ill. p. 274 (sous le nom de
Pointe-au-Baril II); Rose 1965 b, p. 54
(sous le nom de *Pointe-au-Baril II*); Beny
1967, ill. p. 158 (sous le titre de *Pointe au
Baril*); Smith 1969 b, ill. n° 7; Smith 1969 a,
p. 31, ill.; Davies 1975, p. 53–55, ill. p. 54;
Marshall 1979 c, ill. p. 8; Marshall 1979 a,
p. 30; Bellerby 1983, n.p.; Mc Cuaig 1984,
p. 294, ill. p. 293; McMann 1988, p. 280;
Henry 1990.

9
FERUS 1963

À l'été 1963, Murray réalisa une première version de cette œuvre en bois et fer[1],
alors qu'il se trouvait à Lookout Island, un endroit magnifique où il passe maintenant
ses étés[2]. Il lui donna le titre de *Pointe-au-Baril I*[3], du nom du village de services le
plus près de cette île, parmi les centaines d'autres qui occupent le pourtour dentelé
de la Baie Georgienne sur le lac Huron. Un baril de fortune sur l'une des îles servait
à guider les embarcations se dirigeant vers le village. Plus tard, à la suggestion de
Barnett Newman, Murray remplaça *Pointe-au-Baril I* par *Ferus*, une seconde
version en acier peint en rouge, plus résistante aux intempéries. Installées l'une
après l'autre sur un roc face à l'entrée d'un chapelet d'îles, elles devinrent avec le
temps un autre point de repère pour la navigation. Initialement, *Ferus* s'appelait
Pointe-au-Baril II, mais ce titre tomba rapidement dans l'oubli, si bien que Murray
le réutilisa pour une sculpture réalisée en 1995 (cat. 41).

Œuvre asymétrique[4] à l'origine de la série que l'artiste lui-même appelle « cylindre[5] et planche », elle encadre le paysage et nous force d'une certaine façon à
regarder la nature à travers un objet de culture. L'espace changeant qui se déroule
au ralenti au sein de la sorte de « cadre » qu'est *Ferus* altère à la longue notre perception de l'œuvre. *Ferus* constitue pour Murray une œuvre fondamentale, une
source très féconde, à laquelle il reviendra tout au long de sa carrière, notamment
dans ses travaux sur papier.

Notes

1
Pour cette pièce aujourd'hui détruite, Murray
utilisa une poutre et une planche de cèdre
et des tiges de fer, le tout peint marron afin
d'unifier et de préserver le bois.

2
« Je visitais l'île où je possède maintenant une
résidence d'été. Cela me paraissait l'endroit
idéal pour une sculpture et je me suis mis à
travailler avec du bois de charpente, des
tuyaux de fer et une bille de cèdre pour créer
une œuvre devenue le prototype de *Ferus*. » –
Robert Murray, cité dans Davies 1975, p. 55.

3
Sculpture reproduite dans McPherson 1967,
planche 29.

4
Une influence de David Smith, selon Neil
Marshall, Marshall 1979 a, p. 31.

5
« Non seulement *Ferus* découle de l'utilisation
de la colonne dans les bronzes que j'ai moulés
à la Modern Art Foundry, mais le « double
aspect » de cette sculpture constitue un
thème récurrent dans bon nombre de mes
pièces, peu importe si elles font appel ou non
à la combinaison « cylindre et planche ». –
Télécopie de l'artiste à l'auteure, 5 janvier
1998, West Grove (Penn.)

Figure 39
Pointe-au-Baril I, première version
de *Ferus.*

Aluminium peint
Unité tubulaire, 271,1 cm; unité plane,
275 cm
Inscription : estampille sur chaque base,
ROBERT MURRAY 1963 N.Y.
Musée des beaux-arts de l'Ontario,
Toronto (65/60 1–2)
Don du Junior Women's Committee Fund,
1966

Usine de fabrication
Treitel-Gratz, New York

Historique
Achetée à l'artiste en 1966.

Expositions
1965 New York a; 1965 New York c, n° 58;
1965 New York b; 1967 Toronto a, ill.;
1971 Chicago, n° 6; 1973 Regina, n° 115;
1979 Dayton, ill. p. 15; 1989 Saskatoon,
n° 41, ill. p. 107.

Bibliographie
Rose 1965 b, p. 53; Barrie Hale, « Robert
Murray at Mirvish », *Toronto Telegram*,
6 mai 1967; Lord 1967 a, p. 14; Ashton
1967 b, p. 11; Ashton 1968 a, p. 47,
ill. planche LX; Friedman *et al.* 1969,
ill. p. 26; Smith 1969 a, p. 33; Smith 1969 b,
ill. n° 9; *AGO: The Canadian Collection*
1970, ill. p. 330, 554; « Canadian Art in
Chicago », *The Globe and Mail* (Toronto),
6 avril 1971, ill.; Marshall 1975, ill.; Davies
1975, ill. p. 55; Davies 1977, ill. p. 127;
Marshall 1979 a, p. 30; Bellerby 1983, ill.,
n.p.; Henry 1990.

10
TO 1963

TO se compose de deux parties distinctes, de la série « cylindre et planche »,
que l'on peut repositionner à volonté. Elle doit son titre à une vue en coupe de
l'œuvre – le T de la poutre et le O du cylindre. Commencée en décembre 1963, sa
fabrication suit de près celle de *Ferus* chez Treitel-Gratz, une usine spécialisée
dans les prototypes d'architectes pour le mobilier de métal, et qu'Alex Liberman a
recommandée au sculpteur. Les éléments séparés introduisent la possibilité d'une
variété de dialogues dans l'installation de la sculpture. Murray s'intéressait alors à
la question de la base, et c'est en liant les deux parties indépendantes dans une œuvre
comme *Dyade* (1967) – une reprise de *TO,* pour ainsi dire, en version agrandie –, qu'il
a trouvé une des solutions au problème : « Compte tenu de la verticalité et de
l'étroitesse des pièces, il fallait une base pour les soutenir, ce qui ne me plaisait guère,
mais c'est pourquoi la solution trouvée pour *Dyade* [sculpture autoportante] m'a
paru plus satisfaisante. C'est réellement l'espace entre eux qui est le sous-
produit des deux éléments, cela ressemble un peu à une problématique picturale[1]. »
La question des socles préoccupait au plus haut point les sculpteurs du début des
années 1960, Brancusi ayant tracé la voie en les transformant d'abord en quasi-
œuvres d'art pour ensuite y renoncer dans la *Colonne sans fin.* Ces artistes avaient
cette même conviction que le socle empêchait le spectateur de partager l'espace
de la sculpture.

Dore Ashton a très bien défini par la suite le subtil jeu de tension dynamique
et l'intensité du nécessaire dialogue entre les deux sections de *TO* : « Il a créé, par
exemple, une œuvre magnifique, qui comprend une unité cylindrique et un pilier se
composant d'éléments plats sectionnés en deux. Le dialogue entre les deux éléments est marqué par leurs différentes physionomies, l'une angulaire et englobante,
et l'autre cylindrique et en mouvement. Cependant, peu importe quelle distance les
sépare, les deux pièces qui se correspondent et qui riment forment une seule entité[2]. »

Notes

1
Entrevue avec l'auteure, 18 février 1998.

2
Ashton 1967 b, p. 11.

Acier peint
220,8 x 53,5 x 88 cm
Inscriptions : en haut de la base à l'arrière,
Murray 64-65
Hirshhorn Museum and Sculpture Garden,
Smithsonian Institution, Washington (D.C.)
(66.3708 S65.69)
Don de Joseph H. Hirshhorn, 1966

Usine de fabrication
Treitel-Gratz, New York

Historique
Achetée par Joseph H. Hirshhorn à la
Betty Parsons Gallery, New York, en 1965.

Expositions
1965 New York a, n° 5; 1965 New York c,
n° 59; 1967 Boston, n° 26, ill.; 1975
Washington, n° 836, ill. p. 554; 1983
Victoria, ill.

Bibliographie
Grossberg 1965, p. 59; Lippard 1965 b,
p. 60; Rose 1965 b, p.53; Meilach et
Seiden 1966, ill. p. 25; Marshall 1975,
ill., n.p.; Davies 1977, p. 127.

11
JALON 1964–1965

En 1964–1965, travaillant avec la feuille d'acier découpée et pliée, Murray réalise quatre sculptures verticales de taille moyenne : *Montauk, Chef, Jalon* et *Printemps*. Le titre *Jalon* évoque l'idée de repère d'un lieu, tout comme les bornes du temps de l'empire romain[1], qui avaient par ailleurs certains mérites sculpturaux. Le mât totémique à la verticalité imposante, qui a influencé à plus d'un titre tout un volet de la sculpture moderne, marquait de même des lieux précis. On a aussi utilisé à propos de cette œuvre la comparaison du sémaphore, comme si elle avait la vague fonction d'indiquer la direction. Murray désirait adoucir la géométrie des plans à angles de la pièce avec la couleur blanche : « Sa silhouette apparaît puissante et assez géométrique. J'ai décidé d'adoucir cet aspect de l'œuvre avec de la peinture[2]. »

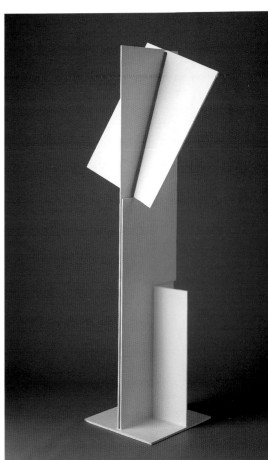

Notes

1
Lucy R. Lippard discute de l'attrait exercé par l'art monumental ancien sur les sculpteurs d'après-guerre; elle affirme qu'essentiellement les sculpteurs voient dans l'architecture antique un fort élément sculptural. – « Escalation in Washington », repris dans *Changing: Essays in Art Criticism*, New York, E. P. Dutton & Co., 1971, p. 247.

2
Entrevue avec Marion Barclay, 5 août 1997.

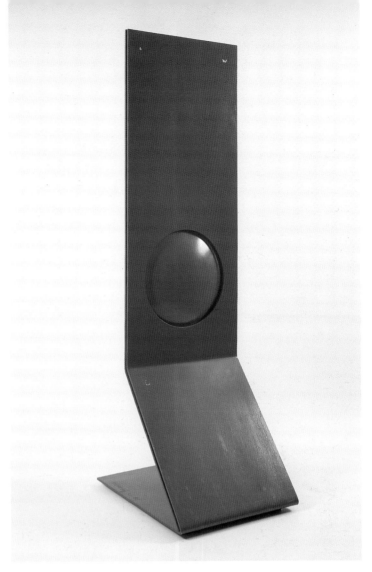

Acier peint
205,7 x 60,9 x 76,2 cm
Inscription : au bas, *Murray 65 NY*
Whitney Museum of American Art,
New York (65.70)

Usine de fabrication
Treitel-Gratz, New York

Historique
Achetée à la Betty Parsons Gallery,
New York, en 1965.

Expositions
1965 New York c, n° 60; 1979 Dayton,
ill. p. 16.

Bibliographie
Rose 1965 c, ill. p. 35; Benedikt 1965,
p. 42; Ashton 1965, ill. p. 55; Baro 1968,
ill. p. 13.

12
PRINTEMPS 1965

Avec une œuvre comme *Printemps,* Murray articule le concept de la pliure dans une sculpture verticale. On se souviendra des cylindres verticaux coulés dans le bronze du début des années 1960. Au centre de la feuille de métal, doublée, il a encastré une calotte sphérique convexe, similaire à celle que l'on retrouve dans la sculpture monumentale *Duo* ou qui rappelle les couvercles de chaudières ou de réservoirs des sculptures assemblées de David Smith. Le sculpteur a mentionné que sa première conjointe était enceinte au moment de la fabrication de cette œuvre; sur le plan de la thématique, il y aurait un certain rapport avec *Cérès* qui nous projette au temps des récoltes, à l'automne cette fois.

Aluminium peint
120 x 289,6 x 145,1 cm
Inscription : sur une plaque à la base,
Robert Murray, BREAKER 1965, AL
Musée des beaux-arts du Canada, Ottawa
(15321)

Usine de fabrication
Paramount Steel Co., Los Alamitos (Cal.)

Historique
Achetée à la David Mirvish Gallery,
Toronto, en 1967.

Expositions
1966 New York c, n° 95; 1967 New York b;
1967 Toronto c; 1967 Toronto a, ill., n.p.;
1968 Paris; 1969 São Paulo, n° 1, ill.

Bibliographie
Rose 1966 b, ill. p. 46; Barrie Hale, « Robert
Murray at Mirvish », *Toronto Telegram*,
6 mai 1967, ill.; Ashton 1967 b, ill. p. 11;
Dore Ashton, « New Wave Sculpture in
Old-Style Setting », *The Globe and Mail*
(Toronto), 15 juillet 1967; Belleau 1968;
Teyssèdre 1968, p. 30; Michener 1968,
ill. p. 30; Friedman *et al.* 1969, ill. p. 26;
Kay Kritzwiser, « An Award for Canadian
Sculptor », *The Globe and Mail* (Toronto),
30 sept. 1969, ill. p. 13; James 1969, ill.
p. 19; Presse canadienne, *La Tribune*
(Sherbrooke), 14 nov. 1969; Smith 1969 a,
ill. p. 30; Boggs 1971, ill. p. 155; Ingrid D.
Jaffe, « Robert Murray's Fountain Was
Start of Something Big », *Saskatoon
Star-Phoenix*, 6 oct. 1971, ill.; Davies 1975,
p. 53; Davies 1977, p. 128; Bellerby 1983,
ill., n.p.

13
BRISANT 1965

Pendant le symposium de sculptures de Long Beach en Californie auquel il participe en 1965, Murray résidait dans un appartement donnant sur une plage d'où il pouvait observer à loisir les vagues de l'océan se brisant en écume sur les récifs. Il a réalisé *Brisant* à peu près en même temps qu'il travaillait à la création de *Duo* sur le campus. Tout comme dans *Sculpture-fontaine,* Murray joue avec deux courbes principales. Ici, deux courbes asymétriques se répondent comme dans le reflet d'un miroir. Le sculpteur explique ainsi la source de son inspiration : « Je suis sorti avec une petite étude en papier découpé, coincée entre les pages d'un carnet. Elle comportait deux courbes inversées légèrement asymétriques. L'œuvre récente s'en distingue principalement par une plus grande liberté dans les sections incurvées [1]. » Il ajoutait au cours d'une conversation : « J'ai tendance à associer les puissants contre-mouvements des deux plans courbés bleus qui se déplacent l'un au-dessus de l'autre avec les forces naturelles de la vague qui se creuse et se brise sur le rivage [2]. » D'après Brydon Smith [3], les deux œuvres créées en Californie se démarquaient de toutes les autres en ce qu'elles étaient devenues radicalement autoportantes.

Notes

1
« Interview with Robert Murray », dans
Davies 1975, p. 53.

2
Robert Murray, entrevue avec l'auteure,
5 oct. 1995.

3
Smith 1969 a, p. 31.

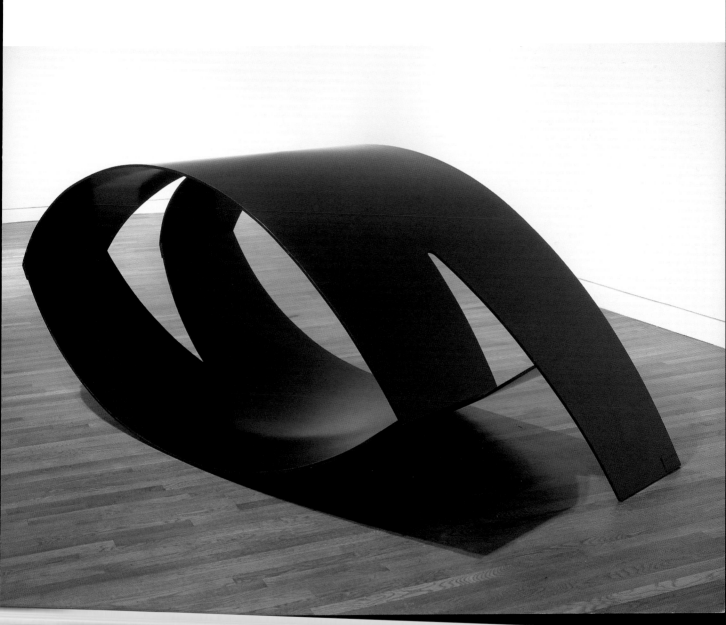

Aluminium peint
244 x 290 x 81 cm
Inscription : sur une plaque au bas de
l'œuvre, *Robert Murray*
Banque d'œuvres d'art du Conseil des arts
du Canada, Ottawa (ABBA 76/7-0011)

Usine de fabrication
Treitel-Gratz, New York

Historique
Achetée à l'artiste en 1976.

Expositions
1966 New York a; 1967 Toronto a, ill.; 1967
Buenos Aires; 1969 São Paulo, nº 2, ill.;
1979 Dayton, ill. Autres présentations :
Ottawa, Centre national des Arts, 28 juin–
30 août 1976; Windsor, Art Gallery of
Windsor, 15 oct. 1976–5 janvier 1977;
Toronto, Musée des beaux-arts de
l'Ontario, 28 juillet–27 août 1977; Toronto,
Harbourfront Art Gallery, 19 mai–29 juin
1978; Regina, Mackenzie Art Gallery,
1er mai 1981–24 février 1984; Saint-Jean
(T.-N.), Memorial University Art Gallery,
24 août 1983–7 mai 1985; Aylmer (Québec),
L'Imagier, 4 juin 1987–22 avril 1988.

Bibliographie
Rose et Sandler 1967, ill. p. 51; Kozloff
1967, p. 52; Emanuel 1967, p. 6;
Lord 1967 c, p. 6–7; Barrie Hale, « Robert
Murray at Mirvish », *Toronto Telegram*,
6 mai 1967; Smith 1969 a, p. 32, ill. p. 31;
Wheeler 1970, p. 51; Larry R. Sobovitch,
« Exhibitions », *The Penny Press* (Ottawa),
5 août 1976, p. 9; Sims 1979, p. 27;
Bellerby 1983, ill., n.p.

14
PRAIRIE 1965–1966

Sculpture ambiguë s'il en est une – s'agit-il d'un seuil / embrasure ou bien d'un mur /
barrière ? –, la sculpture *Prairie* force le spectateur à se promener autour d'elle sans
lui permettre de trancher la question, car elle porte en elle ces deux possibilités
contradictoires tendues dans un juste équilibre très statique. La partie « mur » se
compose d'un matériau sandwich en nid d'abeilles formé d'un réseau de minces lattes
d'aluminium fixées à la résine époxyde entre deux panneaux par une charge électrique. Il en résulte une structure très rigide. La partie « seuil » comporte un jume-
lage de deux feuilles d'aluminium dessinant un pourtour dans l'espace. En jouxtant
deux panneaux, il obtenait ainsi une bonne étendue de couleur solide, frappante par
son impact.

Le titre de l'œuvre évoque la région où l'artiste a passé son enfance. Le
Britannique Anthony Caro, dont on a souvent comparé, un peu hâtivement d'ailleurs,
les sculptures à celles de Murray, a utilisé le même pour une pièce réalisée en
1967 et le sculpteur albertain Douglas Bentham a intitulé *Prairies* une sculpture de
1973 commandée par la National Science Library à Ottawa. Au fil des ans, on note
dans les titres de Murray de multiples références au paysage, soit directement
comme dans les cas de *Mesa* et *Arroyo*, ou encore dans la perception de la nature
à laquelle renvoient la sculpture *Ferus* et les estampes de la *Série de Trent*.

Acier et aluminium peints
144,1 x 447 x 88,9 cm
Inscription : sur une plaque à la base,
Robert Murray / 1966
Walker Art Center, Minneapolis (69.20)
Don de la T.B. Walker Foundation, 1969

Usine de fabrication
S.Q.R. Division, David Smith Steel Co.,
S. Plainfield (N.J.)

Expositions
1966 New York a; 1967 Los Angeles, nº 92,
ill.; 1967 Toronto a, ill.; 1968 Paris, nº 49,
ill.; 1969 Minneapolis, nº 19, ill. Autres
présentations : Minneapolis, Walker Art
Center, 1971–1980 et 1984–1989;
Minneapolis, General Mills Corporation,
Golden Valley, mai 1980.

Bibliographie
Emanuel 1967, supplément, p. 6; « In the
Galleries » 1967, ill. p. 58; Simmins 1968,
ill. p. 44; Kenedy 1968, ill. p. 69; Teyssèdre
1968, p. 28; Friedman 1970, ill. p. 35;
Bellerby 1983, n. p.; Friedman *et al.* 1990,
p. 373, ill. p. 374; Hall 1991, ill. p. 186;
Colpitt 1994, planche 45.

15
RAIL 1966

De la série « diagonale et support », *Rail* se compose de deux métaux, acier et aluminium, peints séparément afin de contrer un possible effet galvanique. *Arroyo, Cumbria* ainsi que *Rail* avec son plan incliné constituent probablement les meilleurs exemples de ses sculptures réductives dans la sphère de rayonnement minimaliste.

Les deux tubes surélevés évoquant les rails nous invitent à éprouver visuellement la sensation de glissade. Son expérience de pilote d'avions a enrichi chez Murray le mode de ses propres perceptions et nous croyons qu'il essaie parfois de nous transmettre à l'intérieur de son œuvre un écho de ces sensations inusitées.

Voici comment le sculpteur s'exprime à propos de *Rail* : « Parmi mes œuvres, généralement produites à partir de plaques planes, cette pièce a quelque chose d'unique. Cependant, elle démontre mon intérêt pour des éléments doubles et des sections de tubes qui apparaissent dans des sculptures comme *TO* et *Dyade* et dans un groupe d'œuvres réalisées essentiellement en *Q-decking* de Robertson, où j'utilise les tubes seuls ou en groupe pour former des murs et des plans inclinés[1]. »

Note

1
Robert Murray, note au dossier de l'œuvre
au Walker Art Center, Minneapolis, 20 février
1982.

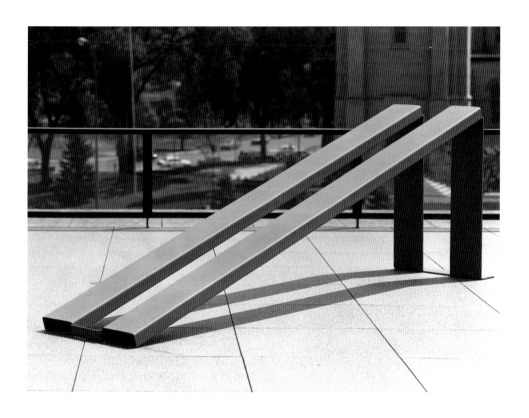

Acier Cor-Ten peint
365,7 x 518,1 x 71,1cm
The Gallery / Stratford, Stratford (Ont.)
Don de Rothmans of Pall Mall Limited

Usine de fabrication
Lippincott Inc., North Haven (Conn.)

Historique
Achetée à l'artiste et à Lippincott Inc. en
1971.

Expositions
1967 New York a; 1970 Vancouver; 1971
New York.

Bibliographie
Lord 1967 c, ill. p. 6; Lippard 1967, p. 651;
Rose 1968, ill. p. 82–83; Barbara Rose,
« Sculpture, Intimacy and Perception »,
dans Friedman *et al.* 1969, p. 7; Cameron
1970 a, ill. p. 39; Lowndes 1970, p. 74;
Wheeler 1970, p. 50–51, ill. p. 53;
« Sculpture Is Stopped for Duties »,
Beacon-Herald (Stratford), 22 juillet
1972; « Sculpture Is on Its Way – Maybe »,
Beacon-Herald (Stratford), 24 juillet
1972; « 3rd Sculpture Here », *Beacon-
Herald* (Stratford), 29 juillet 1972;
Kingsley 1972, p. 19; Susan Mackenzie,
« Murray Work Is a Stratford Loser »,
The Record (Kitchener-Waterloo), 5 août
1972; Gent 1973, ill. p. 22; « Interview
with Robert Murray », dans Davies 1975;
Davies 1977, p. 128; Henry 1990, ill.

Notes

1
« Elle est constituée d'un double mur, deux
moitiés de coquille [...] on a créé dans le
métal une structure en la façonnant sur une
presse à tablier à l'usine, ce qui lui donne
une certaine rigidité. Autrement, le métal ne
pourrait pas s'autoporter; il courberait. On
a assemblé les sections avec des boulons de
carrosserie. » – Entrevue avec Marion Barclay,
Lookout Island, 5 août 1997.

2
Autrement dit, une sorte d'enveloppe protectrice en équilibre : « deux arcs décentrés
et serrés l'un contre l'autre [...] inclinés si
fortement sur cette mince diagonale qui
existe dans notre esprit, exactement entre
le vertical et l'horizontal, qu'ils produisent un
double effet psychologique puissant : ils
accueillent à bras ouverts tout en se faisant
menaçants par l'illusion d'un effondrement
possible. » – Kingsley 1972, p. 19.

3
« Les deux coquilles penchées d'*Athabasca*,
comme un sublime tipi sectionné au milieu et
tronqué [...] » – Cameron 1970 a, p. 40.

4
Voir Gent 1973, p. 22.

16
ATHABASCA 1966–1967

Comme la sculpture *Prairie*, l'œuvre monumentale *Athabasca* appartient à la série des murs, un mur double pour être plus précis, qui impose un dialogue entre ses deux sections. Afin d'expérimenter pleinement la sculpture, le spectateur se doit de circuler entre les deux murs plissés et légèrement inclinés. La question de la juste échelle pour une forme donnée préoccupait au plus haut point plusieurs sculpteurs de la période qui, en travaillant dans de grandes dimensions, envahissaient les champs de compétence de l'architecture et de l'ingénierie. Dans ce cas-ci, Murray a puisé son inspiration à la Bethlehem Steel en Californie où, au cours d'un séjour de travail, il a vu en construction de hautes cheminées de navires aux formes plissées. La technique du plissage constituait pour lui une autre façon d'incorporer dans son œuvre la forme de la courbe; elle permettait également de faire tenir debout un assemblage de métal mince de plus grandes dimensions qui, une fois peint, offrait en outre à l'artiste une vaste surface réfléchissante.

Athabasca était à l'origine une structure autoportante très ambitieuse[1] mais au moment de son installation permanente à l'extérieur, on l'a modifiée pour des raisons de sécurité et de protection contre le vandalisme. Légèrement inclinée, cette sculpture peinte d'un brun van Dyck – Murray emploie rarement des couleurs aussi sombres – semble protéger le spectateur sollicité à s'approcher et à circuler entre les deux sections, mais en même temps elle peut aussi provoquer chez lui un effet de gêne en raison de l'étroitesse du couloir[2]. Richard Serra se fera plus tard une spécialité de ces grands murs autoportants menaçants qui ont largement dépassé depuis, sur la scène contemporaine, les dimensions considérées alors comme monumentales.

Dorothy Cameron avait pour sa part discerné dans *Athabasca*, à l'époque de son exposition à Vancouver, la forme d'un tipi tronqué, une métaphore d'une rare intuition si l'on considère l'évolution ultérieure du travail du sculpteur[3]. À l'hiver 1972, cette œuvre a même remporté un succès critique à New York, où on la présentait avec un ensemble de sculptures de l'artiste au 2, Doug Hammarskjöld Plaza, dans un espace extérieur aménagé et offert grâce au financement et à l'esprit civique du constructeur Harry Maclowe[4].

Aluminium peint
117,2 x 360,3 x 262 cm
Musée des beaux-arts du Canada, Ottawa
(15826)

Usine de fabrication
Lippincott Inc., North Haven (Conn.)

Historique
Achetée à l'artiste en 1969.

Expositions
1968 New York a; 1969 São Paulo, n° 4;
1970 Vancouver; 1979 Dayton, ill. p. 12, 19;
1984 Ottawa.

Bibliographie
Ashton 1968 b, ill. p. 266–267; Mellow
1968, p. 66, ill. p. 68; Friedman *et al.* 1969,
ill. p. 27; Smith 1969 a, ill. p. 33; Presse
canadienne, *La Tribune* (Sherbrooke)
14 nov. 1969; « O mundo na Bienal »,
Veja (São Paulo), 17 sept. 1969, ill. p. 68;
Townsend 1970, ill.; Lowndes 1970, p. 74;
Deuxième revue annuelle 1969–1970,
Ottawa, Galerie nationale du Canada,
1971; Davies 1977, p. 128, ill. p. 127;
Marshall 1979 a, p. 30–31, ill. p. 32, 45;
Bellerby 1983, ill.; John Bentley Mays,
« Twenty Years of the New: Reflections »,
The Globe and Mail (Toronto), 21 juin
1984; McDougall 1984, ill. p. 56.

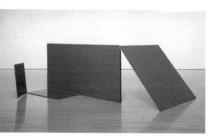

17
ARROYO [1968]

Bien des développements significatifs en sculpture ont suivi la création de *La guitare* de Pablo Picasso, en carton découpé, qui mettait à nu son principe de construction : « Sans exagérer la portée, on peut dire que la *Guitare* de Picasso, œuvre de peintre vérifiant un problème de peinture, met fin aux catégories traditionnelles de *peinture* et *sculpture* [...] La sculpture moderne rejoint la peinture non seulement en termes d'espace mais de pictural et de polychromie naturelle ou peinte comme elle donne au vide ses qualités de matière [...] expérience confrontée peinture-sculpture conduite le plus souvent par des peintres, Picasso, Matisse, Miro [1]. » La finesse de la succession des plans qui se déroulent en contrepoids dans l'espace dans *Arroyo* en fait une sculpture remarquable, aussi importante par exemple dans le contexte de l'œuvre de Murray que la guitare de Picasso sur l'ensemble du développement de la sculpture plane de couleur.

Le sculpteur aimait explorer à travers une succession d'œuvres une combinaison particulière de composantes de base ou encore de procédures techniques. Faisant partie de la série « couper et tourner », *Arroyo,* un titre emprunté à l'espagnol, fait allusion à un ruisseau asséché. Murray appréciait la sonorité du mot. Œuvre créée avec une grande économie de moyens, *Arroyo* est une « sculpture qui définit presque ce que nous entendons par réductionnisme [2] ». Sa réalisation comportait des risques, car elle impliquait une course contre la montre au cours de manœuvres délicates, alors que le métal avait atteint la température recherchée et qu'il fallait procéder rapidement au moment de la torsion. Comme dans le travail de la fresque, il n'y a pas de place pour les ratés puisqu'il s'avère fort onéreux de tout recommencer.

À l'occasion de la présentation de l'œuvre à la Biennale de São Paulo, pour laquelle le sculpteur remporte l'un des huit seconds prix, Brydon Smith, commissaire de l'exposition, en a fort bien saisi la phénoménologie : « *Arroyo* est la plus complexe des sculptures de Murray. Elle regroupe harmonieusement plusieurs formes sculpturales auparavant traitées séparément; la diagonale en pente et les espaces angulaires de *Duo,* la barrière soutenue à la verticale de *Prairie,* le plan replié de *Mesa* et le jeu des reflets de *Brisant.* Chaque forme est modifiée afin de s'intégrer dans la nouvelle structure. La section plane est moins élevée, le plan diagonal qui est redressé à une extrémité et retombe de façon stable sur le sol ne s'élève pas au-dessus de la section plane et l'autre plan qui est dressé à la verticale et lancé dans l'espace est moins élevé et relativement petit [3]. »

Notes

1
Bozo *et al.* 1986, p. 6–7.

2
Marshall 1979 c, p. 9.

3
Smith 1969 b, n. p.

Acier et aluminium
365,7 x 487,6 x 121,9 cm
Université de la Californie, Berkeley Art
Museum, Berkeley
Don anonyme, 1980

Usine de fabrication
Lippincott Inc., North Haven (Conn.)

Historique
Michael Walls Gallery, San Francisco,
v. 1968.

Expositions
1968 New York b, n° 84; 1969 São Paulo,
n° 5, ill.

Bibliographie
Ashton 1969 a, ill. p. 137; James 1969, p. 19,
ill.; Smith 1969 a, p. 33; Marsden 1970,
ill. p. 63; Townsend 1970, ill. p. 98; Ingrid
D. Jaffe, « Robert Murray's Fountain
Was Start of Something Big », *Saskatoon
Star-Phoenix*, 6 oct. 1971, ill.; Davies 1977,
p. 127; Smith 1977; Calendrier, Berkeley
Art Museum, juillet 1982, ill. p. 1; Bellerby
1983, n.p.; Henry 1990.

18
CHINOOK 1968

Chinook compte parmi les œuvres les plus agressives de Murray avec sa diagonale projetée en porte-à-faux dans l'espace pour créer un splendide effet de dynamique instable. Elle évoque en notre esprit pour un moment l'imagerie des canons finement sculptés des débuts de la carrière de David Smith. Mais nous expérimentons ici une toute autre échelle. Dans l'espace d'une galerie, la confrontation est directe : « Mais j'aime aussi l'idée de montrer des œuvres monumentales à l'intérieur, là où l'on peut les examiner de près et non pas de loin comme on regarde un panneau publicitaire[1]. » « Donc, j'ai choisi l'aluminium comme métal, surtout pour des questions de poids[2]. »

Cette sculpture monumentale fait partie de la série « cylindre et planche » au même titre que *Ferus*, *TO* et *Dyade*, en plus de faire la paire avec *Le rouge de Megan* où s'inversent les mêmes éléments de composition, une colonne d'aluminium creuse qui repose sur une poutre d'acier inclinée. Le tracé oblique dominant évoque métaphoriquement la façon dont l'avion prend son envol et s'arrache à la gravité. L'équilibre admirable du cylindre en porte-à-faux est obtenu grâce à trois points de contact au sol peu apparents.

Nom d'un peuple autochtone de la Colombie-Britannique, *Chinook* désigne également un langage qui s'est développé au XIXe siècle dans le Nord-Ouest pour répondre aux nécessités du commerce entre groupes de langues différentes, et de plus on l'a donné à un vent chaud qui relève les températures d'hiver dans l'Ouest canadien.

Notes

1
Robert Murray, cité dans Finkel 1997.

2
Entrevue avec Marion Barclay, Lookout
Island, 5 août 1997.

Acier peint
121,9 x 182,9 x 457,2 cm
Musée des beaux-arts de Vancouver
(80.47)
Don de J. Ron Longstaffe, Vancouver

Usine de fabrication
Lippincott Inc., North Haven (Conn.)

Historique
Reçue en don en 1970 de la Collection
J. Ron Longstaffe.

Expositions
1968 New York a; 1969 Vancouver; 1970
Vancouver, ill.; 1971 Chicago, n° 8.

Bibliographie
Rosenstein 1968, ill. p. 16; Wheeler 1970,
p. 51, ill. p. 54; Lowndes 1970, p. 74;
« Canadian Art in Chicago » , *The Globe
and Mail* (Toronto), 6 avril 1971, *Vancouver
Sun,* 6 avril 1971, *Le Devoir* (Montréal),
6 avril 1971, *Winnipeg Free Press,* 10 avril
1971; Davies 1975, ill. p. 55.

19
LA GUARDIA 1968

Œuvre qui se déploie à angle à l'horizontale et en rasant le sol, *La Guardia* évoque par son nom le monde de l'aviation qui occupe une place importante dans la vie du sculpteur au plan de l'investissement émotif. Deux demi-cerceaux en succession, le second plus petit, forcent le spectateur à pénétrer visuellement dans un espace qui se rétrécit, tout comme le corridor aérien aux barrières invisibles que le pilote emprunte au moment de l'atterrissage. L'artiste utilise une expression intéressante pour décrire le phénomène, « des cônes d'espace aérien qui rapetissent », le cône étant une forme qui viendra plus tard à le fasciner. Le spectateur découvre tout un monde de sensations différentes lorsqu'il aborde cette sculpture en la regardant d'en haut. Les formes *Q-deck* en acier qui tracent le parcours permettaient à Murray d'expérimenter le concept de l'étendue en sculpture.

Lithographie couleur sur papier vélin
45,8 x 72,5 cm (feuille et image)
Inscriptions : sur l'image, b.d., *14/50
Robert Murray 69;* b.d. au coin [timbre
sec], (Bob Rogers)
Musée des beaux-arts du Canada, Ottawa
(16611)

Tirage
50 exemplaires

Impression
Lithography Workshop, Nova Scotia
College of Art and Design, 1969

Historique
Achetée au Nova Scotia College of Art
and Design en 1970.

20
SANS TITRE 1969

Aux yeux de Gerald Ferguson, Robert Murray comprend très bien le rôle que joue la lumière sur ses sculptures peintes en une seule couleur, lui qui introduit sur papier des variations de tons dans cette estampe monochrome. C'est pourquoi, lorsqu'il travaille en deux dimensions, il se sert de ces mêmes différences de tons pour reconstituer la forme (ici celle d'un segment en acier *Q-deck*) : « La lithographie de Murray n'est pas la simple illustration d'une sculpture, mais plutôt la démonstration d'un vocabulaire de formes et de couleurs bien à lui [...] Les jaunes de sa lithographie ont des valeurs et des tonalités différentes et, par conséquent, ils articulent la forme de l'œuvre[1]. »

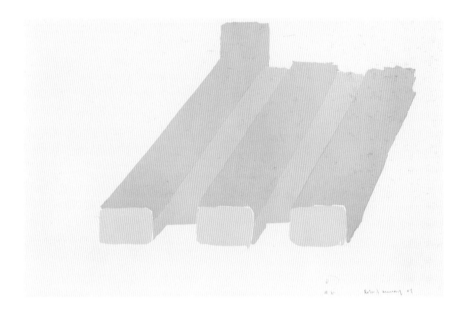

Note

1
G. Ferguson, « Lithography Workshop »,
Nova Scotia College of Art and Design,
Halifax, 1970 (feuillet publicitaire).

Acier et aluminium peints
182,9 x 458,5 x 298,5 cm
Inscriptions : estampillé dans le métal,
Robert Murray 1969, et près de la signa-
ture, *WORK EXECUTED BY / LIPPINCOTT /
NORTH HAVEN CONN*
Musée des beaux-arts du Canada, Ottawa
(18135)

Usine de fabrication
Lippincott Inc., North Haven (Conn.)

Historique
Achetée à la David Mirvish Gallery,
Toronto, en 1974.

Expositions
1970 Vancouver, ill.; 1972 Toronto; 1979
Dayton, ill. p.20.

Bibliographie
Wheeler 1970, ill. p. 52; Cameron 1970 a,
ill. p. 39; Lowndes 1970, p. 74; Kay
Kritzwiser, « 3 Sculptors », *The Globe and
Mail* (Toronto), 4 nov. 1972; Zemans 1972,
p. 78–79; Marshall 1973, p. 36; Marshall
1978; Sims 1979, p. 28; Marshall 1979 a,
ill. p. 30; Marshall 1979 c, p. 10, ill. p. 11;
Bellerby 1983, n.p.; Henry 1990.

21
CHILCOTIN [1969]

Le titre *Chilcotin* renvoie à la géographie – une rivière et un plateau du sud-ouest
de la Colombie-Britannique, et aussi chez les Autochtones à une nation qui jouait
un rôle d'intermédiaire entre les Shuswaps et certains autres groupes de la Côte de
la province. À cause de sa taille, il est difficile d'appréhender la sculpture d'un seul
coup d'œil. En effet, à l'instar de Barnett Newman qui aimait pousser à leurs limites
maximales les dimensions en peinture tout en conservant une échelle qui se tienne,
Murray combine avec ingéniosité sa découverte récente du *Q-decking* au concept
de table pour mettre à l'épreuve l'idée originale de l'étendue en sculpture. Seul
matériau préfabriqué que le sculpteur ait utilisé, le *Q-decking* servait à renforcer les
sous-planchers dans la construction et permettait par sa forme cellulaire de faire
passer les fils sur de longues étendues : « L'idée qu'une peinture pourrait constituer
une expérience autre que celle de la "fenêtre sur le monde" (comme chez les impressionnistes), qu'elle pourrait devenir un phénomène auquel on réagit de façon vis-
cérale, que l'on pourrait marcher vers elle pour expérimenter l'étendue de la couleur
plutôt que de la contempler comme un objet, tout cela évoquait un nouveau genre
d'espace pictural, une nouvelle avenue en peinture. Pour certains d'entre nous, cela
se traduisait aussi par une conception différente de la sculpture, où le spectateur
est invité à circuler aussi bien à l'intérieur qu'autour de l'œuvre pour la découvrir
plutôt que de la regarder à distance à partir d'un point fixe[1]. »

Un coin de la table elle-même repose sur un chevalet tandis que ses trois autres
supports adoptent des formes différentes, ce qui contribue à accentuer chez le
spectateur un impression de désorientation. Le dessus de la table se trouvant à
la hauteur des yeux, le spectateur se sent rapetissé, un effet rappelant *Alice au pays
des merveilles*. L'accent mis sur l'horizontalité de la table dénote par ailleurs un écart
bienvenu par rapport à la verticalité abstraite « totémique », fréquente dans
les œuvres précédentes, dernier relent d'une connotation anthropomorphique[2]. La
variation de la lumière sur la surface crénelée n'avait rien pour déplaire à l'artiste,
ni d'ailleurs l'illusion d'optique qu'il n'attendait pas mais qui se produit lorsque l'œil
doit suivre de longues lignes droites. La perception d'un carré qui n'en est pas un se
dissout au fur et à mesure que l'on circule autour de la sculpture.

Notes

1
Robert Murray, « The Sculpture of Barnett
Newman », dans Barber *et al.* 1996, p. 186.

2
Entre autres d'après Leo Steinberg, dans
Steinberg 1972, p. 55–91.

Aluminium; peinte à l'été 1996
60,9 x 61 x 22,4 cm
Musée des beaux-arts du Canada, Ottawa
(38282)
Don de l'artiste, West Grove (Penn.), 1996

Édition
17 exemplaires; épreuve d'artiste

Usine de fabrication
Lippincott Inc., North Haven (Conn.)

Historique
Don de l'artiste en 1996.

Bibliographie
Artforum, vol. 9, n° 4, déc. 1970, ill. p. 21
(annonce publicitaire de Don Lippincott);
Davies 1975, p. 56–57.

22
BURWASH 1970

On a tiré 17 exemplaires de cette sculpture dans le cadre d'un projet conçu par Roxanne Everett[1] pour le compte d'une galerie new-yorkaise, la Multiple Galleries, spécialisée dans la diffusion d'estampes, mais qui représentait aussi plusieurs sculpteurs, entre autres Claes Oldenburg, George Sugarman et Clement Meadmore. Everett, l'une des premières, eut l'idée de commander à des sculpteurs, notamment ceux qui travaillaient avec Don Lippincott, des œuvres conçues pour être reproduites.

La grande majorité des œuvres de Murray étant monochromes, l'utilisation d'une dualité de couleurs dans *Burwash* correspond par conséquent à un cheminement bien particulier. Au dire de l'artiste, « L'idée des deux couleurs s'inspire d'une lithographie (ayant la même image frontale) réalisée en 1965 à l'atelier Tamarind, à Los Angeles, en Californie[2]. » La composition de cette lithographie s'inspirait elle-même d'un prototype (sculpté à la feuille de métal) pour un projet destiné à Montréal et qui n'avait pas eu de suite. Lippincott Inc. fabriqua les 17 pièces, mais certaines restèrent inachevées dans le sens que l'artiste ne les a pas toutes peintes et mises en circulation. Il recouvrit les autres de deux couleurs qui différaient pour chacune – noir et vert foncé, ou encore noir mat et bleu brillant pour celle du Reading Public Museum.

C'est à l'été 1996 que Murray peignit notre exemplaire en rouge sur fond bleu. Dans les rares cas où il met en valeur un choix de deux couleurs, il veut généralement souligner le rapport observé entre une œuvre et son environnement, l'équivalent de l'ancien rapport forme / fond dans les œuvres bidimensionnelles. Comme le travail de Murray vise essentiellement à nous faire distinguer dans l'espace réel le « plat » et ses variantes comme le « plié » ou le « froissé » – ce à quoi nous convie l'usage quasi exclusif de la feuille de métal –, le fond devient l'environnement lui-même. Dans ce cas-ci, le choix des couleurs s'imposa à l'artiste lorsqu'à l'été 1996 il plaça en regard l'une de l'autre *Burwash,* dont il avait commencé à peindre le « fond » en bleu, et *Ferus* (1963), une sculpture rouge vif sise dans une île de la Baie Georgienne (Lookout Island) et qui, par beau temps, se dessine sur le bleu du ciel et de l'eau. Comme il l'a mentionné à quelques reprises : « L'imagerie de cette œuvre a été inspirée par la sculpture *Ferus,* et se rattache à d'autres projets comme la suite d'impressions en relief [*Série de Trent*] et les *Bannières de Trent*[3]. »

En raison de leurs schémas de couleurs distincts, certaines pièces de l'édition originale sont devenues uniques. *Burwash* fait écho à l'oblique bissectrice de *Ferus,* ou encore à celle des bannières Heeney de l'Université Trent – hors catalogue, mais dans l'exposition, suspendues dans la Promenade du Musée –, ainsi qu'à un cadrage similaire des impressions en relief de la *Série de Trent* qui s'inspire des bannières. À cause de cela, *Burwash* fait partie d'un réseau de travaux différents par la technique mais reliés les uns aux autres à divers degrés d'abstraction. Elle pose d'une manière originale en sculpture la question du rapport fond / forme et inconsciemment peut-être, elle nous renvoie par ses couleurs au bleu et au rouge de *Voix de feu* de Barnett Newman, une œuvre qui dans un passé récent a soulevé les passions et dont Murray a publiquement défendu l'achat par le Musée des beaux-arts du Canada.

Notes

1
Robert Murray, télécopie à l'auteure, octobre 1996, dossier de l'œuvre, MBAC.

2
Ibid.

3
Ibid.

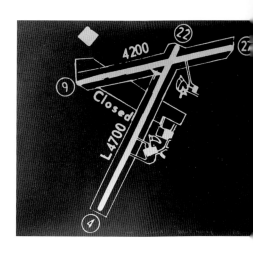

23
CALDWELL 1971

Lithographie en noir et bleu sur papier
vélin
46 x 58,2 cm
Inscriptions : sur l'image, b.c., *1971*
Caldwell Robert Murray 9/50; b.d., au
coin, [timbre sec] (Bob Rogers); verso,
b.g., *NS 140*
Musée des beaux-arts du Canada, Ottawa
(17105)

Tirage
50, plus 5 épreuves d'artiste

Impression
Nova Scotia College of Art and Design
Lithography Workshop, par Robert
Rogers, entre le 27 janvier et le 16 juillet
1971.

Historique
Achetée au Nova Scotia College of Art
and Design en 1972.

Exposition
1971 Ottawa, n° 7, ill. p. 13.

La composition de *Caldwell,* une lithographie en deux couleurs, ressemble à un
« bleu » d'un diagramme de pistes d'atterrissage. Le titre rappelle l'aéroport de
Caldwell dans le New Jersey. Murray a pu s'inspirer d'un processus qu'il avait utilisé
en début de carrière : « J'ai commencé en réalisant des bleus pour certaines de
mes œuvres [1]. »

La lithographie a connu une renaissance en Californie en 1959 grâce à la
création du Tamarind Lithography Workshop à Los Angeles en 1959 par June Wayne
qui se proposait de rendre la technique disponible aux artistes nord-américains. On
invita des peintres et sculpteurs très connus à profiter des installations et à travailler
de concert avec les experts sur place. La réussite de Tamarind à produire des œuvres
stimulantes et à renouveler la technique grâce aux expérimentations audacieuses
des artistes servit en fait de modèle à Garry Kennedy du Nova Scotia College of Art
and Design, devenu président du collège en 1967 [2]. « En 1969, nous avions le meilleur
atelier de lithographie au pays [3]. »

La fondation d'un atelier de lithographie au sein d'un établissement d'éducation constituait une première au Canada. Le collège invitait des artistes de partout
au pays à travailler avec le maître imprimeur Robert Rogers. Une fois l'édition d'une
série terminée, une brochure en informait les musées et galeries, ce qui explique
qu'une œuvre comme *Caldwell* se retrouve à l'heure actuelle dans de nombreux
musées canadiens.

Notes

1
Entrevue avec Marion Barclay, 5 août 1997.

2
Pour plus de détails, voir Ferguson 1970,
p. 60–61.

3
Kennedy 1997, p. 198.

Aluminium peint
83,2 x 571,5 x 284,5
Musée des beaux-arts de l'Ontario,
Toronto (74/13)
Don du Women's Committee, 1974

Usine de fabrication
Lippincott Inc., North Haven (Conn.)

Historique
Achetée à la David Mirvish Gallery en
1974.

Expositions
1974 Toronto; 1979 Dayton, ill. p. 25; 1983
Victoria, ill.

Bibliographie
« U.S. College Setting for Toronto
Sculpture », *The Globe and Mail* (Toronto),
11 juin 1974; Dault 1974, p. 114; Greenwood
1974, ill. p. 34; Sol Littman, « Large Steel
Slabs Bear No Mark of Artist », *The Toronto
Star*, 15 mars 1974, p. E10; Davies 1975;
Sims 1979, p. 28; MacGregor 1987, ill. p. 33.

24
BALANCEMENT 1973

Le même artiste qui conçoit des formes s'élançant vigoureusement à la verticale
ou à l'oblique dans un équilibre apparemment précaire peut, à l'occasion, créer
des sculptures au vaste déploiement à l'horizontale au ras du sol, une perspective
beaucoup plus rassurante pour l'œil. Comme dans le cas de *La Guardia*, nous avons
sur *Balancement* un point de vue « du haut des airs », et nous devons réajuster notre
position pour bien la percevoir dans son entièreté; une courbe ample ayant subi
une torsion très subtile pointe dans des directions opposées tout en poursuivant un
élan visuel continu vers d'autres feuilles d'aluminium légèrement inclinées et ayant
à peu près conservé leur forme rectangulaire. Les jonctions audacieuses, qui ont
pour fonction d'assurer une certaine continuité visuelle, perturbent d'une manière
intéressante notre sens de la direction. Une autre longue courbe passée au laminoir
se retrouvait aussi dans *Haïda*. Murray propose dans *Balancement* une solution au
problème d'une sculpture offrant à l'œil une très longue étendue, cette fois-ci au
niveau du sol. Il a donné à sa sculpture un titre descriptif.

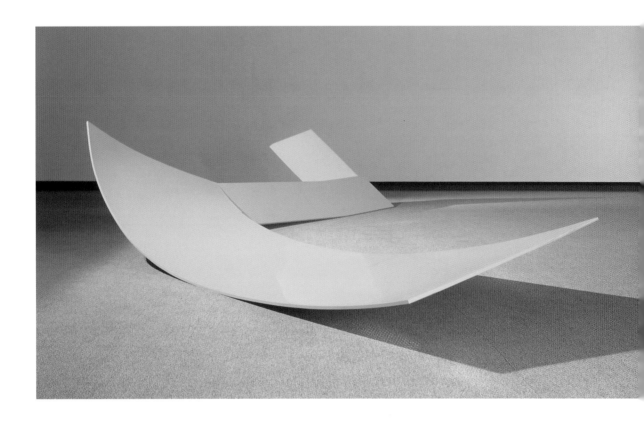

Aluminium peint
211 x 174 x 185,5 cm
Banque d'œuvres d'art du Conseil des arts
du Canada, Ottawa (ABBA 76/7−0692)

Usine de fabrication
Lippincott Inc., North Haven (Conn.)

Historique
Achetée à la David Mirvish Gallery,
Toronto, en 1976.

Expositions
1974 New York; 1975 Toronto c, ill., n.p.;
1975 Londres, ill. p. 47; 1979 Dayton, ill.
Autres présentations : Winnipeg,
Winnipeg Art Gallery, 1977−1978; Ottawa,
Centre d'exposition du gouvernement
canadien, *Energy Expo 82*, 1979; Ottawa,
Ministère des Travaux publics et services
gouvernementaux, 1979−1985; Ottawa,
Ottawa School of Art, 1987; Ottawa, Ottawa
Carleton Regional Transit Commission
1989−1996.

Bibliographie
Janice Andreae, « New Murray Sculpture
Almost Euphoric », *The London Free Press*
(London), 3 déc. 1975, ill.; Marshall 1975,
ill. p. 17; Davies 1975, ill. p. 53; Ratcliff
1975, ill. p. 70; Gary Michael Dault, « Artist
Puts Sculpture through Its Paces »,
The Toronto Star, 19 sept. 1975; Georges
Bogardi, « Forum 78 », *Montreal Star,*
2 oct. 1976; Davies 1977, p. 127, ill.; Smith
1977, p. 6; Sims 1979, p. 28; Bellerby 1983,
ill. n.p.

25
TOGIAK 1974

Au milieu des années soixante-dix, Murray choisit pour ses sculptures des tons plus
recherchés (nouvellement apparus sur le marché), s'écartant ainsi peu à peu de
l'éventail restreint des couleurs pures. L'année 1974 marque également le point de
départ d'un travail de déformation des plaques = plans antérieurs au moyen de
courbes excentriques très fluides, la complexité de la forme rejoignant ici celle de la
couleur. Il a choisi un vert sombre pour recouvrir *Togiak,* sa première œuvre qui
adopte la forme d'une arche enveloppante; d'autres suivront bientôt, notamment
Quinnipiac (1975) ou encore *Nimbus* (1978), comme expression d'une plus grande
monumentalité. En ce qui a trait au titre de l'œuvre, il s'agit du nom d'une rivière
de l'Alaska.

Encre d'amiante sur acier
61 x 101 x 3,8 cm
Inscription : b.d., *RM 75*
University Gallery, University of
Massachusetts, Amherst (1975.2)
Don de l'artiste, 1975

Expositions
1975 Amherst, ill. p. 21.

26
**DESSIN D'APRÈS
QUINNIPIAC, SEPT VUES** 1975

La commande de *Quinnipiac* (1974–1975) pour le campus de l'Université du
Massachusetts à Amherst était un projet majeur. La sculpture, une arche de plus de
cinq mètres et demi de hauteur, entrait en compétition par sa présence même avec
l'architecture ambiante. Elle dégage l'impression d'une feuille d'acier continu
découpée, aux subtiles courbes qui se déploient élégamment pour articuler l'espace.
L'idée de dessiner sur une feuille d'acier avec une encre réfractaire à la chaleur venait
d'abord de la nécessité d'expliquer aux ouvriers en usine le concept de la sculpture
à fabriquer. Le sculpteur saisit l'importance et l'intérêt de ce type de documents
lorsque Jasper Johns lui réclama un dessin pour une exposition qu'il organisait pour
Merce Cunningham; alors que Murray répondait ne pas en avoir, Lippincott affirma
qu'au contraire beaucoup de dessins préliminaires se retrouvaient sur les planchers
de l'usine. Paula Cooper, propriétaire de galerie à New York, possède une autre
version de ce dessin.

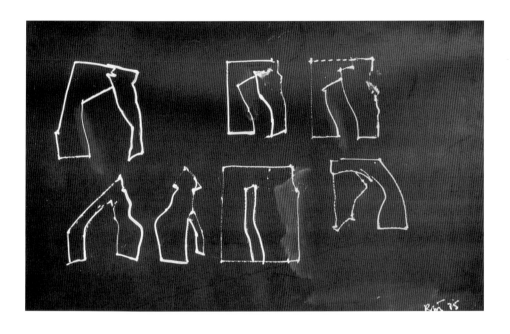

Aluminium peint
129,5 x 154,9 x 205,7 cm
The Metropolitan Museum of Art,
New York (1978.83)
Achat grâce à des dons anonymes, 1978

Usine de fabrication
Lippincott Inc., North Haven (Conn.)

Historique
Achetée à la Hamilton Gallery of
Contemporary Art, New York, en 1978.

Expositions
1977 New York a; 1979 Dayton, ill. p. 11, 31;
1979 New York; 1980 New York b; 1984
Mountainville.

Bibliographie
Davies 1977, ill. p. 131; Tatransky 1977,
p. 29; Sims 1979, p. 28, 30; Marshall 1979 a,
p. 32; Bellerby 1983, ill., n.p.

27
CHILKAT [1977]

La sculpture *Chilkat* – nom porté notamment par une rivière de l'Alaska [1] –, constitue un bel exemple d'un ensemble d'œuvres du milieu des années 1970 où Murray
se livre à un véritable exercice de virtuosité baroque. Une feuille aux arêtes finement découpées nous apparaît comme froissée, telle une boule de papier que l'on
jetterait au loin. La feuille de métal se replie en circonvolutions sur elle-même,
conservant les traces apparentes du processus de formage et du passage dans
les presses hydrauliques, ce qui du même coup lui donne une certaine rigueur qui
l'empêche de tomber dans le ludique. En effet, la possibilité de confectionner chez
Lippincott des formes libres complexes ayant un grand degré de précision exerçait
sur Murray un attrait tout à fait irrésistible : « Une fois que nous avons commencé
à adopter les courbes à l'intérieur des pièces, il nous a semblé évident de tenter de
poursuivre et d'exploiter encore plus les possibilités de la machinerie [2]. »

Notes

1
Chilkat est aussi le nom d'un peuple
autochtone de la même région, reconnu
particulièrement pour ses couvertures de
laine tissées fort recherchées.

2
Robert Murray, cité par Robin Cembalest,
dossier de l'œuvre, The Metropolitan
Museum of Art, New York.

Aluminium peint
173 x 150 x 91,5 cm
Banque d'œuvres d'art du Conseil des arts
du Canada, Ottawa (ABBA 78/9–0490)

Usine de fabrication
Lippincott Inc., North Haven (Conn.)

Historique
Achetée à l'artiste en 1978.

Expositions
1977 New York a; 1978 Houston, ill.;
1979 Paris, ill.; 1983 Victoria, ill. Autres
présentations : Montréal, Centre Saidye
Bronfman, 1978; Toronto, Harbourfront
Art Gallery, 1980; Ottawa, parc Rockcliffe
de la Commission de la capitale nationale,
1980–1981; Edmonton, Ring House Gallery,
University of Alberta 1981– mai 1983, et
août 1983–1993.

Bibliographie
Tatransky 1977, p. 29; Davies 1977, ill.
p. 131; Marshall 1979 a, ill. p. 30, 45;
Marshall 1979 c, ill. p. 13; Helen Corbett,
« To the Average Person... It's Rusty, Bent
Metal, Its Meaning Is Nil », *The Journal*
(Edmonton), 8 mai 1981, ill.

28
JUNEAU 1977

En 1977, Robert Murray travaillait à une sculpture monumentale importante, un projet destiné à la ville de Juneau en Alaska. Dans *Juneau,* le sculpteur démontre sa grande capacité de jouer avec de multiples sections de feuilles de métal soudées d'une manière continue, rassemblées comme une sorte de courtepointe de manière à donner l'illusion parfaite d'une feuille de métal unique, pliée et tordue. Il lui a fallu déployer des efforts considérables afin de créer cette impression qu'il est aussi facile de rabattre le métal sur lui-même que de retourner nonchalamment le revers de sa veste.

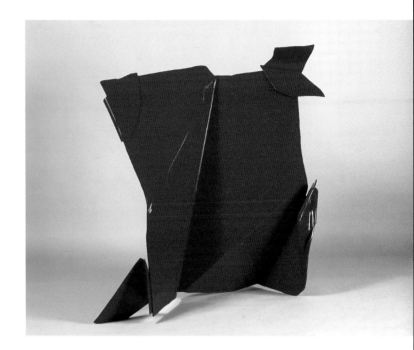

Aluminium peint
119,3 x 114,3 x 40,6 cm
Inscription : devant b.d., *Robert Murray 79*
WORK EXECUTED BY / LIPPINCOTT / NORTH
HAVEN CONN.
Art Gallery of Greater Victoria, Victoria
(84.33)
Acheté grâce au soutien du Gwen Scott
B.C. Art Fund et du Women's Committee
Cultural Fund de l'Art Gallery of Greater
Victoria

Usine de fabrication
Lippincott Inc., North Haven (Conn.)

Historique
Sam Houston Gallery, Vancouver.

Expositions
1979 New York; 1979 Toronto a, ill.; 1983
Victoria.

Bibliographie
Sims 1979, p. 28, ill. p. 29; Whittaker
1990, ill.

29
KENNEBEC 1978

Un rectangle tout « froissé » repose sur un bord et arbore des ailerons aux quatre coins; *Kennebec* compte parmi les sculptures les plus fantaisistes de Murray. Le rouge est vif, la surface très réfléchissante et le pourtour attire toute l'attention. Nous pouvons nous délecter ici et goûter le pur plaisir du jeu des formes.

Aluminium peint
307,3 x 335,2 x 116,8 cm
Inscription : estampillé dans le métal
Robert Murray 1979, et près de la signature,
*WORK EXECUTED BY / LIPPINCOTT / NORTH
HAVEN CONN*
Collection de l'artiste, West Grove
(Penn.), et de Don Lippincott, North
Haven (Conn.).

Usine de fabrication
Lippincott Inc., North Haven (Conn.)

Expositions
1979 Dayton, ill. p. 38; 1983 Exeter; 1990
Wilmington; 1994 Reading; 1997 Hamilton.
Autre présentation : New York, The
Esplanade, 1984–1985.

Bibliographie
Sims 1979, ill. p. 27; Marshall 1979 a,
ill. p. 33–34; Betty Dietz Krebs, « A Jungle
Gym? No, It's a Murray Sculpture »,
Dayton Daily News, 13 mai 1979, ill. p. 17;
Bellerby 1983, n.p.; Nasgaard 1988, ill.
p. 1407; James G. Blaine, « Murray Show
Opens at Del. Art Museum », *The Kennett
Paper* (Kennett Square, Penn.), 4 oct.
1990, p. B9; Henry 1990, fig. 2; Higuchi
1991, p. 119, ill.; *Annual Report 1992–1993*,
Foundation for the Reading Public
Museum, Reading (Penn.), ill. p. couv.;
Metzger 1994, ill. p. couv.; *Art Now.
Gallery Guide*, Philadelphie, sept. 1994,
p. 3, ill. p. couv.; « Robert Murray
Retrospective Opens September 11 »,
*Among Friends: The Bulletin of the
Friends of the Reading Museum*, Reading
(Penn.), sept.-oct. 1994, ill. p. couv.;
Annonce publicitaire, « Robert Murray
Retrospective », *Reading Eagle & Reading
Times*, 8 sept. 1994, ill.; Finkel 1997, ill.;
Simon 1997, p. 74; David Yeats-Thomas,
« Local Sculptor's Monoliths Spread
across N. America », *The Kennett Paper*
(Kennett Square, Penn.), 14–20 mai 1998,
p. 6–7, ill.

30
SAGINAW 1979

Exemple flamboyant de sensualité, *Saginaw* est constituée de deux éléments qui interagissent étroitement en se fusionnant, nous laissant l'impression d'une continuité dans la feuille de métal alors que pour la réaliser on a dû couper et souder plusieurs formes : « Il compte parmi les rares sculpteurs qui comprennent la couleur. Bob est un incorrigible romantique et il se dégage de son travail beaucoup de sensualité. Il en a surpris beaucoup en réalisant pour la première fois une œuvre vraiment sensuelle. Les gens ne croyaient pas cela possible dans une sculpture de métal. Mais Murray a réussi l'exploit[1]. »

La description la plus éloquente de Saginaw nous vient toutefois de Robert P. Metzger, directeur du Reading Public Museum, qui l'a publiée à l'occasion d'une rétrospective sur l'artiste présentée à ce musée : « *Saginaw* (1979) orne le chemin du Musée de ses ondulations d'un rouge éclatant et de sa silhouette élégante. Ses formes d'aluminium sensuelles et voluptueuses créent un mirage de légèreté et donnent l'impression de flotter tranquillement au-dessus du sol. Les formes de lumière et d'obscurité subtilement convexes se déroulent dans un flux fortement marqué d'asymétrie en diagonale, ce qui imprime à l'œuvre son immense force physique et sa très grande échelle tout en maintenant l'intégrité du plan linéaire. La continuité lisse et sans soudures des courbes irrégulières de la surface constitue une réussite de composition spontanée à la fois innovatrice et intégrée[2]. » La sculpture est relativement étroite et comme Janus elle nous présente deux faces, ce qui amène le spectateur à entrecouper sa promenade de deux temps d'arrêt plus ou moins longs, à l'avant et à l'arrière de *Saginaw*.

Notes

1
La propriétaire de galerie Patricia Hamilton,
New York, note au dossier de l'exposition à
l'Art Gallery of Greater Victoria.

2
Metzger 1994.

Aluminium peint
121,9 x 152,4 x 58,4 cm
Art Gallery of Greater Victoria, Victoria
(96.15.2)
Don de R. E. Gordon Davis, Vancouver,
1996

Usine de fabrication
Malleable Metals, Bethany (Conn.)

Historique
Sam Houston Gallery, Vancouver, v. 1983.

Exposition
1981 Toronto, ill.; 1983 Victoria, ill.

Bibliographie
Burnett 1981, p. 43.

31
JAUNE LENNON 1980

Murray a senti le besoin de caractériser ici son jaune plus strident. La grande beauté de la ligne de pli qui s'estompe dans le métal démontre la finesse de découpage qui caractérise ses sculptures de taille moyenne. Il y a certainement tout un aspect ludique dans l'imprévu des formes ainsi qu'un effet de surprise dans les plis qui se forment à des endroits inattendus.

Feuille de bronze façonnée et traitée
à la patine
89,3 x 69 x 44 cm
Inscription : estampille sur le bord d'appui
du bas, côté extérieur gauche, *BETHANY
RM 1981*
Collection W.B. Dixon Stroud, West Grove
(Penn.)

Usine de fabrication
Malleable Metals, Bethany (Conn.)

Historique
Achetée à l'artiste en 1982.

Exposition
1982 New York a.

Bibliographie
Stimson 1982, p. 119.

32
BETHANY 1981

Lorsque Robert Murray décide de se remettre au travail du bronze, ce retour des choses s'inscrit intellectuellement dans une suite logique et ingénieuse puisqu'il s'intéressera au façonnage à chaud de la feuille de bronze. Celle-ci lui offre en effet la possibilité d'expérimenter pour le traitement des surfaces les nouvelles patines au cyanure de potassium fondues à la torche acétylène. *Bethany* se compose en fait d'une seule feuille de bronze qui repose sur son arête. Murray s'est inspiré de l'usage industriel de la feuille de bronze dans divers équipements nautiques, en raison de sa très grande résistance à la corrosion.

Aluminium traité à la patine acide
153,9 x 132,5 x 64 cm
Inscription : estampille en bas sur le bord
à l'arrière, sur une section ajoutée,
*1982 WORK EXECUTED BY MALLEABLE
METALS INC./ BETHANY, CT*
Collection de l'artiste, West Grove
(Penn.), et de Don Lippincott, North
Haven (Conn.)

Usine de fabrication
Malleable Metals, Bethany (Conn.); patine
Johnson Atelier, Princeton (N.J.)

Expositions
1982 New York a, ill.; 1985 Toronto, ill.;
1994 Reading, ill.; 1997 Hamilton.

Bibliographie
Stimson 1982, p. 119; Bellerby 1983;
Finkel 1997, n.p.

33
SAGUENAY 1982

Dans une œuvre comme *Saguenay*, une sculpture dont le nom évoque une rivière du Québec au parcours grandiose et une région récemment rendue célèbre malgré elle par les inondations spectaculaires qui l'ont frappée, la métaphore de l'eau bleutée qui coule ne peut que nous saisir. Dans l'Antiquité, les sculpteurs représentaient habituellement les dieux-fleuves comme des personnages. Autre coïncidence pertinente, l'un des plus grands producteurs mondiaux d'aluminium – un des matériaux les plus utilisés par l'artiste – a aussi ses installations au Saguenay.

Au cours de ses vols fréquents au-dessus de la baie de Chesapeake près de Philadelphie, Murray a remarqué la complexité de la couleur de l'eau qui n'est jamais tout à fait bleue à cause du jeu de la lumière sur sa surface. L'application d'une patine acide lui permet ici de moduler les variations subtiles de tons bleutés pour rendre cette impression. La patine s'obtient en chauffant l'aluminium sur lequel on applique, au moyen de brosses, du cyanure de potassium qui produit ces effets aux couleurs pastel, un équivalent des palettes de couleurs disponibles pour l'aquarelle ou encore de la richesse des coups de pinceaux de la peinture à l'huile. Dans cette sculpture, la couleur semble jaillir des profondeurs du métal; l'artiste franchit donc un pas de plus vers la réalisation de son ambition d'incorporer la couleur au métal plutôt que de simplement l'ajouter en surface. La sculpture colorée, affirme-t-il, n'est pas une illusion comme la peinture, elle a une existence réelle.

Aluminium peint
670 x 340 cm (appr.)
University College Art Collection,
Université de Toronto, Toronto

Usine de fabrication
Malleable Metals, Bethany (Conn.)

Bibliographie
Adele Freedman, « Art Sacrificed to
Expediency », *The Globe and Mail*
(Toronto), 17 septembre 1983, ill.

34
CASCADE [1983]

Cette sculpture monumentale honore la mémoire de l'architecte Eric Arthur, historien
de l'architecture surtout connu pour ses publications sur celle de Toronto au XIXᵉ
siècle, et ancien professeur au Département d'architecture de l'Université de Toronto.
Au moment de son décès en novembre 1982, un groupe de ses admirateurs, dont
son fils Paul, lui-même designer de profession, prit l'initiative de commander à Murray
une œuvre commémorative. Eric Arthur avait agi à titre de consultant auprès des
autorités de l'University College pour des projets de restauration parachevés juste
avant son décès; il s'était particulièrement intéressé à la mezzanine et à sa rampe
ornementée qui reçoit un éclairage tamisé à travers des vitraux, l'endroit que l'on a
choisi pour suspendre *Cascade* à partir du plafond : « Il était un ami et un partisan
de Robert Murray, l'un des premiers défenseurs des grandes sculptures publiques,
et des arts en général. Ce fervent amateur de l'architecture moderne prônait également la préservation du passé. Par sa forme, son emplacement et son créateur,
Cascade témoigne de tout cela[1]. »

Passé le choc de cette brusque intrusion du contemporain dans un contexte
victorien à référence romanesque, les effets chatoyants de la lumière sur une couleur
bleu clair, délicatement rehaussée d'une poudre métallique, attirent le regard dans
la direction d'une sorte d'hélice abstraite à peine oblique qui occupe le centre de la
place. Ces formes aux effets virevoltants se composent de sections de feuilles
d'aluminium dont l'épaisseur décroît vers le bas. Pour effectuer les calculs essentiels
à sa réalisation, on a eu recours à l'ordinateur. Seule sculpture d'intérieur *in situ*
commandée à Murray à ce jour, *Cascade* évoque par son titre et d'une manière
appropriée une succession de chutes d'eau.

Note

1
Adele Freedman, « Art Sacrificed to
Expediency », *The Globe and Mail* (Toronto),
17 sept. 1983.

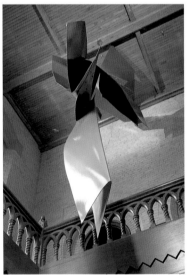

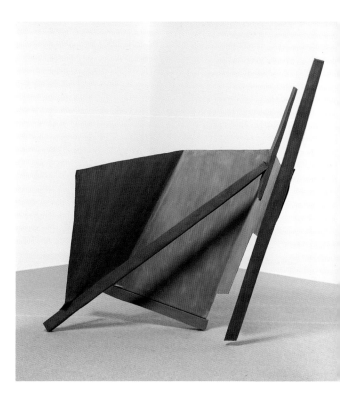

35
SIOUX 1984

Bronze usiné et coulé
182,5 x 210 x 120 cm
The Delaware Art Museum, Wilmington (Del.)
Fond d'acquisition F.V. du Pont, avec la
contribution de donateurs anonymes

Fonderie
Johnson Atelier, Princeton (N.J.)

Expositions
1984 Trenton; 1986 New York a, ill.; 1986
New York b; 1990 Wilmington.

Bibliographie
Henry 1990, ill.; *The Delaware Art Museum
Quarterly*, automne 1990, ill.

Les suites de sculptures de Robert Murray s'inscrivent à l'intérieur de recherches formelles bien précises. *Sioux* fait partie du groupe d'œuvres où l'étude porte sur la combinaison des effets de ligne et de masse. À l'origine, des poutres de chêne, un vague rappel des poteaux de tipis, articulaient le déploiement de la masse de métal, représentation abstraite du recouvrement du tipi des Prairies; on a plus tard remplacé le bois par du bronze pour des raisons de préservation. La tente constitue en réalité un élément d'architecture vernaculaire et Murray garde en mémoire la vision des imposants rassemblements de l'été en Saskatchewan : « L'effet cumulatif du regroupement d'un grand nombre de tipis était impressionnant, tout comme la variété dans les décorations des toiles de tipis [1]. » Au cours d'une entrevue avec l'artiste [2], Robert P. Metzger mentionnait l'analogie pertinente entre la fonction du tipi qui enveloppe l'espace pour constituer un abri et la sculpture qui par nature est aussi une enveloppe qui cerne l'espace. En se servant originellement de bois, il effectue un retour à *Ferus,* une œuvre fondamentale, et il s'avère que *Sioux* en constituera probablement une autre en ce qui concerne la convergence d'intérêts autres que formels. Murray aime bien que la sculpture apparaisse comme quelque peu instable et qu'elle ait l'air de pencher; cette qualité lui confère un dynamisme attrayant. La patine aux tons mixtes de vert-bleu présente une surface veloutée qui se modifiera légèrement avec le temps.

Notes

1
Robert Murray, soumission d'un projet intitulé « Project Tipi / The Aids Memorial », 1992.

2
Cassette vidéo, remise par l'artiste à l'auteure, d'une entrevue tenue à l'occasion de la rétrospective de 1994 au Reading Public Museum à Reading.

Bronze coulé
45,3 x 35,5 x 30,4 cm
Collection de l'artiste, West Grove (Penn.)

Édition
Un exemplaire

Fonderie et usine de fabrication
Johnson Atelier, Princeton (N.J.)

Expositions
1986 New York a, ill.; 1996 New York; 1997
Hamilton.

Bibliographie
Finkel 1997, n.p.

36
MANDAN 1985

La découverte de la feuille de cire qui se laisse travailler au même titre que la feuille de métal (pliage, découpage) permet à Murray de retourner à la technique du bronze coulé, abandonnée au début des années soixante, sans renier les étapes récentes de son évolution. *Mandan* reprend les plis marqués de la sculpture monumentale façonnée en industrie *Athabasca* (1966–1967), mais cette fois-ci la forme de l'enveloppe se referme sur elle-même. Au moyen de teintures et de laques, il applique comme patine des couches aux effets de transparence semblables à des voiles de couleurs impressionnistes. Comme dans le cas de *Sioux*, le titre évoque un peuple des Plaines, mais d'une manière non caractéristique. Les Mandans pratiquaient l'agriculture et vivaient dans des villages fortifiés aux huttes de terre ayant une structure qui dérive du dôme plutôt que du cône comme le tipi.

Bronze coulé
45 x 39,3 x 33 cm
W.B. Dixon Stroud, West Grove (Penn.)

Édition
Un exemplaire

Fonderie et usine de fabrication
Johnson Atelier, Princeton (N.J.)

Exposition
1986 New York a, ill.

37
LILLOOET 1985

Toujours dans la série des sculptures opposant ligne et masse, *Lillooet* apparaît comme une sculpture particulièrement bien réussie dans ses proportions réduites; elle offre une diversité d'angles aux points de vue inusités. Le nom de Lillooet désigne un peuple autochtone du sud-est de la Colombie-Britannique. Bien qu'il ne s'agisse pas d'une maquette au sens strict, l'artiste soutient qu'on pourrait plus tard la construire en plus grand. La patine bleu-vert striée laisse apparentes de nombreuses traces du processus de fabrication qui ajoutent à la beauté du métal et qui nous rendent plus sensibles aux effets de surface.

Bronze coulé
64,7 x 64,7 x 22,8 cm
Collection de l'artiste, West Grove (Penn.)

Édition
Un exemplaire

Fonderie
University of South Illinois, Carbondale

Exposition
1996 New York; 1997 Hamilton, ill.

Bibliographie
Finkel 1997, planche n° 3.

38
PALESTRINA 1985

Ce sont les équipes du Johnson Atelier qui avaient convaincu le sculpteur de procéder à des expériences avec la feuille de cire chauffée, pliable et façonnable, et que l'on coule par la suite : « Je suis revenu à la technique du coulage, mais cette fois-ci j'ai travaillé directement avec la feuille de cire, parce qu'elle pouvait rendre ce que j'avais réalisé dans le métal, une fois qu'on en arrivait au façonnement complexe. Ensuite, les cires, celles-ci sont toutes des pièces uniques qui ont été consumées [...] ces surfaces ne sont pas texturées, elles ont tendance à demeurer relativement plates [1]. » Cependant, le processus ne permet de travailler que sur de petits formats. *Palestrina,* un bronze à la patine exquise vert turquoise, représente un exemple caractéristique de quelques bronzes qui conservent malgré tout l'effet de légèreté de la feuille d'aluminium.

Note

1
Entrevue avec l'auteure, 18 février 1998.

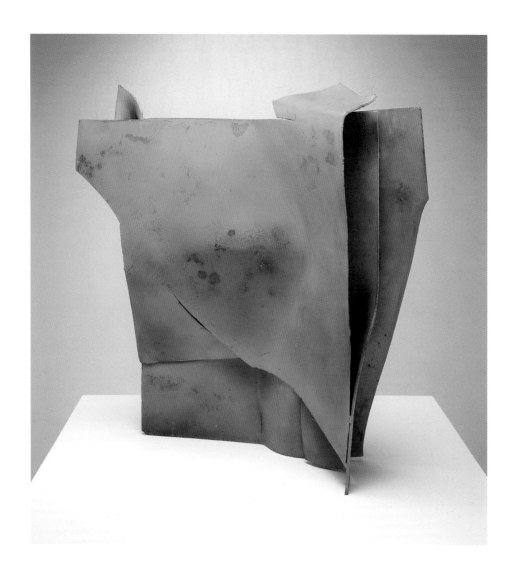

39a
Trent 1
Impression en relief sur papier vergé
33,2 x 22,8 cm (image)
61 x 45,7 cm (feuille)
Inscription : sous l'image, à la mine de
plomb, *Trent 1 5/10 Robert Murray 1991*
(36876.1)

39b
Trent 2
Impression en relief sur papier vergé
33,2 x 22,8 cm
61 x 45,7 cm
Inscription : sous l'image, à la mine de
plomb, *Trent 2 5/10 Robert Murray 1991*
(36876.2)

39c
Trent 3
Impression en relief sur papier vergé
33,2 x 22,8 cm
61 x 45,8 cm
Inscription : sous l'image, à la mine de
plomb, *Trent 3 4/10 Robert Murray 1991*
(36876.3)

39d
Trent 4
Impression en relief sur papier vélin
33,3 x 22,8 cm
59,4 x 45,4 cm
Inscription : sous l'image, à la mine de
plomb, *Trent 4 7/10 Robert Murray 1991*
(36876.4)

39
LA SÉRIE DE TRENT [1991]

La suite d'estampes s'inspire de dix bannières commandées pour le grand hall du Collège Champlain de l'Université Trent à Peterborough (conçu par l'architecte Ron Thom) afin d'honorer la mémoire de Brian Heeney, directeur du collège de 1971 à 1977. Chaque image correspond à l'une de ces bannières[1]. Elles sont aussi reliées thématiquement à des bannières confectionnées en 1983 pour le compte du Musée des beaux-arts de l'Ontario et suspendues durant quelques années dans le hall d'entrée. Elles s'inspirent toutes de la sculpture rouge vif *Ferus* à Lookout Island dont l'angle d'ouverture encadre les effets du passage des saisons sur la baie. Dans les estampes, Murray transcrit ces effets par des variations de couleurs, à l'intérieur d'une même structure de composition.

L'artiste n'a pas que gravé les planches qui ont servi à l'impression : il les a construites. Il joue sur les contrastes entre le grain du bois et les formes plus plates, entre surfaces lisses et texturées. Les encres à base d'huile frottées à la main vont du mat au brillant, les formes étant plus ou moins accentuées selon la quantité employée. Comme dans *Nunc Dimittis,* Murray veut attirer l'attention sur l'espace négatif : « Voilà pourquoi, lorsque j'ai exécuté l'impression en relief, j'ai beaucoup insisté sur le blanc au milieu de l'espace, car il constitue d'une certaine façon le sujet de l'œuvre, au même titre que les caractéristiques des éléments eux-mêmes[2]. »

Murray avait étudié les techniques de la gravure sur bois avec Ernest Lindner, et puis avec Will Barnet à l'atelier d'Emma Lake en 1957. Durant son séjour à San Miguel, il était le voisin du maître graveur américain John Bernard, spécialiste de la gravure sur bois. On se rappellera aussi qu'à la fin des années 1960 le Nova Scotia College of Art and Design l'a invité à faire de la lithographie sur les nouvelles presses du Collège[3].

Notes

1
« Comme les bannières, les impressions en relief possèdent une image commune; cependant, j'ai reproduit uniquement la partie inférieure des panneaux de tissu, là où se trouve l'image. Une bordure de couleur représente sur les gravures la couleur unie de la partie supérieure de chaque bannière. » – Robert Murray, dans un texte annonçant l'édition de cette série.

2
Entrevue avec l'auteure, West Grove, 18 février 1998.

3
Voir la justification d'acquisition de la *Série de Trent* rédigée par Janice Seline, le 2 février 1993, dossier de l'œuvre, MBAC.

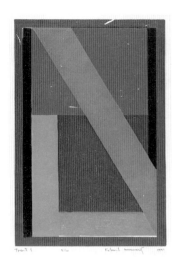

39a

39b

39c

39d

39e
Trent 5
Impression en relief sur papier vergé
33,2 x 22,8 cm
61 x 45,8 cm
Inscription : sous l'image, à la mine de
plomb, *Trent 5 5/10 Robert Murray 1991*
(36876.5)

39f
Trent 6
Impression en relief sur papier vergé
33,2 x 22,9 cm
60,8 x 45,8 cm
Inscription : sous l'image, à la mine de
plomb, *Trent 6 7/10 Robert Murray 1991*
(36876.6)

39g
Trent 7
Impression en relief sur papier vergé
33,2 x 22,8 cm
60,7 x 45,7 cm
Inscription : sous l'image, à la mine de
plomb, *Trent 7 3/10 Robert Murray 1991*
(36876.7)

39h
Trent 8
Impression en relief sur papier vélin
33,2 x 22,8 cm
59,3 x 45,7 cm
Inscription : sous l'image, à la mine de
plomb, *Trent 8 3/10 Robert Murray 1991*
(36876.8)

39i
Trent 9
Impression en relief sur papier vergé
33,3 x 22,8 cm
60,9 x 45,8 cm
Inscription : sous l'image, à la mine de
plomb, *Trent 9 9/10 Robert Murray 1991*
(36876.9)

39j
Trent 10
Impression en relief sur papier vergé
33,2 x 22,8 cm
61 x 45,8 cm
Inscription : sous l'image, à la mine de
plomb, *Trent 10 6/10 Robert Murray 1991*
(36876.10)
Musée des beaux-arts du Canada, Ottawa

Tirage
10 et une couple d'épreuves d'artiste avec
quelques variations, dont l'absence d'une
bordure de couleur.

Historique
Achetée à l'artiste en 1993.

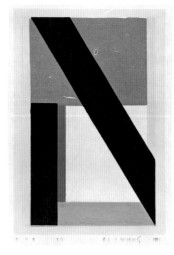

39e 39f

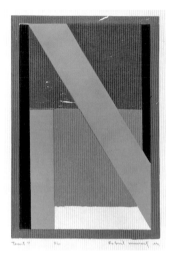

39g

39h

39i

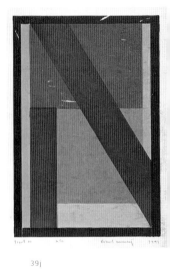

39j

40a
Motif IV 1993
Pastel à l'huile et acrylique sur feuille
de zinc
38,7 x 70 cm
Collection de l'artiste, West Grove (Penn.)

40b
Motif V 1993–1996
Teinture « dykem » sur feuille d'acier
Cor-Ten oxydée
38,7 x 70 cm
Collection de l'artiste, West Grove (Penn.)

40c
Motif II 1995
Pigment sec sur peau d'orignal tannée
à la manière autochtone
38, 7 x 70 cm
Collection de l'artiste, West Grove (Penn.)

40d
Motif III 1995
Bronze coulé
38,7 x 70 cm
Collection de l'artiste, West Grove (Penn.)

Exposition
1996 New York.

40
MOTIF 1993–1996

Entreprise en 1993, la série des *Motifs* compte à l'heure actuelle plus d'une demi-douzaine d'éléments. Il s'agit de pièces murales dont il a réalisé la première sur écorce de bouleau, et les toutes dernières en céramique. Le motif en question est en fait le patron d'un tipi étendu sur le sol avant d'être dressé. Fasciné depuis toujours par la forme élégante du tipi, Murray se souvenait en avoir vu en Saskatchewan au cours de son enfance[1]. Il a même monté depuis des tipis de facture récente sur ses terrains de West Grove et de Lookout Island. Son intérêt pour la forme particulière du tipi dérive logiquement de la vision des cônes de métal qui se produisent presque naturellement à la suite du laminage des feuilles de métal et qui parsemaient le sol des usines où il travaillait. D'après Doris Cole, « Cette superbe structure, qui semble si "simple", a en fait été confectionnée grâce à une grande subtilité de design et à une expérience de plusieurs générations[2]. »

Une motivation profonde le poussait à adopter un format irrégulier pour ces œuvres en deux dimensions aux références explicites en dehors de la tradition occidentale : « une toile aux formes irrégulières, qui ne possède pas les qualités formelles d'un tableau rectangulaire dont l'origine se trouve dans l'angle droit de l'architecture occidentale[3]. » Dans cette perspective, il a également entrepris au cours des mêmes années des tableautins en forme de tipis ou encore de grandes peintures qui mettent en valeur l'armature supérieure des poteaux de tente. L'*Installation d'Atglen* (1993), par exemple, comprenait plusieurs tipis miniatures disposés sur le sol et exécutés en ayant recours à diverses techniques. Cette série au mur démontre une fois de plus l'intérêt de l'artiste pour les jeux de chassé-croisé entre les rendus d'une même forme en deux et en trois dimensions.

Notes

1
« Certains tipis sont de véritables chapelles Sixtine, décrivant les mythes de l'origine, l'imagerie du rêve, les animaux des clans ou des scènes de bataille. » – Robert Murray, « Powwow Architecture », *City and Country Home*, juin 1992, p. 95.

2
Cole 1973, p. 5–6.

3
Lettre de Robert Murray à l'auteure, 13 avril 1997.

40a

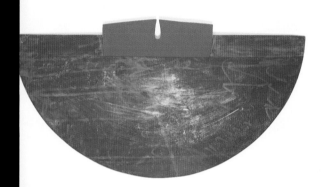

40b

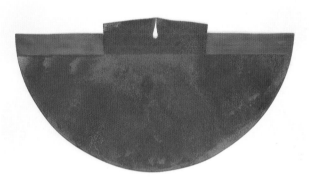

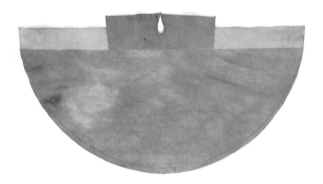

40c

40d

Laiton, acier Cor-Ten et chêne
37,5 x 35,6 x 29,8 cm
Collection de l'artiste, West Grove (Penn.)

Fabrication
Atelier de l'artiste

Expositions
1996 New York; 1997 Hamilton, ill.

Bibliographie
Finkel 1997, planche n° 6; Simon 1997,
ill. p. 74.

41
POINTE–AU–BARIL II 1995

La sculpture *Ferus* a porté comme premier titre *Pointe-au-Baril II*, puisqu'elle remplaçait par de l'acier la sculpture *Pointe-au-Baril I*, constituée de bois et fer. La seconde *Pointe-au-Baril II*, qui date de 1995, est une maquette qui peut-être un jour trouvera preneur. Ce projet de sculpture rappelle en quelque sorte un endroit bien connu localement, où l'on avait installé un baril qui servait de point de repère aux pêcheurs mais aussi de signal de direction. Il s'agit à notre avis d'une œuvre sculpturale qui teste les limites de la sphère du design, un peu de la même façon que le Musée Guggenheim de Bilbao présente une architecture à la limite de la sculpture.

Bronze
62,8 x 68,5 x 28,5 cm
Collection Cynthia Stroud, Brooklin
(Maine)

Édition
Un exemplaire

Fonderie
University of Pennsylvania Foundry,
Guttman Farm, New Hope (Penn.)

Historique
Achetée à la Andre Zarre Gallery,
New York, en 1996.

Exposition
1996 New York.

42
POINTE–AU–BARIL III 1995

Œuvre de synthèse, *Pointe-au-Baril III* combine des éléments non seulement de *Mandan, Sioux, Lillooet* et *Pointe-au-Baril II* mais aussi d' *Athabasca, Windhover* et *Kiowa II*. Une enveloppe d'espace aux pliures marquées, des supports linéaires qui rappellent les poteaux de tente, un tracé oblique qui traverse l'œuvre de part en part, voilà des caractéristiques qui résument en miniature des préoccupations formelles et contextuelles qui ont soutenu Murray pendant de nombreuses années.

MATÉRIAUX ET TECHNIQUES

Marion H. Barclay

Robert Murray a commencé sa carrière comme peintre, en expérimentant les rapports de couleurs bidimensionnels dans ses premières toiles, avant de passer à des œuvres en trois dimensions. Ces premiers essais lui ont donné une bonne compréhension de la lumière, des ombres et des couleurs sur des objets en trois dimensions, à une époque où les rapports formels constituaient encore la principale préoccupation de la plupart des sculpteurs contemporains. Les extraits suivants sont tirés d'une série de conversations entre l'artiste et Marion Barclay, restauratrice en chef au Musée des beaux-arts du Canada, entre l'automne 1996 et le printemps 1998, mais plus particulièrement d'une entrevue réalisée en août 1997 à Pointe-au-Baril, dans la Baie Georgienne, en Ontario. Portant avant tout sur les matériaux et techniques utilisés par Murray, les discussions sont divisées en rubriques qui traitent des esquisses et modèles, des métaux, des pièces de métal préfabriquées, de la construction mécano-soudée, des finis et de la préparation des surfaces, des patines, des revêtements protecteurs, des installations extérieures et du déplacement des sculptures de grandes dimensions.

Suit une entrevue réalisée à North Haven le 28 janvier 1998 par Marion Barclay avec Don Lippincott, propriétaire et fondateur de l'usine de fabrication où Robert Murray a confectionné un grand nombre de ses pièces. Lippincott retrace l'histoire de son entreprise et du partenariat établi entre l'usine et le sculpteur, et il aborde divers sujets soulevés par Murray, notamment l'utilisation de modèles, le moulage et les techniques de la construction mécano-soudée, la qualité des métaux, l'application des finis, des peintures et des revêtements protecteurs, et la collecte des données sur les sculptures.

Les deux entrevues sont suivies d'un glossaire détaillé et annoté de termes techniques comportant des références bibliographiques, réalisé principalement par Fiona Graham. Mes plus sincères remerciements s'adressent à Richard Gagnier, restaurateur de l'art contemporain, qui a aimablement accepté d'assurer, pour la version française, l'exactitude scientifique des termes techniques et du contenu en général des entrevues et du glossaire; surtout dans le second cas, la tâche s'est avérée particulièrement exigeante.

40

Marion Barclay s'entretient
avec Robert Murray

Esquisses et modèles

Marion Barclay

Vous avez utilisé des dessins grandeur nature ainsi que des maquettes de papier et de métal léger avant de réaliser vos œuvres. Quelle importance ces travaux préliminaires revêtent-ils pour les sculptures elles-mêmes ?

Robert Murray

Je ne commence pas toujours avec un modèle, mais dans certains cas, surtout pour la réalisation de pièces de grandes dimensions, j'ai souvent eu recours à des maquettes que je construis de tailles différentes à partir de divers matériaux. Ces modèles, ou esquisses, ont plusieurs usages (voir fig. 40). Ils me permettent de penser en trois dimensions et me facilitent la modification des formes. Ils sont également très utiles dans mes discussions avec les ateliers de fabrication, lorsqu'il s'agit d'estimer le coût d'un projet. Et ils servent à guider l'élaboration des œuvres de grandes dimensions. Bien souvent, je construis de nouvelles maquettes à mesure que j'avance dans le travail, afin de mettre au point des stratégies pour la réalisation de ma sculpture. En fin de compte, aucun de mes modèles n'est totalement identique au produit final. J'estime qu'il me faut garder l'esprit ouvert à mesure qu'évolue mon œuvre.

Je confectionne bon nombre de mes modèles dans mon atelier d'été, à partir de plaques lithographiques d'aluminium ou de zinc. Je les coupe avec de gros ciseaux et je les assemble avec des agrafes, un peu comme si je travaillais avec du papier, sauf que l'humidité ne les altère pas. Souvent, l'automne, je retourne à New York avec des boîtes pleines de maquettes, que je sélectionne durant l'hiver, et j'en construis le plus possible dans des dimensions plus appropriées à l'échelle de l'œuvre.

Parfois je construis des modèles plus grands, dans des matériaux plus durables. La plupart du temps, je façonne et j'assemble les pièces à l'usine de fabrication, pendant que l'on y construit une pièce plus grande. Il arrive que je conserve telles quelles certaines de ces petites sculptures, tandis que d'autres ont servi de modèles pour des pièces plus grandes. Nous avons également construit des modèles de 60 à 120 cm de hauteur pour servir de proposition à des commandes.

Il y a un quelques années, j'hésitais à parler de mes modèles, en partie parce que des gens que je respecte, comme David Smith, prétendaient qu'il fallait travailler directement avec les matériaux, de manière plus spontanée. Or, plus tard dans sa carrière, Smith a confectionné des modèles pour la plus grande partie de sa série *Cubi* (1961–1965). Je me souviens d'avoir vu des modèles faits de boîtes de cigares et d'alcool sur le rebord des fenêtres de sa maison de Bolton Landing. En fait, je crois qu'un modèle a son utilité lorsqu'on fabrique une sculpture à partir d'un métal neuf, mais qu'il ne sert pas à grand chose lorsqu'elle est constituée d'objets trouvés que l'on soude ou boulonne. Chaque artiste doit découvrir la méthode qui lui convient le mieux.

J'ai également trouvé utile de confectionner des maquettes grandeur nature en bois et carton ou en placages légers : elles sont faciles à réaliser, peu coûteuses et généralement assez légères pour qu'on puisse les manipuler sans l'aide de grues ou d'autres équipements lourds. Nous avons procédé ainsi pour *Duo*, la pièce que j'ai exécutée pour le Long Beach State College en 1965. Nous avons transporté la maquette sur les lieux pour voir comment la pièce s'intégrait à l'environnement et je me rappelle que la sculpture définitive, faite de plaques d'acier de 25 mm, était légèrement plus grande que le modèle.

Marion Barclay

L'œuvre originale qui a précédé *Ferus* a-t-elle survécu ?

Robert Murray

On l'avait confectionnée sur place — une île de la Baie Georgienne — en cèdre et en fer (voir fig. 39). À mon retour à New York, j'ai montré des photos à des amis, et Barney Newman m'a encouragé à réaliser une version permanente en acier, ce que j'ai fait. La version en acier a été exposée deux fois à New York, et a fait partie d'une exposition à Boston.

Je crois que la première pièce portait le titre de *Pointe-au-Baril I* (1963) et la seconde, en acier rouge, celui de *Pointe-au-Baril II* (1963). J'ai créé une certaine confusion en utilisant le même titre pour une autre œuvre. Lorsque j'ai convenu avec Paul Arthur de remplacer la version en bois et fer par la sculpture en acier, celle-ci a reçu le nom de *Ferus* (1963). La pièce en bois et fer a eu droit à des funérailles de Viking.

Figure 40
Robert Murray montre à Patricia Hamilton
un modèle dans son atelier de la Baie
Georgienne.

41

Métaux

Marion Barclay

Il vous arrive d'utiliser à la fois de l'acier et de l'aluminium. Pourquoi deux métaux pour la même œuvre ?

Robert Murray

D'habitude, on ne recommande pas de mettre ensemble deux métaux différents. Lorsque ceux-ci se mouillent, surtout dans un air salin, il se produit une réaction électrochimique, ou corrosion galvanique : l'aluminium se corrode et l'acier rouille. L'utilisation de boulons d'acier sur des feuilles d'aluminium peut poser des problèmes. Il vaut mieux combiner l'aluminium et l'acier inoxydable car ce dernier résiste bien à la corrosion. La peinture appliquée à mes sculptures contribue également à isoler les uns des autres chacun de leurs éléments.

J'ai combiné l'aluminium et l'acier dans des œuvres comme *Virage incliné* (1968) et *Le H de Rebecca* (1968–1969) afin de tirer parti de la différence de poids des deux métaux. L'aluminium pesant environ trois fois moins que l'acier, j'ai réussi à équilibrer des sections de métal à peu près équivalentes en réalisant la partie intérieure de la sculpture en acier et la partie supérieure en aluminium plus léger.

Marion Barclay

Utilisez-vous surtout de l'acier Cor-Ten ?

Robert Murray

La plupart de mes sculptures de grandes dimensions destinées à l'extérieur, je les ai réalisées en acier Cor-Ten de la US Steel, alors que j'ai employé de l'aluminium pour les pièces que l'on conserverait probablement à l'intérieur. Encore une fois, la différence de poids a une importance pour les pièces d'intérieur. J'aime bien l'idée de présenter de grandes pièces à l'intérieur, et de voir le public se frotter à des sculptures de grandes dimensions.

À mesure que mes créations devenaient moins plates et géométriques, et les formes plus complexes, nous avons commencé à utiliser des alliages plus tendres, afin d'obtenir un meilleur « étirement » de l'aluminium. Je ne connaissais pas l'acier Core-Ten avant de m'installer à New York. Clem Meadmore est le premier sculpteur rencontré qui se servait de ce matériau. Mes premiers essais datent de 1965, lorsque j'ai commencé à travailler dans l'usine de fabrication de Don Lippincott à North Haven, dans le Connecticut. Ironiquement, j'avais tenté d'obtenir un fini rouillé pour ma première sculpture intitulée *Sculpture-fontaine* (1959–1960), destinée à l'hôtel de ville de Saskatoon. Nous avions traité la plaque d'acier au jet de sable et commencé le processus de rouille en appliquant de la chaleur et de l'eau. J'avais l'intention de la sceller ensuite avec du Hollingston Cocoon, un

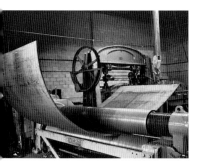

matériau utilisé pour traiter les navires de guerre en remisage et pour protéger le béton. Mais les édiles municipaux n'aimaient pas l'idée d'avoir un objet rouillé devant leur édifice; on m'a donc demandé de trouver une autre solution. Cela m'a amené à pulvériser une couche de bronze sur la surface de la sculpture, que j'ai ensuite colorée avec une patine à l'acide. Le procédé aurait réussi si la sculpture n'était pas tombée au cours de l'installation. Elle ne semblait pas avoir subi de dommages, mais quelques années plus tard des fissures sont apparues dans la couche de bronze qui a commencé à s'écailler là où la sculpture avait ployé. Il a donc fallu nettoyer l'acier au jet de sable, y appliquer une couche d'apprêt et ensuite peindre le tout.

Comme vous l'avez mentionné, certaines de mes autres sculptures sont en acier Cor-Ten, un métal qui se travaille très bien et qui possède une excellente mémoire. Il garde bien la forme et est agréable à manipuler. Ma première sculpture, *Sculpture-fontaine,* m'a permis d'expérimenter à peu près toutes les techniques de finition que j'ai utilisées jusqu'à aujourd'hui. Et lorsque j'ai adopté le Cor-Ten six ans plus tard, parce que la couleur m'intéressait, j'ai choisi de le peindre plutôt que de le laisser s'oxyder naturellement. Le temps a révélé que j'avais pris la bonne décision : ce matériau non protégé n'a pas résisté aussi bien que l'on avait pensé, en particulier dans l'air salé ou dans les endroits où il est constamment exposé à l'eau. On m'a dit que c'était dû aux traces d'éléments dans la structure du minerai, en provenance des monts Mesabi dans le Minnesota et, depuis plus récemment, de la région de l'Ungava au Labrador.

Je n'ai jamais réalisé de grandes sculptures en Cor-Ten non traité. J'estime que sa surface est vraiment trop délicate, car il suffit de quelques oiseaux ou d'un enfant avec un crayon feutre pour l'abîmer à jamais. Dans ce cas, la seule solution consiste à passer le tout au jet de sable et à laisser le métal s'oxyder entièrement de nouveau.

Figure 41
Le façonnage d'une feuille d'alliage
de trempe douce avec un laminoir.

42

Pièces de métal préfabriquées

Marion Barclay

Vous avez utilisé des pièces de métal préfabriquées comme le Q-decking (voir fig. 42) et les tubes cylindriques de tailles diverses. Qu'est-ce qui vous a attiré dans ces produits ?

Robert Murray

Pour la plupart de mes créations, on peut parler de formes inventées, fabriquées à partir de plaques planes, mais dans le cas de premières œuvres, celles que j'ai créées à partir de *Ferus*, par exemple, j'ai utilisé des formes cylindriques préfabriquées en combinaison avec une section en T que nous avions confectionnée à partir d'une feuille de métal. Outre *Ferus*, la série comprenait *TO* (1963), *Dyade* (1965–1966), *Chinook* (1968) et *Le rouge de Megan* (1968). Un autre produit commercial a attiré mon attention : le Q-decking de Robertson, cette tôle d'acier profilée utilisée comme structure de renforcement pour les planchers de béton dans les gratte-ciel. On a soudé par points et dos à dos deux sections de profilé en tôle pliée pour former une série d'éléments semblables a des tubes et qui se vendent en largeurs de 60 cm et de pratiquement toutes les longueurs. Chaque section s'ajuste à sa voisine le long d'un bord replié. Un alignement de ces éléments non seulement produit un effet visuel supérieur à une seule unité, mais peut également s'étendre sur de grandes distances avec assez peu de support. J'ai commandé une cargaison de ce matériel pour l'obtenir sans certaines interruptions de surface provoquées par la manipulation dans l'industrie du bâtiment, et j'ai peu à peu construit une série de structures dont *Plainfield* (1967), *Chilcotin* (1969), *Capilano* (1969), *La Guardia* (1968) et *Mississauga* (1969). Le thème sous-jacent de ces structures consiste dans l'opposition entre un élément linéaire, à peu près de la taille de l'un des tubes, et l'effet de masse d'une importante section de Q-decking. Jusqu'à un certain point, cela se rapproche de mon intérêt pour l'épaisseur de la plaque d'acier et la façon dont les bords créent une ligne qui joue avec le plat de la plaque. Cet effet dépend souvent davantage de l'épaisseur de la plaque choisie que des exigences de la structure elle-même, quoique je tienne à maintenir un équilibre à cet égard également, à trouver l'intégrité structurelle du matériau de sorte que mon œuvre n'apparaisse ni trop chargée, ni trop légère.

Marion Barclay

Pouvez-vous nous décrire votre expérience du bronze coulé et du plaqué en bronze ?

Robert Murray

Peu de temps après avoir déménagé à New York, j'ai réalisé des pièces en plâtre dont certaines mesuraient plus de 2,1 mètres de haut. John Nugent, un sculpteur de Lumsden, en Saskatchewan, est alors venu à New York pour visiter la Modern Art Foundry, et je l'ai accompagné. J'y ai découvert la technique du coulage et par la suite j'ai coulé en bronze quelques-uns de mes plâtres, en commençant par un ou deux de mes plus petits, les plus grandes pièces de cette série étant *Adam et Ève* (1962–1963) et *Lazare* (1961–1962). Malheureusement, bon nombre de mes grands plâtres n'ont pas supporté le déménagement lorsque j'ai changé d'atelier et il a fallu les détruire. La réalisation de *Ferus* en 1963 a marqué mon retour à la construction mécano-soudée.

À bien des égards je préfère travailler directement le métal. Couler un original en bronze signifie exécuter la pièce deux fois, et davantage dans le cas de séries. Jasper Johns m'a raconté une histoire incroyable à propos de plaques rondes gravées de dessins et qu'il voulait faire couler en bronze. Lorsqu'il est allé voir le résultat des moulages, les dessins avaient disparu et il ne restait qu'une demi-douzaine de plaques lisses. Interrogés sur le sort des dessins, les techniciens ont répondu fièrement qu'ils avaient éliminé toutes les « rayures ». Je n'avais pas trop envie que quelqu'un efface mon travail et j'ai donc appris à faire les choses moi-même.

Le bronze est un matériau remarquable, et il m'intéresse beaucoup; cependant, comme je peins généralement les pièces que je construis, ça ne vaut pas vraiment la peine de l'utiliser. En 1981, toutefois, j'ai confectionné à partir d'une plaque de bronze une pièce intitulée *Bethany*. Un an plus tard nous avons apporté une pièce fabriquée en aluminium intitulée *Saguenay* (1982), à l'atelier Johnson alors à Princeton, New Jersey, pour y appliquer une patine au moyen de chaleur et d'acide. Nous avons éprouvé quelques difficultés à obtenir le fini recherché, mais nous avons finalement réussi.

Herk van Tongren, le directeur de la fonderie, a commencé à m'envoyer des feuilles de cire à New York, et je les ai utilisées pour réaliser une série de petites pièces dont beaucoup ont ensuite été coulées en bronze. Leur

Figure 42
Le Q-decking de Robertson.

43

44

taille réduite s'expliquait par une volonté de les voir se tenir seules dans leur version en cire. Herk venait chercher les cires avec sa voiture familiale remplie de caoutchouc mousse, et il m'appelait lorsqu'arrivait le moment de les couler. Il n'y avait pas de grande difficulté à couper, chauffer et façonner les feuilles de cire et j'avais hâte d'essayer toutes sortes de nouvelles patines aux couleurs relativement vives qui produisaient des effets de tonalité chromatique impossibles à obtenir avec la peinture.

La technique du moulage par brûlage du modèle original s'avère quelque peu aléatoire. Ou ça réussit, ou ça rate. Ce n'est pas pour rien qu'on parle de moulage à cire perdue (voir fig. 44) : nous avons en effet perdu quelques pièces. Mais lorsque les choses se passaient bien, on obtenait des moulages remarquablement fidèles aux modèles, grâce aux moules en céramique vitrifiée. Mais j'ai surtout aimé travailler avec Patrick Strezlec, pour l'obtention des patines.

J'ai d'autres pièces coulées, comme *Sioux* (1984), que j'ai réalisées avec du chêne et des plaques de bronze embouties à froid. Après son acquisition par le Delaware Art Museum, nous avons coulé la pièce de bois en bronze également.

Construction mécano-soudée

Marion Barclay

Dans l'élaboration de vos œuvres, avez-vous adapté la technologie industrielle à vos besoins ou est-ce que les usines de fabrication ont déterminé votre approche ? Avez-vous dû accepter des compromis ?

Robert Murray

Comme je n'ai jamais reçu de formation académique en sculpture – ce que bien des critiques ont constaté –, je n'avais aucune idée préconçue sur la façon de réaliser une sculpture. Je savais ce que je voulais faire et comme je n'avais pas le matériel nécessaire pour confectionner mes premières pièces moi-même, je me suis présenté dans un atelier qui travaillait le métal et j'ai demandé que l'on m'aide. Ma *Sculpture-fontaine* de Saskatoon a été réalisée à la ferronnerie John East Iron Works, et ces gens m'ont vraiment beaucoup aidé. En fait, nous étions tellement pris par le projet que nous avons dépassé le budget, et sans leur générosité, je serais toujours en prison. Les ateliers de fabrication établissent généralement leurs devis en fonction du temps et du matériel qu'ils estiment nécessaires pour réaliser un ouvrage.

Petit à petit, j'ai appris ce que l'on pouvait obtenir au moyen des techniques de découpage (voir fig. 45), de profilage et de soudage relativement standard, et d'autres méthodes pour assembler les matériaux. C'est souvent la taille des presses hydrauliques ou des laminoirs qui détermine si un atelier particulier convient à ce

45

46

que je veux réaliser. Il arrive que je fasse appel à plus d'un atelier pour une même pièce. Mais le plus important, c'est l'attitude des gens avec lesquels on collabore. S'ils se montrent peu sympathiques, il devient parfois très difficile de faire accepter les aspects plus subjectifs de mon travail et d'apporter les modifications nécessaires à mesure qu'avance le projet. Dans mon propre intérêt, je produis généralement toutes sortes de dessins d'atelier, que je modifie en cours de route. Lorsque je travaillais dans les ateliers du Bethlehem Steel Shipyard à Long Beach, en Californie, un employé qui se disait ancien Marine a voulu me frapper lorsqu'il a découvert qu'il faisait de la sculpture. J'ai dû mon salut au contremaître Fergus McKay, né en Écosse dans la même ville que mon père. Dans ce chantier maritime j'ai appris comment on fabrique des cheminées de navire. On peut courber une plaque de métal à intervalles réguliers dans une presse à plier pour produire une section plus résistante. J'ai appliqué cette technique pour la réalisation d'*Athabasca* (1966–1967).

J'ai toujours eu une assez bonne idée de ce que je voulais faire et, peu à peu, j'ai appris quel équipement utiliser pour obtenir une forme donnée. Il existe plusieurs moyens d'effectuer une coupe – depuis la scie à métaux jusqu'au découpage oxyacétylénique. Pour produire mes sculptures, il a fallu découper une grande quantité de pièces de métal afin de les profiler dans les grosses presses hydrauliques (voir fig. 46). Nous avons utilisé des laminoirs et des presses à découper, ce que l'on trouve normalement dans les usines de fabrication. Ce qui diffère d'un endroit à l'autre, c'est la capacité de manipuler des pièces de métal plus grandes ou des plaques d'acier plus épaisses. Certains ateliers se spécialisent dans le travail de l'aluminium et d'autres dans celui de l'acier. Dans la mesure du possible, j'essaie de cacher les ferrures, c'est-à-dire les rivets, les boulons, les vis, etc. Pour *Hillary* (1983), par exemple, j'ai utilisé des écrous et des boulons spéciaux en forme de dôme et particulièrement discrets.

J'ai réalisé des pièces dans des ateliers de fabrication de plusieurs régions d'Amérique du Nord, mais je considère l'usine de Don Lippincott comme l'un des plus sympathiques. Il n'y avait pas cette concurrence avec la production commerciale, les règles syndicales ne m'empêchaient pas d'exécuter moi-même certaines

Figure 43
Moule pour le coulage selon le procédé de coulée à cire perdue.

Figure 44
Sculpture de métal terminée.

Figure 45
Le soudage de grandes feuilles de métal façonnées pour *Nimbus*.

Figure 46
Robert Murray dirige le façonnage d'une section de métal dans une presse-plieuse.

opérations, et j'éprouvais toujours beaucoup de plaisir à déjeuner et à bavarder avec d'autres artistes comme Ellsworth Kelly, Claes Oldenburg et Barnett Newman, qui travaillaient également chez Don. Ce dernier avait créé un parc d'exposition à côté de l'atelier pour y installer les sculptures avant qu'elles ne partent ailleurs. Architectes et collectionneurs s'y donnaient rendez-vous pour voir les œuvres qu'ils pourraient se procurer, et bon nombre de nos créations ont servi de point de départ à des expositions collectives présentées dans d'autres villes. Depuis sa fermeture, l'usine de Don nous manque, car elle était tout à fait unique en son genre et occupait une place importante dans notre vie.

Marion Barclay

Je pensais me rendre sur les lieux de cette usine. Les bâtiments existent-ils toujours ?

Robert Murray

Une compagnie d'informatique très florissante, Circuit-Wise, occupe actuellement les lieux. Don avait commencé peu à peu à lui louer des locaux et elle a fini par occuper tout le bâtiment. Le parc d'exposition de sculptures est vide à présent. La dernière fois que j'ai survolé l'endroit, j'ai trouvé un peu triste de n'y apercevoir aucune sculpture.

Toutefois, Don et moi avons eu l'occasion de travailler de nouveau ensemble il y a deux ans, pour la restauration de la première version de *Cumbria* (1967), que nous avions construite à North Haven. *Cumbria* est restée devant l'aéroport de Vancouver pendant plus de trente ans, jusqu'à ce qu'elle soit reconstruite et installée à l'Université de la Colombie-Britannique. Don m'a accompagné sur place pour agir à titre de conseiller et choisir un fabricant capable d'exécuter le travail à Vancouver, plutôt que de ramener la pièce aux États-Unis.

Maintenant que je travaille en Pennsylvanie, j'ai trouvé des ateliers de fabrication dans la région, surtout pour profiler des pièces que je termine dans mon propre atelier. J'ai résisté à la tentation de me procurer beaucoup de matériel, surtout lorsque j'habitais à New York. Une fois que l'on commence, ça ne s'arrête plus. D'abord on se procure le matériel de soudure au chalumeau pour couper et braser. Ensuite il faut une scie à métaux, une meuleuse électrique et une perceuse à colonne. Et bientôt on rajoute un compresseur pour les outils à air comprimé et un pulvérisateur à peinture. Et puis du matériel de soudage à l'arc MIG, ou TIG pour l'aluminium. Un sableur peut également s'avérer utile. Et puis il faut penser aux treuils aériens, à une grue sur camion ou un élévateur à fourche. Une machine de découpage au plasma ne serait pas désagréable non plus. Et vous remarquerez que je n'ai pas parlé de presse hydraulique ou de laminoir. Et avant de savoir ce qui vous arrive, vous vous retrouvez en train de travailler avec des tondeuses et du matériel agricole, uniquement pour pouvoir tout payer. J'ai cru être assez malin pour éviter ce piège en ayant recours à des ateliers de fabrication. Peut-être ai-je eu tort.

J'ai également tenté d'utiliser de nouveaux matériaux et des systèmes de construction innovateurs, et réalisé quelques pièces en panneaux d'aluminium alvéolé. Il existe une pièce intitulée *Prairie* (1965–1966), à la Banque d'œuvres d'art, à Ottawa : elle a l'air d'une plaque d'aluminium de 25 mm d'épaisseur, mais en réalité il s'agit d'une feuille d'aluminium alvéolé recouverte de fines couches de feuilles d'aluminium fixées avec de la colle époxyde. Ce produit possède un avantage très appréciable : on peut l'employer pour créer de grandes surfaces relativement légères. Frank Stella se sert de ce matériau pour bon nombre de ses assemblages, en laissant souvent paraître les alvéoles. L'apparition de nouveaux matériaux me suggère parfois de nouvelles approches pour mon travail.

Finis et préparation des surfaces

Marion Barclay

Comment procédez-vous pour la finition de vos œuvres ?

Robert Murray

Les sculptures peintes n'ont rien de nouveau. Apparemment les Grecs et des Romains avaient recours à la polychromie pour leurs marbres, et l'on sait que les cubistes peignaient leurs sculptures. David Smith a également peint bon nombre de ses créations; après sa mort, Clement Greenberg a enlevé la peinture de certaines d'entre elles. Barnett Newman était connu pour ses importants tableaux *colour-field,* mais il ne colorait pas ses sculptures, sauf ses bronzes qui avaient une patine noire traditionnelle. Je comprends que l'on veuille utiliser les matériaux dans leur état naturel. S'il n'en tenait qu'à moi, je préférerais que la couleur fasse partie intégrante du matériau, et ne pas avoir à l'appliquer par-dessus après coup, comme pour les huiles sur toile. Mais il n'est guère possible d'obtenir une grande variété de couleurs avec le métal seul. Je ne voyais quand même pas pourquoi j'abandonnerais mon intérêt pour les surfaces peintes parce que je commençais à faire de la sculpture. L'application d'une couleur sur toute une pièce peut sembler un brin original, mais je crois que cela lui confère une certaine unité et donne une aura particulière à la sculpture. La difficulté consistait surtout à trouver des peintures commerciales qui aient une couleur riche et offrent une grande résistance dans notre environnement de plus en plus pollué.

J'ai utilisé bien des peintures différentes au fil des années – peintures à l'huile et à l'alkyde, laques synthétiques, émail acrylique, peintures aux résines époxydes et à base de polyuréthane. Certaines étaient bonnes, d'autres non, mais dans la plupart des cas il y a eu amélioration au cours des dernières années : on a élargi la gamme des couleurs et accru leur résistance à la lumière et leur durabilité. Lorsque les peintures aux résines époxydes sont apparues sur le marché, j'ai communiqué directement avec les fabricants pour obtenir ce que j'appelle des couleurs de qualité d'artiste. Cecil Murphy, propriétaire de la société Epolux à Long Island City, a par la suite préparé des couleurs pour moi ainsi que pour d'autres artistes de New York. Son aide s'est avérée fort précieuse, car la plupart de ces peintures ont tendance à devenir grises lorsqu'on les mélange. Bien sûr, le même phénomène se produit dans le cas des peintures acryliques, ce qui explique pourquoi les magasins de fournitures pour artistes doivent stocker autant de couleurs différentes.

L'époxyde était essentiellement un adhésif qui venait avec un agent durcissant qui commençait à se figer rapidement après le mélange des deux composants. Difficile à appliquer et nocif pour la santé lorsqu'on le manipule, il permettait cependant d'obtenir un revêtement solide. Malheureusement, après quelques années, il se développait un oxyde mousseux qui modifiait l'apparence de l'œuvre. On pouvait toujours éliminer cette couche d'oxyde en polissant vigoureusement la surface, une solution qui ne s'avérait guère pratique pour les pièces de grandes dimensions. Finalement, les peintures époxydes ont cédé la place à des produits à base de polyuréthane qui donnent un revêtement plus souple et qui conserve son aspect ciré durant sept ou huit ans. On applique maintenant l'époxyde comme première couche sous un recouvrement en polyuréthane, mais il faut cependant nettoyer parfaitement la surface métallique. Dans le cas de l'aluminium et de l'acier, généralement on les passe d'abord au jet de sable afin de les débarrasser de tous les oxydes et graisses et de faciliter ainsi l'adhésion mécanique et chimique de la peinture.

La dernière peinture rouge que j'ai utilisée pour *Ferus* – et aussi pour la seconde version de *Cumbria* (1996–1997) – provenait de l'usine de BASF à Inmont. Ce produit à base de polyuréthane a été conçu pour une application au pinceau – c'était un vrai plaisir – et sept ans plus tard, la sculpture est pratiquement aussi belle que le jour où je l'ai peinte, bien qu'on l'ait installée dans un endroit balayé par les vents chauds l'été et les rafales glacées l'hiver.

Les feuilles d'aluminium léger, parfois recouvertes d'une fine couche d'aluminium presque pur, sont généralement nettoyées et attaquées à l'acide phosphorique et à l'alodine avant de recevoir une couche d'apprêt de chromate de zinc époxyde. Le jet de sable serait trop fort. Chaque système requiert sa propre procédure. La meilleure méthode consiste à pulvériser la peinture sur le métal au moyen d'un pistolet sans air comprimé ou d'un système à faible pression et haut volume comme celui de Croix. Il peut être délicat d'exécuter ce travail à l'extérieur : il faut absolument avoir des vents calmes et des températures modérées. À l'occasion nous avons peint des pièces au pistolet à l'intérieur de galeries et de musées en tendant une toile par-dessus la sculpture et en évacuant les vapeurs par des tuyaux en plastique.

Malheureusement, la solidité même de ces peintures rend difficile le travail de retouche sur les surfaces endommagées. L'emploi de solvants puissants comme le méthyléthylcétone s'impose quand on veut retirer d'anciennes couches de peinture avant de repeindre une œuvre. Il faut s'équiper de vêtements protecteurs et d'un respirateur relié à une source d'air frais. Toutes ces peintures sont hautement toxiques, et plus particulièrement les isocyanates contenus dans les durcissants et le toluène dans les solvants. Je serais probablement beaucoup plus intelligent si je n'avais pas joué avec certaines de ces peintures!

Pour les sculptures que l'on déplacera souvent ou que l'on conservera surtout à l'intérieur, je préfère utiliser un émail acrylique de DuPont, PPG ou BASF. La réparation des surfaces endommagées se fait beaucoup plus facilement, avec des pâtes à polir. Je souhaite que les gens prennent la peine de garder une sculpture dans son état original. Lorsque la surface peinte a subi des dommages importants, je préfère la nettoyer au jet de sable et la repeindre plutôt que de superposer trop de couches de peinture. Un excès de peinture cache la surface du métal, ce qui donne à la sculpture un aspect indéfini et caoutchouteux. Laver une pièce peut donner d'excellents résultats. Il est essentiel d'éliminer rapidement les graffiti. On peut généralement supprimer les égratignures et les peintures aérosol avec un chiffon doux imprégné d'essence à briquet sans abîmer la surface peinte. La folie de la planche à roulettes et l'engouement pour le patin à roues alignées ont fait souffrir bien des sculptures situées dans des lieux publics. Mais s'il fallait commencer à protéger les sculptures en les entourant de clôtures ou d'autres types de barrières, on risquerait de perdre cette interaction qui doit s'établir avec elles, dans des limites raisonnables, pour bien les comprendre.

Nous nous efforçons de conserver sur de petites plaques de métal des échantillons des divers types de peintures et de couleurs que j'utilise. Les formules des peintures ont évolué avec le temps – le cadmium a disparu et elles contiennent beaucoup moins de plomb –, aussi le système a-t-il des lacunes, mais j'accepte toujours avec plaisir de trouver des couleurs équivalentes pour mes œuvres lorsque les gens s'adressent à moi.

Je me rappelle la fois où Joseph Hirshhorn a acheté une de mes pièces à une exposition chez Betty Parsons. Il m'a fallu apporter d'urgence un pot de peinture de réserve à la galerie, tout dépendait de cela. Je crois qu'il s'agissait de la première sculpture peinte qu'il achetait. Quand on y pense, par rapport à certains matériaux, une surface peinte est plutôt facile d'entretien et on peut la remettre à neuf sans trop de difficulté, en tout cas beaucoup plus facilement que de retirer des excréments de pigeons sur du bronze et de restaurer la patine. Je recommande généralement de confier ce travail à un peintre de l'industrie aéronautique ou automobile. La plupart du temps, il trouvera aisément la couleur exacte car la formule de ces peintures existe fort probablement dans des systèmes informatisés, ou il obtiendra son équivalent dans un produit d'une autre marque. Je m'inquiète davantage quand on cherche à éliminer des marques de façonnage en utilisant du mastic de finition, en arrondissant les bordures avec une ponceuse ou lorsqu'on emploie un fini très brillant là où j'avais appliqué un lustre doux.

Patines

Le bronze patiné, par exemple, peut être très beau. Contrairement à la peinture, on fait pénétrer la couleur à l'intérieur de la surface en utilisant la chaleur et divers acides ou bases, et le procédé n'oblitère pas complètement le métal. Si nous disposons d'une gamme de couleurs quelque peu limitée, il reste cependant la possibilité de superposer les couleurs, un peu comme dans la technique du « lavis » des aquarellistes, afin d'obtenir des résultats très complexes. Malheureusement, beaucoup de ces couleurs résistent mal à l'usure provoquée par les manipulations ou aux polluants industriels dans le cas des sculptures placées à l'extérieur. Tout comme l'oxydation anodique ou le placage, le poudrage ou les finis en émail cuit, ces techniques sont attrayantes, mais il n'y a pas de solution facile pour assurer l'entretien et la restauration de sculptures importantes exposées à l'extérieur.

À titre d'exemple, je trouve le fini de *Saguenay* intéressant, mais j'hésite à mettre cette pièce à l'extérieur. Elle pourrait mieux résister que l'on ne pense, mais s'il fallait la restaurer, il serait très difficile de recréer l'effet brossé de la patine. Mieux vaut la garder à l'intérieur, à l'abri des rayons ultra-violets. *Kiowa II* (1983) a également une surface plutôt délicate. Nous avons traité l'aluminium par projection de billes de verre pour ouvrir sa surface – lui enlever un peu de ses reflets brillants – avant de le colorer avec de la teinture Incralac. L'effet me rappelle les surfaces de couleurs saturées douces de certaines peintures de Mark Rothko.

Je suis toujours prêt à expérimenter de nouvelles façons d'appliquer la couleur au métal. Boeing teste présentement sur ses avions à réaction à haute performance une technique qui consiste à appliquer une pellicule de polyester sur les surfaces extérieures, et qui se rapproche de la décalcomanie. Je pourrais l'adopter pour certaines de mes sculptures, mais encore une fois je me demande comment entretenir et restaurer ce fini sur des œuvres placées à l'extérieur.

Revêtements protecteurs

Marion Barclay

Vous arrive-t-il d'appliquer des revêtements protecteurs après avoir peint ou patiné vos sculptures ?

Robert Murray

Certains de mes bronzes patinés sont cirés, généralement avec de la cire de carnauba dure. On peut trouver des revêtements protecteurs transparents, comme l'Incralac, mais souvent ces matières résistent mal à la dégradation provoquée par l'environnement et finissent par perdre toute leur beauté lorsqu'on les laisse à l'extérieur durant un certain temps. Ma fourgonnette avait un revêtement transparent : son fini a duré six ou sept ans avant

47

de se détériorer très rapidement. Recouvrir la surface d'une couche protectrice rend également plus difficile la tâche de la repeindre. Voilà pourquoi je n'applique généralement ni cire ni couche transparente sur mes œuvres qu'on pourrait installer à l'extérieur. Il vaut mieux enlever la peinture qui commence à perdre sa couleur ou à s'oxyder et en appliquer une nouvelle couche.

J'ai utilisé d'autres teintures – dont un produit qui s'appelle Dykem (voir fig. 47) – sur l'aluminium, que j'ai recouvert ensuite d'une couche transparente de polyuréthane. Il s'agissait de pièces pas très grandes et, je crois, conservées à l'intérieur. À ma connaissance, la couleur et le fini tiennent bien.

Installations extérieures

Marion Barclay

S'il fallait entreprendre d'importants travaux de reconstruction de l'une ou l'autre de vos œuvres, et que vous n'étiez pas disponible, comment faudrait-il procéder ?

Robert Murray

Il importe avant tout de se reporter toujours à l'œuvre originale et de prendre note des dimensions et des épaisseurs exactes du matériau. Il faut vérifier le mode d'assemblage des pièces, le type de ferrures utilisées, le cas échéant, et enfin la couleur exacte. Comme je l'ai déjà mentionné, il m'arrive de laisser sur la surface les lignes produites au moment du profilage ou d'autres imperfections qui font partie du processus de construction de la pièce. Mes sculptures comportent également beaucoup de bords tracés ou sciés à la main. On pourrait confectionner des gabarits à partir de la sculpture originale pour recréer ces touches.

J'ai toujours trouvé dommage que l'on n'ait pas procédé de cette façon pour la grande sculpture de Picasso à Chicago. Contrairement au modèle, la grande version est pratiquement symétrique et sur les contours de la

Figure 47
Surface finie de *Siwash* patinée avec
le produit Dykem bleu sur aluminium et
recouverte de polyuréthane.

48

pièce confectionnée à Gary, dans l'Indiana, on n'a reproduit aucun des bords intéressants faits à la main. La reproduction d'une sculpture en plus grand, à partir d'un modèle et en l'absence du sculpteur qui n'a pas laissé d'instructions très précises, ne sera jamais une sinécure.

Il existe des dessins de certaines de mes premières œuvres. J'ai laissé des données détaillées et des photos pour chacune d'elles, et Don Lippincott a pris note des dimensions, des alliages et des finis. Pour restaurer une sculpture à partir de ces données, il faudrait probablement faire appel à la fois à un restaurateur, à un conservateur, à un atelier de fabrication et peut-être à un autre sculpteur. Je serais très heureux que quelqu'un veuille bien se donner tout ce mal pour préserver l'une de mes sculptures. Mais une fois que nous serons tous disparus, si une de mes sculptures se détériorait sérieusement, peut-être faudrait-il lui permettre de disparaître elle aussi.

Déplacement des grandes sculptures

Robert Murray

Le qui risque davantage d'arriver, c'est de devoir déplacer certaines pièces extérieures, comme dans le cas de *Cumbria,* à Vancouver. Cette fois-là aussi, il a fallu compter sur l'aide précieuse de plusieurs personnes pour trouver un lieu qui convenait à la sculpture et pour la déménager. Mais comme j'ai conçu très peu de mes pièces en ayant en vue un emplacement précis, en général il n'y a pas là de problème insurmontable.

Parfois les inconvénients d'un lieu donné nous aident à mieux comprendre les besoins d'une pièce lorsqu'on choisit un nouvel emplacement. Il y a quelques années, les sculpteurs n'avaient pas grand chose à dire sur la façon d'installer leurs œuvres devant un immeuble ou dans un autre endroit. On aurait pu mieux présenter certaines de mes sculptures, mais je suis ravi des progrès accomplis dans ce domaine. Les pièces conçues pour un emplacement précis et les installations qui occupent davantage d'espace au sol sont plus susceptibles de créer un lieu où la sculpture semble s'intégrer tout naturellement au milieu environnant.

Pour déplacer les grandes sculptures (voir fig. 48), on les installe généralement sur des remorques à plateau en veillant à ce qu'aucune pièce détachée ne bouge; on les emballe soigneusement, sans cordes battant au vent, car celles-ci pourraient heurter la surface et l'abîmer terriblement. Quant aux pièces plus petites, on les transportera évidemment dans des camions couverts. Peu importe le poids du métal, c'est une « peinture » que l'on déplace. Il faudrait donc manipuler l'objet en conséquence.

Marion Barclay s'entretient
avec Don Lippincott

L'usine de fabrication et le sculpteur

Marion Barclay

Pouvez-vous nous dire ce que vous faisiez avant d'ouvrir votre usine de fabrication à North Haven ?

Don Lippincott

J'ai fait des études de commerce, avec une spécialisation en marketing. Par ailleurs, je m'intéresse depuis toujours à la construction et au travail manuel, et j'éprouve une certaine attirance pour l'art. Cette combinaison m'a donné l'idée de créer une entreprise où je travaillerais avec des artistes. Notre objectif consistait à fournir à ces derniers des installations qui répondraient à leurs divers besoins, un endroit où ils pourraient non seulement travailler, mais aussi trouver de l'aide pour la conception, la construction, l'entreposage, le déménagement et l'installation de grandes sculptures. Nous voulions également travailler avec les architectes et les collectionneurs susceptibles d'acheter ces œuvres. À m'entendre, on croirait que j'avais tout planifié, mais en réalité, le projet a commencé de façon très modeste et a débouché sur un service très spécifique à l'intention des artistes.

Nous avons produit les premières pièces avec l'intention de déterminer le champ de nos possibilités. Pour ces œuvres créées en association avec les artistes, nous fournissions la main-d'œuvre et le matériel, tandis qu'ils apportaient les idées et travaillaient avec nous à leur réalisation. Nous prêtions ensuite les pièces produites pour des expositions et autres présentations du genre, afin de montrer ce qui intéressait l'artiste et ce qu'il pouvait faire. Bien entendu, les sculptures étaient aussi à vendre. Ces premières créations ont constitué le point de départ de notre entreprise, et nous avons non seulement réalisé d'autres pièces en association avec les artistes, mais également rempli des commandes, souvent payées d'avance.

Nos premières expositions ont eu lieu à New York, Cleveland et Detroit, vers la fin des années 1960 et au début des années 1970; il s'agissait généralement de sculptures d'extérieur plutôt monumentales. Comme nous n'avions pas d'expérience en métallurgie ou en fabrication, nous avons engagé des experts pour trouver des

---

Figure 48
Le déplacement de *Haïda* avant son installation devant l'édifice du ministère des Affaires extérieures, promenade Sussex, à Ottawa (aujourd'hui le ministère des Affaires étrangères et du Commerce international).

49

solutions techniques qui répondaient aux besoins complexes des artistes, et les conseiller à propos des métaux et finis à utiliser. Nous avons vite appris en les voyant faire.

Auparavant, des artistes comme Robert Murray avaient du mal à trouver un endroit où les gens acceptaient de travailler avec eux, mais surtout d'exécuter la tâche en tenant compte de leurs désirs. La plupart des usines de fabrication se préoccupaient naturellement d'abord de leur fonction principale, soit la construction de bateaux, de ponts ou autres choses du genre, et les artistes ne recevaient pas toute l'attention dont ils avaient besoin. Chez nous, à l'inverse, il ne se faisait que du travail d'art et, de toute évidence, nous tenions à trouver des solutions aux problèmes des artistes. En gros, c'était notre philosophie et notre raison d'exister.

Modèles

Marion Barclay

Dans quelle mesure les modèles vous ont-ils servi ?

Don Lippincott

Les petites maquettes! Elles étaient découpées dans du métal très fin que l'on courbait pour lui donner la forme voulue. Bob [Murray] avait aussi recours à des pièces de carton ondulé ou de papier très rigide qu'il reliait à l'aide de ruban gommé ou d'agrafes. Ces maquettes constituaient, bien sûr, le cœur de la pièce. Bob savait également rendre ses idées par un dessin, mais pour bon nombre de ses sculptures, il était très difficile, sinon impossible, de dessiner et de définir la pièce sur du papier. Cependant, en combinant ses esquisses et ses modèles réduits, il parvenait à nous montrer vraiment ce qu'il voulait. Cela ne l'empêchait pas d'intervenir directement dans le processus, car il fallait prendre des décisions au fur et à mesure qu'avançait le travail. Le résultat final ressemblait au modèle sans en être vraiment une copie conforme.

Cela se vérifie davantage pour des pièces comme *Hillary* et *Saguenay* que pour *Athabasca*. Dans ce dernier cas, on pouvait définir les mesures, les angles, les surfaces planes bien nettes, tandis qu'*Hillary* ne présentait que des courbures. La réalisation d'œuvres comme *Hillary* exige la présence de l'artiste pour observer et dire si une bosse lui semble trop grande, de combien exactement il faudrait la réduire ou s'il faudrait la supprimer. Quand une telle situation se produisait au cours de la fabrication, Bob intervenait et suivait de près la progression de l'œuvre.

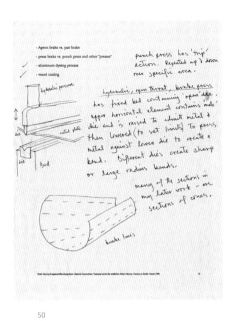

50

Coulage et constructions mécano-soudées

Marion Barclay

Les divers types de métaux m'intéressent, qu'il s'agisse de métal coulé ou mécano-soudé. Pouvez-vous nous parler des méthodes utilisées pour la réalisation d'œuvres comme *Athabasca*?

Don Lippincott

Nous avons eu recours à une presse à emboutir, une grande machine dans laquelle on place le métal et qui le plie. Dans le cas particulier d'*Athabasca,* il s'agissait d'une presse à tablier plutôt que d'une presse-plieuse. Une matrice s'abaisse et repousse le métal, ce qui le fait plier (voir fig. 50); le procédé sert pour de grandes feuilles de métal. Nous avons fabriqué *Athabasca* en sections. À partir de plaques de métal de diverses largeurs, nous avons produit des sections de 3,6 mètres; au lieu de les souder les unes aux autres, nous avons préféré les laisser séparées, ce qui permettait de les transporter plus facilement. Et je crois que Bob aimait bien les joints formés par l'assemblage des diverses sections au moyen de boulons.

Avec le Q-decking, nous n'avons pas profilé le métal, mais nous l'avons soudé. Le Q-decking est formé par une machine qui fait les pliures lui donnant sa forme profilée : on pourrait parler de crénelage. On prend deux feuilles de ce métal profilé que l'on superpose dos à dos et que l'on soude par points aux endroits où elles se touchent, créant ainsi des tubes. On utilise habituellement le Q-decking dans l'industrie du bâtiment, pour la construction de planchers renforcés : on verse le béton par-dessus. Nous avons eu du mal à le commander en petites quantités et à le recevoir en bon état.

Une autre caractéristique du Q-decking plaisait à Bob : on pouvait se le procurer dans un fini galvanisé ou prépeint, de sorte que nous n'avions pas de problème de corrosion. Voilà pourquoi nous avons commencé à utiliser le produit galvanisé pour des pièces comme *Ridgefield* (1967).

Figure 49
Don Lippincott (à droite) avec
Robert Murray.

Figure 50
Croquis de Robert Murray décrivant
la presse mécanique.

51

Marion Barclay

Je crois comprendre que l'on a découvert le minerai pour l'acier Cor-Ten dans les montagnes du Mesabi au Minnesota.

Don Lippincott

Vous avez raison. Ce minerai s'y trouvait relativement près de la surface et contenait une plus forte concentration de cuivre, entre autres choses. C'était une version naturelle de Cor-Ten. La US Steel a commencé à s'en servir pour les wagons de chemin de fer, sans les peindre. Par la suite elle s'est mise à en produire en y ajoutant des composantes nécessaires. Ce matériau intéressait Bob en raison de sa résistance et de sa durabilité, des qualités particulièrement recherchées pour la production d'œuvres d'art. Bob ne le peignait pas, même si la couleur faisait partie de son travail.

Marion Barclay

Faisiez-vous du coulage également ou seulement de la construction mécano-soudée ?

Don Lippincott

Seulement de la construction mécano-soudée. Nous utilisions également des pièces coulées, réalisées en sous-traitance par plusieurs fonderies qui faisaient du moulage au sable pour l'industrie. Lorsqu'il nous fallait des pièces aux formes plus complexes, des fonderies d'art comme la Modern Art Foundry de Long Island City se chargeaient de les produire. Tous ces moulages s'intégraient dans des sculptures en métal mécano-soudé. Je pense notamment au bâton de baseball de Claes Oldenburg à Chicago, dont le pommeau est en aluminium coulé, et tout le reste en acier soudé.

Finis, peintures et revêtements protecteurs

Marion Barclay

L'usine s'occupait-elle de la préparation et de la peinture du métal ou donniez-vous cela en sous-traitance ?

Don Lippincott

Tout le travail de finition s'exécutait dans notre usine (voir fig. 51). En général nous passions la surface du métal au jet de sable en utilisant des sables siliceux ordinaires ainsi que divers produits artificiels. Celui qui s'appelait Starblast et plusieurs autres de type Carborundum donnaient une belle surface propre et texturée. L'application d'un apprêt époxyde précédait celle d'une couche d'uréthane : avant l'apparition des uréthanes, nous avons

employé des peintures-émail à l'alkyde pour automobiles et des produits de la compagnie Rustoleum qui fabri-
quait une vaste gamme de peintures-émail pour les sculptures en métal.

Ces revêtements et techniques servaient déjà pour la machinerie et les automobiles. Les vernis-laques pour
automobiles donnaient un fini relativement délicat, facilement attaqué par la saleté, mais le vrai problème se
posait dans des situations plus particulières, par exemple lorsqu'il fallait immerger dans l'eau une partie de la
sculpture, comme cela arrivait si on l'installait dans une fontaine. L'opération, plutôt complexe, équivalait à peindre
le fond d'un bateau, non pas la coque, mais la partie sous l'eau, et elle exigeait le recours à des techniques tout
à fait différentes. Dans ces cas-là, les peintures à base d'uréthane ne donnent pas de très bons résultats. Nous
appliquions alors un apprêt époxyde et une peinture époxyde comme couche de finition. Mais les problèmes
venaient habituellement du pâlissement des couleurs, et de ce point de vue, les peintures à base d'uréthane donnaient
les meilleurs résultats.

Nous avions généralement à l'usine un employé qui faisait de la peinture à plein temps. Il participait à tous
les travaux de finition et recevait à l'occasion l'aide des soudeurs ou de peintres à temps partiel. La peinture est
une spécialité en soi, et nous avions du personnel très compétent. Quand nous avons fermé nos portes, Frank
Capino travaillait chez nous depuis dix ou douze ans. Il a maintenant sa propre entreprise ici, et il m'arrive encore
aujourd'hui de discuter de peinture avec lui.

Marion Barclay

Avez-vous essayé d'appliquer des revêtements protecteurs aux sculptures métalliques peintes ?

Don Lippincott

De manière générale, non, quoique lorsqu'une pièce est à l'extérieur depuis un certain temps et qu'on veut la

Figure 51
Robert Murray apprête une surface
métallique avant d'y appliquer la peinture.

rénover sans la repeindre, le polissage et le cirage de sa surface aident vraiment à l'embellir et contribuent à la faire durer plus longtemps. Il s'avère souvent difficile sinon impossible d'obtenir que les propriétaires des sculptures en prennent soin. Les musées s'en occupent, mais lorsqu'une sculpture est placée devant le siège social d'une entreprise, il faut s'assurer que la peinture va durer jusqu'au moment de la repeindre. Pour les pièces extérieures, nous encouragions généralement les gens à les repeindre tous les cinq ou six ans.

Collecte des données

Marion Barclay

J'aimerais savoir si vous avez consigné quelque part les diverses formules des peintures ou des couleurs que vous avez utilisées au fil des années pour les différents artistes.

Don Lippincott

Dans la mesure du possible, nous avons toujours essayé de nous en tenir aux couleurs standard; on peut aussi mélanger les couleurs en prenant soin de noter la formule. Au moment de restaurer une sculpture, le peintre doit pouvoir examiner un échantillon original. Malgré toutes les précautions, la nouvelle peinture ne sera jamais exactement la même. Si à l'origine on a appliqué une couleur non standard, il y a un risque qu'elle change progressivement après chaque nouvelle couche, à moins que l'artiste ne revienne pour s'en charger lui-même chaque fois. Nous avons travaillé principalement avec des produits DuPont. Les récentes lois sur la santé, en changeant les types de diluants tolérés dans la peinture, ont modifié du même coup la composition de ce produit. Même si vous avez utilisé une couleur standard dans les années 1980, rien ne garantit que vous allez la retrouver aujourd'hui. L'expérience nous a appris qu'il faut se reporter aux échantillons des couleurs originales que nous avons essayé de conserver. Nos artistes et certains clients en ont également conservé.

Je n'ai ici aucun des échantillons de Bob. Ce sont de simples morceaux de métal peints lui servant d'aide-mémoire. Je suis sûr que Bob possède une boîte où il conserve une collection assez complète des couleurs utilisées pour toutes ses œuvres.

Compilé par Fiona Graham
Introduction de Marion Barclay

Glossaire de termes techniques

Ce glossaire fournit quelques précisions sur les termes techniques employés dans l'industrie et que l'on retrouve dans les entrevues avec Robert Murray et Don Lippincott. Nous les présentons par ordre alphabétique sous les rubriques **Matériaux, Techniques et Problèmes.** Des notes explicatives offrent des renseignements supplémentaires sur les matériaux et les techniques privilégiés par Robert Murray dans ses œuvres. En guise de complément, le glossaire comprend un répertoire des **Usines de fabrication et fonderies** et une liste des **Marques de peinture utilisées,** ce qui ne manquera pas de fournir des renseignements précieux aux gens du métier (artistes, historiens de l'art, restaurateurs).

Dans une certaine mesure, Robert Murray voit des similitudes entre l'entretien de la surface de ses sculptures et celui du fini de votre automobile préférée. Au fil des ans, il a eu recours à toute une gamme de peintures, de laques et de peintures-émail qui arrivaient sur le marché.

Premier produit de finition pulvérisable sur les automobiles, la *laque de nitrocellulose* donne un lustre très brillant, s'applique et se retouche facilement, mais elle est tombée en désuétude à cause de son manque de durabilité. La *peinture-émail alkyde* ou *peinture-émail synthétique,* une formule plutôt ancienne puisque sa sortie sur le marché date de 1929, est toujours en vente chez les principaux distributeurs à titre d'option économique. Malgré son lustre épatant, elle n'a pas la durabilité de la peinture-émail moderne, on ne peut pas produire de tons intermédiaires et elle ne résiste pas à des polissages répétés. En outre, le succès de son application dépend du degré de propreté de la surface et exige un peintre particulièrement doué. La *laque acrylique,* apparue dans les années 1950, est toujours en usage pour un grand nombre de nouvelles voitures. S'appliquant de la même façon que la laque de nitrocellulose, elle produit une pellicule plus plastique qui la rend plus durable. Les deux ont un fini similaire, mais dans le cas de l'acrylique, on l'obtient par ponçage et polissage. La *peinture-émail acrylique* date des années 1960 et elle se compare avantageusement à l'émail alkyde en raison d'une durabilité accrue. Des catalyseurs isocyanates subséquemment ajoutés comme *durcisseurs* à l'émail acrylique augmentent énormément sa durabilité et sa résistance aux produits chimiques.

Catalysés ou durcis, les produits de finition acryliques furent les premières peintures-émail que l'on pouvait poncer et polir peu après leur application et ils constituent encore aujourd'hui le choix numéro un de bien des refinisseurs. La *peinture-émail polyuréthane* et l'*émail à base de polyester,* tels le Durethane de Ditzler ou l'Imron de DuPont, étaient à la fine pointe de la technologie dans les années 1970. Incroyablement résistantes et brillantes, on les utilise à l'occasion pour les châssis des automobiles de collection, malgré les protestations de ceux qui trouvent qu'elles donnent une allure peu authentique. En fait, ces finis conservent un lustre qu'on n'aurait jamais pu obtenir avec les peintures plus anciennes. La *peinture acrylique à base d'uréthane,* apparue à la fin des années 1970, se sable aussi facilement que la laque et résiste presque aussi bien que la peinture-émail

166

polyuréthane et l'émail à base de polyester. Elle constitue un bon choix à l'heure de restaurer des surfaces défraîchies. Il existe également d'autres types de peinture, telle la *peinture aux résines acryliques époxydes,* que l'on peut se procurer dans des magasins spécialisés aux États-Unis ou auprès de fabricants européens. Murray songe aussi à utiliser un tout nouveau produit, les *pellicules de polyester,* en raison de leur durabilité. Au moment de choisir le type de peinture le plus indiqué pour la restauration, on doit tenir compte de sa capacité à produire un fini authentique de même que du niveau des compétences et des équipements requis, sans oublier qu'il faudra peut-être un jour effectuer des retouches. (Voir aussi ces articles du *Glossaire,* ainsi que *Rust-oleum, Détérioration sous les effets de la lumière,* et Joseph 1991, p. 18.)

La section **Bibliographie. Matériaux et techniques** qui vient ensuite reflète la nature pluridisciplinaire de l'œuvre de Robert Murray. Elle porte en effet sur des sujets aussi divers que le façonnage des métaux, la restauration de vieilles automobiles, la transformation et la finition industrielle des métaux, la conservation et la restauration, le coulage du bronze, le patinage des métaux, et l'histoire des peintures de fabrication contemporaine.

Fiona Graham a rédigé la plupart des articles et j'ai préparé les autres. On y trouvera des commentaires de Robert Murray (RM), tirés le plus souvent d'un entretien entre l'artiste et moi-même le 22 avril 1998.

Matériaux

Acier Cor-Ten

Mis au point par la United States Steel Corporation en 1933, il s'agit de l'un des premiers produits exclusifs dans le domaine de l'acier qui se patine naturellement. Ce type d'acier contient du cuivre et d'autres éléments qui renforcent la résistance à la corrosion en formant leur propre couche de protection oxydée. La version A de l'acier Cor-Ten résiste à la corrosion atmosphérique de cinq à huit fois plus que l'acier ordinaire, selon les conditions atmosphériques. On utilise souvent le nom de Cor-Ten pour désigner toutes sortes d'aciers se patinant naturellement (*Properties and Selection 1990,* p. 398). La US Steel produit de l'acier Cor-Ten de qualités diverses : A, B, B-QT, C, et High-Temp. Ses produits de catégorie A, B et C peuvent se façonner à froid avec les équipements et le savoir-faire dont on dispose normalement dans les usines. À noter cependant qu'il faut exercer des pressions légèrement plus fortes et opter pour des rayons de courbure plus grands que dans le cas d'un acier au carbone ordinaire (*Fiche de renseignements sur les produits de la USS,* nov. 1997). Le High-Temp est un acier laminé à chaud, à haute résistance et de faible alliage, qui possède des propriétés thermiques supérieures à celles de l'acier ordinaire destiné à la construction (*Fiche de renseignements sur les produits de la USS,* juin 1978).

Les artistes ont tendance à préférer l'acier patinable naturellement à cause de sa couleur rustique qui passe progressivement de l'orange à un ton roussâtre, puis du marron à sa couleur définitive, un brun cannelle pouvant se teinter de nuances bleuâtres. Toutefois, cette couche oxydée se marque facilement et les égratignures y deviennent pratiquement permanentes, se démarquant par leur couleur nettement distincte de celle que la surface acquiert au fil du temps. (Schodek 1993, p. 244). En outre, le degré de résistance à la corrosion de l'acier de patine naturelle dépend dans une large mesure de la conception de la sculpture aussi bien que des conditions ambiantes. L'eau qui s'accumule dans des cuvettes accélérera la corrosion de l'acier en surface. (Kim 1982, p. 124.)

Acier doux

Également connu sous le nom d'acier à faible teneur en carbone, l'acier doux n'a pas la solidité des autres types d'acier, mais en raison de sa très grande malléabilité, il adopte facilement des formes complexes. L'alliage contient jusqu'à 0,3 pour cent de carbone et s'inscrit dans les normes AISI–1005 à AISI–1030. (Brady et Clauser 1986, p. 143.)

Acier galvanisé

La galvanisation consiste à appliquer une couche de zinc à la surface de l'acier afin de protéger le métal de la corrosion. (Chaplin 1976, p. 487.)

Acryliques (peinture et peinture-émail)

On se sert de peintures aux résines acryliques pour le fini des automobiles, des appareils électroménagers, et une infinité d'autres applications. Ces peintures ont l'avantage de résister aux intempéries aussi bien qu'aux produits chimiques et à la chaleur. Quant aux inconvénients, elles n'adhèrent pas toujours adéquatement et elles ont tendance à être cassantes. (*Surface Engineering* 1990, p. 421–422. Voir aussi l'Introduction et Joseph 1991, p. 18)

Alkydes (peinture et peinture-émail)

On se sert de peintures aux résines alkydes pour les éléments de finition, comme émail d'extérieur et de façon plus générale pour le fini des métaux. Les avantages : fini très brillant, flexibilité, durabilité et versatilité. Les inconvénients : ce type de peinture résiste mal aux agents alcalins, il reste plutôt tendre et il a parfois tendance à jaunir. (*Surface Engineering* 1990, p. 421–422. Voir aussi l'*Introduction* et Joseph 1991, p. 18.

Aluminium

Ce métal blanc argenté offre de nombreux avantages tant à l'industrie qu'au sculpteur. Il est trois fois moins lourd que l'acier, et cependant certains de ses alliages ont autant de force que ce dernier. La couche oxydée qui se forme à la surface de l'aluminium le rend très résistant à la corrosion. On peut épaissir cette couche oxydée à l'aide d'un procédé électrolytique appelé *anodisation*. Une surface ainsi traitée résiste mieux à la corrosion, améliore les propriétés adhérentes de la peinture ou des adhésifs, donne un lustre satiné au métal et peut également se teindre, si l'on désire obtenir un fini coloré. (Street et Alexander 1995, p. 151–152; *Surface Engineering* 1990, p. 483; et *Colorants pour l'aluminium*). Le nettoyage par jet contrôlé de sable ou de billes de verre ouvre les pores du métal, ce qui facilite la pénétration du produit (voir *Billage* et *Sablage au jet*). L'aluminium se trouve alors privé de sa couche protectrice, ce qui le rend plus vulnérable (RM).

Anodisation

Voir *Aluminium* et *Colorants pour l'aluminium*.

Bronze

Le bronze est un alliage de cuivre et d'étain, parfois additionné d'un peu de zinc et de phosphore. Les sculpteurs apprécient sa capacité de reproduire les formes d'un moule avec une très grande fidélité. Sa surface peut prendre toute une gamme de couleurs lorsqu'on la soumet à un procédé de patinage chimique. (Voir aussi Rich 1947.)

Châssis

Voir *Coulage du bronze* et *Coulage au sable*.

Colorants pour l'aluminium

Les surfaces en aluminium *anodisé* peuvent absorber des teintures organiques et recevoir ainsi une finition dans un vaste choix de couleurs. Certains pigments minéraux peuvent être précipités dans les pores du métal et produire des couleurs stables, mais dans une gamme restreinte. À cause de la transparence des teintures organiques, la tonalité finale se modifie sur la surface de l'aluminium qui a la propriété de réfléchir les couleurs ambiantes. (*Surface Engineering* 1990, p. 483, 490.) On atténue la fragilité de la finition ainsi teinte en scellant la pellicule anodique avec une solution de sels métalliques, telle l'acétate de cobalt ou de nickel. (Avery 1988, p. 30.)

Couche d'apprêt

Comme son nom l'indique, la couche d'apprêt est la toute première couche de peinture que l'on applique à une surface donnée. Conçu pour assurer une bonne adhésion aux surfaces neuves, ce type de peinture peut être formulé en fonction des exigences particulières d'une surface donnée. (*Page d'accueil Internet de la National Paint and Coatings Association*). La composition des couches d'apprêt varie selon le genre de peinture qu'on a l'intention d'utiliser.

Hollingston Cocoon

Un architecte canadien aurait recommandé à Robert Murray ce produit qui, au dire du sculpteur, a servi pour peindre l'extérieur du Musée Guggenheim à New York, au début des années 1960. Appliqué par pulvérisation, le matériau forme une pellicule que l'on peut arracher ou décaper à l'aide de produits chimiques. Jusqu'à maintenant, je n'ai trouvé aucune information sur ce matériau et sa composition.

Laque

Terme générique qui désigne des pellicules souvent transparentes, très inflammables et dont le séchage, très rapide, se fait uniquement par l'évaporation des solvants. On peut reconstituer cette laque après le séchage en y ajoutant du solvant. (Voir aussi l'*Introduction* et la *Page d'accueil Internet de la National Paint and Coatings Association*.)

Laque de nitrocellulose

Voir l'*Introduction*.

Matières de charge

Il s'agit d'ingrédients que l'on ajoute à la peinture entre autres raisons pour en augmenter le pouvoir couvrant, réduire les coûts, garantir la durabilité, ou pour modifier son apparence. Ces matières sont moins dispendieuses que les pigments couvrants de première qualité, tel le bioxyde de titane. En voici quelques exemples : le sulfate de baryum, le carbonate de calcium, l'argile, le gypse, le silice et le talc. (Voir aussi *Introduction* et la *Page d'accueil Internet de la National Paint and Coatings Association*.)

Panneaux d'aluminium alvéolé

Élaborés au départ pour la fabrication d'aéronefs, ces panneaux servent également aujourd'hui en construction, pour fabriquer des bateaux, des voitures de course, des skis et une multitude d'autres produits à l'usage des sportifs. Il s'agit d'une feuille très mince faite d'un alliage d'aluminium et de manganèse que l'on façonne en cellules hexagonales, ou alvéoles. On y colle ensuite de part et d'autre une feuille d'aluminium ou de plastique, en formant un sandwich dans lequel les alvéoles occupent le milieu. Il en résulte des panneaux très légers mais d'une rigidité et d'une solidité incroyables. (Street et Alexander 1995, p. 161.)

Peinture-émail

Ce nom désigne une vaste catégorie de peintures au fini très dur et brillant une fois que la surface a séché. (Voir aussi l'*Introduction* et la *Page d'accueil Internet de la National Paint and Coatings Association*)

Peinture-émail polyuréthane

On a recours aux systèmes de peinture aux résines polyuréthanes dans l'industrie pour la finition d'aéronefs, le recouvrement des métaux et des plastiques, ainsi que comme peinture pour l'entretien des installations. Ces peintures ont des avantages pour le sculpteur, notamment une bonne résistance à l'abrasion et aux chocs, et une durabilité mécanique de choix face aux intempéries. (*Surface Engineering* 1990, p. 422.) Elles donnent des finis extrêmement durs et brillants et en outre, elles résistent bien aux rayons ultra-violets.

Peinture époxyde

Employée dans l'industrie comme peinture d'entretien pour les métaux et les électroménagers, elle sert également de couche d'apprêt dans l'industrie automobile. La peinture aux résines époxydes adhère très bien à la surface, résiste aux produits chimiques et à l'abrasion, et elle est à la fois souple et dure. Quant aux inconvénients, lorsqu'on l'utilise comme peinture d'extérieur, un blanchiment poudreux se forme assez vite (farinage) et la pellicule transparente a tendance à jaunir. (Voir aussi l'*Introduction* ainsi que *Surface Engineering* 1990, p. 422.)

Pellicules de polyester

On a récemment mis au point les pellicules ou films de polyester à dos adhésif pour utilisation sur les aéronefs. Elles éliminent la nécessité de recourir à des produits décapants toxiques avant de refaire les surfaces. Ces pellicules se présentent dans toute une gamme de couleurs et s'appliquent sur une couche d'apprêt transparente dont on pourra parfois se passer avec les formules plus récentes. Pour Murray, l'idée de pouvoir appliquer une couche uniforme pleine couleur et durable comporte un attrait évident : il trouvait enfin le produit miracle qu'il cherchait depuis toujours. (Voir aussi l'*Introduction* et « Supersonic Stickers » 1998, p. 26.)

Phénoplaste

Ce nom désigne habituellement la résine phénol-formaldéhyde, un matériau de moulage. Il s'agit de la plus ancienne résine synthétique thermodurcissable et la bakélite en est un des premiers exemples. Le phénoplaste possède des atouts importants – solidité, résistance chimique, fini brillant, coût modeste – qui en ont fait un produit d'usage très répandu. (Brady et Clauser 1986, p. 599; Rich 1947, p. 353–357.)

Q-decking

Ce matériau de construction se présente sous forme de tôles d'acier profilé préfabriquées que l'on utilise le plus souvent pour renforcer les planchers en béton. (Voir l'Entrevue avec Don Lippincott.)

Retardateurs

Ce sont des solvants très purs et à évaporation lente dont on se sert pour diluer la peinture dans les proportions voulues pour l'aspersion. (*Automobile Body Repair* 1951, p. 47.)

Rivet

Tige cylindrique à tête ronde ou fraisée qui sert à assembler deux tôles métalliques : après l'avoir introduite dans des trous forés, on aplatit son autre extrémité.

Rust-oleum

Il existe toute une gamme de produits Rust-oleum, y compris des convertisseurs de rouille, des revêtements temporaires détachables, des peintures époxydes, des pellicules transparentes, des composés de galvanisation à froid, et des couches d'apprêt et de finition aux résines alkydes. La marque Rust-oleum est surtout connue pour sa peinture antirouille qui convertit les oxydes, ce qui signifie qu'on n'a pas besoin de nettoyer les surfaces du fer et de l'acier avant de les peindre. Cette peinture transforme la rouille en une couche protectrice et laisse une pellicule de peinture à la surface. (Voir aussi les *Feuillets de renseignements des produits Rust-oleum* et l'*Introduction*.)

52

Techniques

Attaque

L'attaque est l'art et la science de créer des *descentes de coulée*, des *masselottes* et des *trous d'aération* dans le procédé de *coulage à la cire perdue*. Les *descentes* sont les *chenaux* d'alimentation par lesquels le métal est versé dans le moule. Les *masselottes* sont des ouvertures pratiquées dans le moule en guise de réservoirs de métal dont le refroidissement plutôt lent servira à compenser le rétrécissement à l'intérieur du moule. Les *trous d'aération* sont des tuyaux de cire qui deviendront des tunnels qui facilitent l'élimination de la cire fondue et laissent échapper l'air du moule à mesure que le métal y pénètre. (Voir *Repoussé*, *Décarottage* et *Entrée*, ainsi que McCreight 1986, p. 92).

Billage

Nettoyage d'une surface métallique à l'aide d'un jet sous pression d'une fine matière abrasive constituée de minuscules billes de verre. Il s'agit d'une pratique industrielle très répandue dans nombre d'applications. (Voir aussi *Sablage*, et *Surface Engineering* 1990.) Les billes de verre sont moins abrasives que le sable, et on peut également se servir de coquilles de noix (RM).

Brossage

Le brossage à moteur est une méthode de finition qui se fait à l'aide d'une roulette de fibres d'acier ou de laiton, ou encore de fibres non métalliques. Ce dispositif permet d'éliminer les lignes de coulée, le sable et autres protubérances attribuables au coulage. Il nettoie la rouille et les écailles avant l'application des couches de revêtement. Sur les surfaces planes, le brossage traite les égratignures de façon à produire une texture homogène. (Chaplin 1976, p. 480.) Le terme brossage s'applique également à une technique de *sablage* léger, utilisée notamment pour l'aluminium et qui n'élimine qu'une infime quantité de métal (RM; voir aussi *Sablage*.).

Figure 52
Robert Murray utilise la technique de
l'attaque sur le modèle de *Pointe-au-Baril III*.

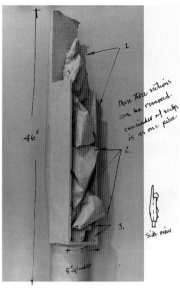

53

Chenal d'alimentation

Voir *Coulage du bronze* et *Attaque.*

Coulage du bronze

Le coulage du bronze peut produire des pièces creuses ou pleines. On réalise la plupart des pièces creuses selon deux méthodes : le procédé de *coulée à la cire perdue* ou celui du *moulage au sable*. Dans le premier cas, à partir d'une pièce en plâtre on fabrique une empreinte négative que l'on enduit d'une mince couche de cire avant de remplir le noyau d'un matériau ignifuge. Le noyau est alors goujonné à l'intérieur du moule négatif, et on y pratique des *descentes de coulée,* des *masselottes* et des *trous d'aération*. La cire fond sous les effets de la chaleur et la mince cavité se remplit de bronze en fusion. Lorsque le moule est rompu, la surface de bronze comporte des traces des chenaux et des trous d'aération qu'il faut éliminer. (Voir *Repoussé* et *Décarottage.*)

Quant au moulage au sable, il s'agit d'entasser du sable de moulage très fin autour d'un modèle en plâtre fractionné en plusieurs parties. On prépare chacune de manière à ce qu'elle laisse une empreinte négative dans le sable au moment où on la retirera. Ce moule est ensuite séché et durci au four, et un noyau interne de sable sur une armature métallique est suspendu entre les parois internes à l'aide d'aiguilles ou de clous. On réunit alors à l'aide de brides les châssis métalliques qui soutiennent les diverses pièces ainsi obtenues, puis on procède au coulage du bronze en fusion dans l'espace creux à travers les chenaux pratiqués dans le moule. Pour finir, le moule est cassé, révélant la pièce de bronze demeurée à l'intérieur (Rich 1947, p. 139–171.).

Une autre possibilité consiste à réaliser un modèle en cire (en bloc ou en feuille) ou en tout autre substance parfaitement combustible. Le modèle est ensuite installé sur une baguette de coulée en cire et posé sur un support. Une section de tuyau étanche placée autour servira de châssis. On prépare alors le *revêtement pour coulée,* un mélange crémeux fait d'un matériau semblable au plâtre, et on le verse sur le modèle, remplissant ainsi le châssis. Ce produit est desséché et calciné dans un four à potier, de manière à éliminer toute trace du modèle. Alors que le moule est encore chaud, on coule le métal en fusion qui y adopte la forme du modèle original. Une fois que le moule se refroidit, on le casse, obtenant ainsi une coulée en bronze solide. (McCreight 1986, p. 3.)

Coupage aux faisceaux laser

Le mot « laser » vient de l'acronyme de l'expression anglaise *light amplification by stimulated emission of radiation* (amplification de la lumière par émission stimulée de radiations). Un rayon laser est une source de lumière à haute énergie et à haute densité, qui a une seule longueur d'onde et qui se trouve « en phase », ce qui signifie que toutes les particules de lumière se déplacent ensemble, produisant une quantité considérable d'énergie. On peut générer un rayon laser à l'aide de CO_2 (gaz carbonique), de barreaux de cristaux de néodime YAG (laser au grenat d'yttrium et d'aluminium), ou de barreaux de rubis. Le faisceau est créé en excitant les atomes de la matière contenue dans une machine de coupage aux faisceaux laser, ce qui leur fait émettre un flot de lumière constant dans une seule longueur d'onde parfaitement constante. Cette lumière est réfléchie dans un mouvement d'aller-retour entre des miroirs spécialement traités, jusqu'à ce que l'on atteigne le degré d'énergie désiré. On relâche ensuite le faisceau pour attaquer le métal à couper. Le contact dégage une énergie calorifique qui fait fondre le métal. L'oxygène ou un gaz inerte – qui ne génère pas de réaction chimique – peut servir de gaz auxiliaire pour retirer le métal fondu de l'entaille ou de la *saignée* avant qu'il ne se resolidifie. Un des avantages de cette méthode de coupage réside dans le fait que le générateur du faisceau n'a pas besoin de se trouver à proximité du lieu de coupage, la lumière pouvant être défléchie par les miroirs et acheminée vers des points difficiles à atteindre. Mais il y en a d'autres, notamment : le métal à couper ne fait pas partie du circuit électrique; le rayon laser pratique une saignée très très fine et sa chaleur n'affecte qu'une toute petite surface; il permet de creuser des trous extrêmement profonds mais d'un diamètre très réduit; la machine à couper est assez silencieuse et ne dégage que très peu de vapeurs; on peut aussi automatiser l'équipement et reproduire à volonté des entailles identiques (Althouse *et al.* 1997, p. 499–500, 564). Le coupage aux faisceaux laser ressemble assez au coupage par jet de plasma, avec en plus une propreté accrue et moins de résidus dans l'entaille (RM).

Figure 53
Préparation du modèle en plâtre pour le
coulage de *Lazare*.

Coupage oxyacétylénique (oxycoupage)

L'acétylène (C_2H_2) est un gaz composé de deux atomes de carbone et de deux atomes d'hydrogène. Lorsque l'acétylène brûle dans une atmosphère qui contient de l'oxygène, on obtient une flamme dont la température de combustion est l'une des plus élevées qui soient. Cette flamme fait fondre le métal le long d'une ligne qui détermine la forme et la taille de la pièce découpée. Il arrive fréquemment que des dispositifs mécaniques ou électroniques (informatisés) règlent le porte-tête de coupe. (Chaplin 1976, p. 393; Althouse *et al.* 1997, p. 741.)

Coupage par jet de plasma (PAC)

Le coupage par jet de plasma se fait à l'aide d'un arc électrique et de gaz ionisés de flux rapide, de manière à fondre et à couper la plupart des métaux, y compris l'aluminium et l'acier inoxydable. On peut également y avoir recours pour le soudage des joints de métal ou pour couper d'autres matériaux non métalliques, tel le béton. Le métal fond sous la chaleur dégagée par l'arc de plasma. Ensuite, le métal en fusion est évacué par des gaz protecteurs soufflés à grande vitesse. Le coupage par jet de plasma utilise une électrode de tungstène reliée à une source de courant direct et à des gaz comprimés; ce procédé nécessite une buse de coupe refroidie à l'eau et des contrôles appropriés, car on s'en sert le plus souvent avec des dispositifs de coupage automatiques. Le courant est contrôlé par des dispositifs intégrés à la source électrique. D'habitude, le soudeur règle manuellement le débit de l'eau servant à refroidir le chalumeau. Le coupage par jet de plasma étant un procédé très bruyant, l'opérateur doit se protéger avec des bouche-oreilles ou des serre-tête antibruit, et pour communiquer, il doit parfois se servir d'un système de type walkie-talkie. Il doit également se munir d'un casque réglementaire, de gants et de vêtements protecteurs, et respecter toute autre exigence en matière de sécurité (Althouse *et al.* 1997, p. 69.)

Décarottage

Dans le contexte de la finition d'une sculpture après le coulage, le décarottage désigne le procédé où le métal est buriné et poli de façon à éliminer les *entrées,* les *descentes de coulée,* les imperfections les plus évidentes et les lignes de jonction, ainsi qu'à mettre les incisions en relief. (Voir *Attaque* et *Repoussé,* ainsi que Rich 1947, p. 169–171.) Au cours du processus, on nettoie les résidus laissés par le moulage avec des jets d'eau projetés à l'intérieur de la sculpture – c'est la partie la plus salissante de l'opération (RM).

Descente de coulée

Voir *Entrée, Attaque* et *Coulage du bronze.*

Entrée

Dans le procédé de coulage, chacun des multiples chenaux ou conduits qui, à partir du chenal principal, ou *descente de coulée,* amènent le métal fondu dans la partie vide du moule. On donne aussi ce nom à l'excédent de métal se solidifiant dans ces conduits. (Voir Mayer 1969, p. 162.)

Essais au spectromètre

La spectrométrie est le terme générique désignant les méthodes analytiques qui servent à mesurer la couleur. Dans l'entrevue, Robert Murray fait allusion à la décomposition d'un échantillon de couleur en des éléments mesurables afin que l'on puisse reproduire ou imiter cette couleur. (Voir *Precise Color Communication,* 1994.)

Façonnage

Ce terme désigne le travail des matériaux, en l'occurrence des métaux, de manière à leur donner la forme voulue. Parmi les techniques de façonnage que Murray utilise dans ses sculptures, citons notamment le *laminage,* le *coupage,* le soudage, et le recours à des presses-plieuses et à des presses mécaniques. Les machines utilisées par Murray sont immenses et peuvent plier et couper d'énormes plaques d'acier. (Voir aussi Schodek 1993 et Street et Alexander 1995.)

Façonnage à la presse-plieuse

La presse-plieuse est un dispositif qui sert à plier les tôles lourdes de métal ou d'acier, selon l'angle désiré. Les sculptures métalliques de Murray ont été façonnées à l'aide de presses hydrauliques gigantesques, de presses-plieuses et de presses à plateaux. Cette dernière sert à plier les bords de la tôle. Elle diffère de la presse-plieuse qui, elle, plie et façonne le métal en exerçant de la pression sur des matrices spéciales. Quelques matrices standard suffisent à produire une grande diversité de plis et de formes. Outre ses propriétés plieuses, la presse sert à faire des entailles, des perforations, du découpage, du redressage, du rognage et du profilage. (Chaplin 1976, p. 264–265.)

Laminoir

Dans un laminoir, l'acier passe sous des ensembles successifs de rouleaux qui le compriment afin de réduire l'épaisseur de la tôle. Au départ, toute tôle d'acier est soumise à ce laminage thermique. Certaines sont ensuite laminées à froid lorsqu'on désire obtenir un produit plus mince et plus lisse. (« Let's Forge Ahead » 1981.)

Lavage acide

Murray a eu recours à cette technique d'attaque chimique, ou nettoyage, sur l'aluminium pour rendre la surface plus rugueuse et mieux y faire adhérer la couche d'apprêt. Après avoir appliqué sur la surface une substance acide, habituellement l'acide phosphorique, on la rince ensuite à l'eau. Les acides ont la propriété de dissoudre les oxydes qui normalement demeurent insolubles dans d'autres solutions. Cette technique fait habituellement partie de l'étape préparatoire pour la finition des métaux. (*Surface Engineering* 1990, p. 4.)

Lavage alcalin

Le lavage alcalin, que l'on appelle aussi dégraissage alcalin, est une solution de rechange au lavage acide pour la préparation d'une surface métallique. Des produits nettoyants alcalins tels l'hydroxyde de sodium (soude caustique) ou le phosphate trisodique dégraissent rapidement les surfaces métalliques. Ces solutions contiennent habituellement des agents inhibiteurs qui empêchent les produits d'attaquer le métal. (Chaplin 1976, p. 475.)

Masselottes

Voir *Coulage du bronze*.

Métallisation

Tous les types de soudage, quels qu'ils soient, consistent en l'union de deux ou plusieurs pièces de métal par l'application d'une source de chaleur ou de pression, avec ou sans matériau d'apport. Le transfert de la métallisation par soudage à l'arc sous protection gazeuse a lieu lorsque le courant et le voltage sont réglés à une température supérieure à celle qu'il faut pour le transfert globulaire. Au moment de la métallisation, il se forme de fines gouttelettes de métal qui se déplacent à très grande vitesse directement sous l'arc, et rejoignent le bain de fusion. La métallisation ne peut avoir lieu qu'en présence d'un pourcentage élevé d'argon. Lorsqu'il s'agit de souder des alliages et métaux non ferreux, il faut protéger la surface avec de l'argon pur à 100 pour 100. Pour le carbone, l'acier de faible alliage ou l'acier inoxydable, il faut un mélange protecteur avec 90 pour 100 d'argon. (Althouse *et al.* 1997, p. 368.) Dans le cas de métallisation mentionné par Murray durant l'entrevue, le bronze en fusion a été dispersé à travers un arc au plasma sous forme de fines gouttelettes, puis lié en une fine couche au subjectile en acier.

Bibliographie. Matériaux et techniques

Althouse et al. 1997
Althouse, Andrew, et al., Modern Welding, Tinley Park (Ill.), Goodheart-Willcox, (1967), 1997.

Automobile Body Repair 1951
Automobile Body Repair and Paint Guide, Detroit (Mich.), Briggs Manufacturing Company, 1951.

Avery 1988
Avery, Robin, « Techniques Used in the Fabrication and Joining of Metals », dans Modern Metals in Museums (sous la direction de Robert E. Child et Joyce M. Townsend), Londres, Institute of Archaeology Publications, 1988.

Barclay 1992
Barclay, M. H., « Les produits à peindre des œuvres canadiennes abstraites dans les années 1950 », dans Denise Leclerc, La crise de l'abstraction au Canada. Les années 1950, Ottawa, Musée des beaux-arts du Canada, 1992, p. 205–231.

Brady et Clauser 1986
Brady, George S., et Henry R. Clauser, Materials Handbook, New York, McGraw-Hill, 12e éd., 1986, p. 143.

Chaplin 1976
Chaplin, Jack W., Metal Manufacturing Technology, Bloomington (Ill.), McKnight Publishing, 1976.

Feuillets de renseignements des produits Rust-oleum.

Fiche de renseignements sur les produits de la USS, juin 1978.

Fiche de renseignements sur les produits de la USS, nov. 1997.

Fishlock 1962
Fishlock, David, Metal Colouring, Teddington, Londres, Robert Draper, 1962.

Hughes et Rowe 1991
Hughes, Richard, et Michael Rowe, The Colouring, Bronzing, and Patination of Metals, Londres, Thames and Hudson, (1982), 1991.

Joseph 1991
Joseph, Matt, « All about Paint », Cars and Parts: The Magazine Serving the Car Hobbyist, avril 1991.

Judd 1975
Judd, Donald, « Complaints: Part I », Studio International, avril 1969; « Complaints: Part II », Arts Magazine, vol. 1 (mars 1973). Réimpression dans Donald Judd, Complete Writings 1959–1975: Gallery Review, Book Reviews, Articles, Letters to the Editor, Reports, Statements, Complaints, Halifax et New York, The Press of the Nova Scotia College of Art and Design, et New York University Press, 1975, p. 197–199, 207–211.

Kim 1982
Kim, Youngia Lee, « Appendix 1: Conservation of Outdoor Sculpture », dans Patrick J. Kelleher, Living with Modern Sculpture: The John B. Putnam, Jr., Memorial Collection, Princeton University, Princeton (N.J.), The Art Museum, Princeton University, 1982.

« Let's Forge Ahead » 1981
« Let's Forge Ahead with the Shape of Things to Come », 2e partie de Basics of Metallurgy, A Four-part Series, Stelco Update, no 14 (déc. 1981).

Marshall 1995
Marshall, Albert, « A Study of the Surfaces of David Smith's Sculpture », dans Conservation Research 1995: Studies in the History of Art, Monograph Series, no 51, Washington, National Gallery of Art, et University Press of New England, p. 87–109.

Mayer 1969
Mayer, Ralph, A Dictionary of Art Terms and Techniques. New York, Thomas Y. Crowell Company, 1969.

McCreight 1986
McCreight, Tim, Practical Casting: A Studio Reference, Cape Elizabeth (Maine), Brynmorgen Press, 1986, p. 3.

Murray 1966
Murray, Robert, « Bad Day at Long Beach (Calif.): First International Sculpture Symposium in the USA », Canadian Art, vol. 23, no 3 (juillet 1966), p. 6–9.

Page d'accueil Internet de la National Paint and Coatings Association
http://www.paint.org/terms.htm

Precise Colour 1994
Precise Colour Communication, Osaka, Minolta Company, 1994.

Properties and Selection 1990
Properties and Selection: Irons, Steels, and High-Performance Alloys, vol. 1 de Metals Handbook, Metals Park (Ohio), ASM International, 10e éd., 1990.

Rich 1947
Rich, Jack C., The Materials and Methods of Sculpture, Oxford, Oxford University Press, et New York, Dover Publications, 1947.

Schodek 1993
Schodek, Daniel L., Structure in Sculpture, Cambridge (Mass.), MIT Press, 1993.

Scully 1990
Scully, J. C., The Fundamentals of Corrosion, Oxford, Pergamon Press, 3e éd., 1990.

Snyder 1966
Snyder, Robert « Something Very Real: Robert Murray at Bethleem », Canadian Art, vol. 23, no 3 (juillet 1966), p. 10–11.

Street et Alexander 1995
Street, Arthur, et William Alexander, Metals in the Service of Man, Grande-Bretagne, Penguin Books, 10e éd., revue, 1995.

« Supersonic Stickers » 1998
« Supersonic Stickers », Popular Science, janvier 1998, p. 26.

Surface Engineering 1990
Surface Engineering, vol. 5 de Metals Handbook, Metals Park (Ohio), ASM International, 10e éd., 1990.

Thomson 1986
Thomson, Garry, The Museum Environment, Londres, Butterworths, 2e éd., 1986.

LISTE DES EXPOSITIONS

Expositions individuelles

1965 New York a
Robert Murray: Painted Sculpture, Betty Parsons Gallery, New York, 30 mars–17 avril.

1966 New York a
Robert Murray, Betty Parsons Gallery, New York, 13–31 déc.

1967 New York a
Robert Murray / Sculpture, The Jewish Museum, New York, juillet–oct.

1967 Toronto a
Robert Murray, David Mirvish Gallery, Toronto, 4–28 mai.

1967 Toronto b
Cumbria, Musée des beaux-arts de l'Ontario, Toronto.

1968 New York a
Robert Murray Sculpture, Betty Parsons Gallery, New York, 8–26 oct.

1968 Toronto
Robert Murray Sculpture, David Mirvish Gallery, Toronto, 18 mai–16 juin.

1969 New York
Lumbria, Cultural Affairs Department, Battery Park, New York.

1971 New York
Robert Murray at Hammarskjöld Plaza Sculpture Garden, Dag Hammarskjöld Plaza, New York, déc. 1971–février 1972.

1972 Toronto a
Recent Sculpture by Robert Murray, David Mirvish Gallery, Toronto, 28 oct.–25 nov.

1974 New York
Robert Murray, Paula Cooper Gallery, New York, 6 nov.–4 déc.

1974 Toronto
Recent Sculpture by Robert Murray, David Mirvish Gallery, Toronto, 9 mars–3 avril.

1975 Toronto a
Robert Murray: Recent Sculpture, David Mirvish Gallery, Toronto, 15 février–12 mars.

1975 Toronto b
Small Works, David Mirvish Gallery, Toronto.

1975 Toronto c
Recent Sculpture by Robert Murray, David Mirvish Gallery, Toronto, 13 sept.–8 oct.

1977 Chicago
Robert Murray, Boyd Gallery, Chicago.

1977 Houston
Janie C. Lee Gallery, Houston (Texas).

1977 New York a
Robert Murray, Hamilton Gallery of Contemporary Art, New York, 17 sept.–8 oct.

1978 Houston
Robert Murray: Sculpture, Sewel Art Gallery, Rice University, Houston (Texas), 14 février–8 avril.

1979 Dayton
Robert Murray: A Sculpture Exhibition, The Dayton Art Institute, Dayton (Ohio), 11 mai–8 juillet; présentée à The Columbus Museum of Art, Columbus (Ohio), 29 juillet–2 sept.

1979 New York
The Red Show, Hamilton Gallery of Contemporary Art, New York, 10–31 mars.

1979 Toronto a
Robert Murray: New Sculpture, Klonaridis Gallery, Toronto, 20 oct.–9 nov.

1980 New York a
Robert Murray: New Sculpture, Hamilton Gallery, New York, 7 mars–5 avril.

1981 Toronto
Robert Murray: New Sculpture, Klonaridis Gallery, Toronto, 23 mai–20 juin.

1982 New York a
Robert Murray: Blues Works in Aluminum and Bronze, Hamilton Gallery, New York, 30 avril–29 mai.

1982 Toronto
Robert Murray: Watercolours, Klonaridis Gallery, Toronto, 27 nov.–23 déc.

1983 Exeter
Working Models, Lamont Gallery, Phillips Exeter Academy, Exeter (N.H); présentée à la Sam Houston Gallery, Vancouver.

1983 Victoria
Robert Murray: Sculpture and Working Models, Art Gallery of Greater Victoria, Victoria, 24 juin–7 août.

1984 New York
Robert Murray / Janet Stayton, Hamilton Gallery of Contemporary Art, New York.

1985 Rome
Robert Murray: Working Models, Centro Culturale Canadese, Rome, 3–26 avril.

1985 Toronto
Recent Sculpture, Gallery One, Toronto, 4–23 mai.

1986 Atlanta
Gallery 291, Atlanta (Géorgie).

1986 New York a
Robert Murray: Recent Sculpture, Richard Green Gallery, New York, 11 oct.–8 nov.

1987 Los Angeles
Richard Green Gallery, Los Angeles.

1990 Wilmington
Robert Murray: Sculpture and Working Models, Delaware Art Museum, Wilmington (Del.), 6 oct.–25 nov.

1992 Allentown
Inventing Forms: Robert Murray, Muhlenberg College, Allentown (Penn.), 23 janvier–5 mars.

1993 Kutztown
Robert Murray, New Arts Program Exhibition Space, Kutztown (Penn.), 8 oct.–6 nov.

1994 New York a
Robert Murray: Recent Paintings and Sculptures, Andre Zarre Gallery, New York, 8 nov.–3 déc.

1994 Reading
Robert Murray Retrospective, Reading Public Museum, Reading (Penn.), 11 sept.–20 nov.

1994 Toronto
Robert Murray: Installation of Shaped Canvases and Prints, Mira Godard Gallery, Toronto, 12–26 février.

1996 New York
Robert Murray: Selected Small Sculptures from the 80's and 90's, Andre Zarre Gallery, New York, 7 mars–6 avril.

1997 Hamilton
Robert Murray, Grounds for Sculpture, Hamilton (N.J.), 10 mai–6 juillet.

1998 Hamilton
Hillary, Grounds for Sculpture, Hamilton (N.J.).

Expositions collectives

1962 Ottawa
Exposition en plein air de sculptures canadiennes, Galerie nationale du Canada, Ottawa, 29 juin–3 sept. En tournée. 14 sept. 1962–30 mai 1963 : Université Carleton, Ottawa, Musée du Nouveau-Brunswick, St-Jean; Public Library and Art Gallery, London; Agnes Etherington Art Centre, Kingston; Art Gallery of Greater Victoria; Winnipeg Art Gallery; Calgary Allied Arts Centre; Nova Scotia College of Art, Halifax; Norman MacKenzie Art Gallery, Regina.

1963 Montréal
80ᵉ Salon annuel du printemps, Musée des beaux-arts de Montréal, 5 avril–5 mai.

1963 Toronto
Sculpture Show, Jerold Morris International Gallery, Toronto.

1964 Montréal
Après un an. La collection Saidye et Samuel Bronfman d'art canadien, Musée des beaux-arts de Montréal, 1ᵉʳ oct.–1ᵉʳ nov.

1964 New York a
Group No. 1, Fischbach Gallery, New York, 4–29 oct.

1964 New York b
World Show, Washington Square Galleries, New York.

1964 New York c
Artists Select, Contemporary Study Wing, Finch College Museum of Art, New York, 15 oct.–15 déc.

1964 New York d
1964 Annual Exhibit of Contemporary American Sculpture, Whitney Museum of American Art, New York, 9 déc. 1964–31 janvier 1965.

1964 Toronto a
Canadian Sculpture Today, Dorothy Cameron Gallery, Toronto, Part I : 20 mars–5 avril; Part II: 10–26 avril.

1964 Toronto b
Fourth Annual Exhibition of Sculpture: The Human Form in Twentieth Century Sculpture, Hart House, Toronto, 1ᵉʳ juillet–5 oct.

1965 Long Beach
Sculpture Symposium, California State University, Long Beach.

1965 New York b
Shape and Structure: 1965, Tibor de Nagy Gallery, New York, 5–23 janvier.

1965 New York c
Young America 1965, Whitney Museum of American Art, New York, 23 juin–29 août.

1965 New York d
Sculpture from all Directions, World House Gallery, New York, 1ᵉʳ–26 nov.

1965 Toronto
Art and Engineering, Musée des beaux-arts de l'Ontario, Toronto, 13 février–14 mars.

1966 Lausanne
2ᵉ Salon International de Galeries Pilotes; Artistes et découvreurs de notre temps, Musée Cantonal des Beaux-Arts, Lausanne, Suisse, 12 juin–2 oct.

1966 New York b
20th Anniversary 1946–1966: Pattern Art, Betty Parsons Gallery, New York, 4–29 oct.

1966 New York c
Annual Exhibition 1966: Contemporary Sculpture and Prints, Whitney Museum of American Art, New York, 16 déc. 1966–5 février 1967.

1966 Toronto
Four Sculptors, Hart House, Université de Toronto.

1967 Boston
Nine Canadians, Institute of Contemporary Art, Boston (Mass.), 19 mai–21 juin.

1967 Buenos Aires
Premio Internacional, Centro des Artes Visuales del Instituto Torcuato di Tella, Buenos Aires, Argentine, 29 sept.–29 oct.

1967 Los Angeles
American Sculpture of the Sixties, Los Angeles County Museum of Art, Los Angeles, 28 avril–25 juin; présentée au Philadelphia Museum of Art, 15 sept.–29 oct.

1967 Montréal
Sculpture Canada – Expo '67, Montréal, 28 avril–27 oct.

1967 New York b
Group Sculpture Exhibition, Student Union Building, New York University, New York, février–mars.

1967 New York c
Architecture-Sculpture, School of Visual Arts Gallery, New York.

1967 New York d
Guggenheim International Exhibition 1967: Sculpture from Twenty Nations, Solomon Guggenheim Museum, New York, 20 oct. 1967–4 février 1968. Tournée : Musée des beaux-arts de l'Ontario, Toronto, 24 février–24 mars; Galerie nationale du Canada, Ottawa, 26 avril–9 juin; Musée des beaux-arts de Montréal, 28 juin–18 août.

1967 New York e
Art of the 20th Century, Whitney Museum of American Art, New York.

1967 New York f
Sculpture in Environment, New York Cultural Affairs Department, New York, 1ᵉʳ–31 oct.

1967 Regina
Statements: 18 Canadian Artists, Norman Mackenzie Art Gallery, Université de la Saskatchewan, Regina, 16 nov.–17 déc.

1967 Toronto c
New Sculpture: Seventh Annual Exhibition of Sculpture, Hart House, Université de Toronto, 10 juillet–1ᵉʳ oct.

1967 Toronto d
Sculpture '67, Hôtel de ville de Toronto, été 1967, parrainée par la Galerie nationale du Canada, Programme du Centenaire.

1968 Montréal
Exposition collective. Jack Bush, Helen Frankenthaler, Kenneth Noland, et al., Galerie du Siècle, Montréal, 6 février–2 mars.

1968 New York b
1968 Annual Exhibition: Contemporary American Sculpture, Whitney Museum of American Art, New York, 17 déc. 1968–9 février 1969.

1968 New York c
Betty Parsons Private Collection, Cranbrook Academy of Art, Michigan and Finch College, New York, 22 sept.–20 oct.; présentée à la Brooks Memorial Art Gallery, Memphis (Tenn.), 1ᵉʳ nov.–1ᵉʳ déc.

1968 Paris
Canada. Art d'aujourd'hui, Musée d'art moderne, Paris, 12 janvier–février; Galleria Nazionale d'Arte Moderna, Rome, 10 mai–9 juin; Musée Cantonal des Beaux-Arts, Palais de Rumine, Lausanne, 16 juillet–25 août; Palais des Beaux-Arts, Bruxelles, 20 sept.–20 oct.

1969 Detroit
Sculpture Downtown, State Council of the Arts, Detroit (Mich.).

1969 Grand Rapids
American Sculpture of the Sixties, Grand Rapids Art Museum, Grand Rapids (Mich.), 22 mars–24 mai.

1969 Minneapolis
14 Sculptors: The Industrial Edge, Walker Art Center, Minneapolis (Min.), 29 mai–21 juin.

1969 São Paulo
Xᵉ Biennale de São Paulo, São Paulo, Brésil, sept. 1969–janvier 1970, organisée par la Galerie nationale du Canada.

1969 Vancouver
Collection of Ron and Marietta Longstaffe, Musée des beaux-arts de Vancouver, 1969;

1970 Cincinnati
Monumental Art, Contemporary Arts Center, Cincinnati (Ohio), 13 sept.–1er nov.

1970 New York
1970 Annual Exhibition: Contemporary American Sculpture, Whitney Museum of American Art, New York.

1970 Saint-Paul
L'art vivant aux États-Unis, Fondation Maeght, Saint-Paul-de-Vence, France, 16 juillet–30 sept.

1970 Sydney
Power Bequest Exhibition, Watters Gallery, Sydney, Australie, 13 sept.–1er nov.

1970 Toronto
The Opening, David Mirvish Gallery, Toronto, 19 sept.–10 oct.

1970 Vancouver
Ronald Bladen / Robert Murray, Musée des beaux-arts de Vancouver, 9–29 mars.

1971 Anvers
Biennale d'Anvers, Belgique.

1971 Boston
Monumental Sculpture, City Hall Plaza, Boston (Mass.).

1971 Chicago
49th Parallel: New Canadian Art, Museum of Contemporary Art, Chicago, avril; présentée aussi au John and Mable Ringling Museum of Art, Sarasota.

1971 Ottawa
Lithographies. Nova Scotia College of Art and Design, mise en tournée par la Galerie nationale du Canada en 1971–1972.

1971 Paramus
Sculpture in the Park, Van Saun Park, Paramus (N.J.).

1972 Toronto b
Masters of the Sixties, David Mirvish Gallery, Toronto; présentée à l'Edmonton Art Gallery, Edmonton, et à la Winnipeg Art Gallery, Winnipeg.

1972 Vancouver
Impact, Musée des beaux-arts de Vancouver.

1973 Grand Rapids
Sculpture Off the Pedestal, Grand Rapids Art Museum, Grand Rapids (Mich.).

1973 New York
Contemporary American Art, Whitney Museum of American Art, New York.

1973 Regina
Emma Lake Workshop, Norman MacKenzie Art Gallery, Regina, 21 sept.–21 oct.

1974 Newport
Monumenta: A Biennial Exhibition of Outdoor Sculpture, Newport (R.I).

1975 Amherst
Artist & Fabricator, Fine Arts Center Gallery, University of Massachusetts, Amherst, 23 sept.–9 nov.

1975 Houston
Monumental Sculpture, Houston (Texas).

1975 Londres
The Condition of Sculpture: A Selection of Recent Sculpture by Younger British and Foreign Artists, Hayward Gallery, Londres, 29 mai–13 juillet.

1975 New York
Group Show, Sculpture Now Inc., New York, 1975.

1975 Toronto d
International and Canadian Contemporary Art, Musée des beaux-arts de l'Ontario, Toronto.

1975 Washington
Inaugural Exhibition. The Hirshhorn Museum and Sculpture Garden, Smithsonian Institution, Washington (D.C.), 1er oct. 1974–sept. 1975.

1976 Philadelphie
Watercolors by Robert Murray and Toni Onley, Olympia Galleries Ltd., Philadelphie (Penn.), 21 nov.–31 déc.

1976 Stamford
American Salon des Refusés, Stamford Museum and Nature Center, Stamford (Conn.).

1977 Akron
Project: New Urban Monuments, Akron Art Institute, Akron (Ohio), 1er mai–19 juin; en tournée, 1977–1979.

1977 New York b
Sculpture in a Constructivist Tradition, Hamilton Gallery of Contemporary Art, New York, 4 février–2 mars.

1977 New York c
Drawing Today in New York, Hamilton Gallery of Contemporary Art, New York.

1977 Toronto
Recent works by Paul Fournier, Erik Gamble, K.M. Graham, Andrew Hudson, Robert Murray, Alan Reynolds, Paul Sloggett, Daniel Solomon, David Mirvish Gallery, Toronto, 19 mars–12 avril.

1978 New York
In Small Scale, Hamilton Gallery of Contemporary Art, New York; et Marion Lock Gallery, Philadelphie (Penn.), 1978–1979.

1978 Toronto a
Group Show, David Mirvish Gallery, Toronto.

1978 Toronto b
Group Show, Mira Godard Gallery, Toronto.

1979 New York
Recent Acquisitions, The Metropolitan Museum of Art, New York, oct. 1979.

1979 Paris
Robert Murray, Douglas Bentham, André Fauteux, Centre culturel canadien, Jardin de sculpture, Paris, 20 février–6 mai, et 3 juin–15 sept.

1979 Toronto b
Sculpture X, Université York, Toronto.

1980 Montréal
Gallery Artists Klonaridis Inc. Toronto, Galeries d'art Sir George Williams, Université Concordia, Montréal, 1er–28 mai.

1980 New York b
New Acquisitions / 20th Century Art, The Metropolitan Museum of Art, New York.

1980 New York c
Robert Murray / Janet Stayton, Hamilton Gallery of Contemporary Art, New York.

1981 Amherst
Selections from the Chase Manhattan Bank Collection, University of Massachusetts, Amherst (Mass.).

1981 New York a
New Work: Hare, Torreano, Snyder, Murray, Hamilton Art Gallery, New York, 20 déc. 1980–25 janvier 1981.

1981 New York b
Bronze Show, Hamilton Gallery of Contemporary Art, New York.

1982 New York b
Collaborations, The Metropolitan Museum of Art, New York.

1982 San Francisco
Bronzes, Fuller Goldeen Gallery, San Fransisco.

1982 Scarborough
Contemporary Outdoor Sculpture, The Guild, Scarborough (Ontario).

1983 (?) New York
Minimalism, Bard Collection, Annandale-on-Hudson, New York, 1983 (?)

1984 Mountainville
Twentieth-Century Sculpture: Selections from The Metropolitan Museum of Art, Storm King Art Center, Mountainville (N. Y.), 18 mai–31 oct.

1984 New York
Iron Cast, Pratt Institute, New York, 6 mars–8 juin.

1984 Ottawa
Reflets. L'art contemporain à la Galerie nationale du Canada depuis 1964, Galerie nationale du Canada, Ottawa, 11 mai–26 août.

1984 Rohnert Park
The Condition of Bronze, Sonoma State
University Art Gallery, Rohnert Park (Cal.).

1984 Trenton
Johnson Atelier, New Jersey State Museum,
Trenton (N.J.), automne 1984.

1984 Washington
Iron Cast, Public Art Trust, Washington
Square, Washington (D.C.), 6 mars–8 juin.

1986 New York b
Group Show, Lexington Avenue Building,
[présentée par Phyllis Tuchman], New York.

1987 Long Island
Nothing but Steel, The Lab, Cold Spring
Harbor, Long Island (N. Y.).

1987 Saskatoon
*Tradition and Innovation: Saskatoon Art and
the 1950's*, Mendel Art Gallery, Saskatoon,
11 août–27 sept. Exposition itinérante.

1988 New York
May 20th Anniversary Exhibition, Paula
Cooper Gallery, New York, 6–28 sept.

1988 Ottawa
Installations d'ouverture, Musée des
beaux-arts du Canada, Ottawa.

1989 Boca Raton
Exhibition of Outdoor Sculpture, Boca Raton
Museum of Art, Boca Raton (Floride).

1989 Montréal
ArtLuminium, La Maison Alcan et la Galerie
d'art Lavalin, Montréal, 15 sept.–29 oct.

1989 Saskatoon
*The Flat Side of the Landscape: The Emma
Lake Artists' Workshops*, Mendel Art Gallery,
Saskatoon, 5 oct.–19 nov. Présentée à
Windsor, Edmonton, Vancouver et Regina,
avril 1990–avril 1991.

1990 Washington
Sculpture of the Americas into the Nineties,
Museum of Modern Art of the Americas,
Washington (D.C), 7 juin–8 sept.

1991 Pointe-au-Baril
*Watercolours by Robert Murray and Toni
Onley*, Pointe-au-Baril, Castor Island,
août 1991.

1992 Ottawa
*La crise de l'abstraction au Canada. Les
années 1950*, Musée des beaux-arts du
Canada, Ottawa, 12 mars–24 mai 1993; en
tournée à Québec, Regina, Calgary, et
Hamilton (Ontario), nov. 1992–janvier 1994.

1993 Atglen
*Atglen – 3 Installations: Michael Kessler,
Robert Murray, Bart Wasserman*, Atglen
(Penn.) 24 mai–13 juin.

1993 Parry Sound
*Robert Murray and Toni Onley: Prints and
Watercolours*, West Parry Sound District
Museum, Parry Sound (Ontario),
24 juillet–22 août.

1993 Saskatoon
The Urban Prairie, Mendel Art Gallery,
Saskatoon, 29 oct. 1993–2 janvier 1994;
en tournée en 1994–1995.

1993 Toronto
Vintage Modernist Works on Paper,
Christopher Cutts Gallery, Toronto,
15 juillet–14 août.

1994 Kleinburg
*Hidden Values: Contemporary Canadian Art
in Corporate Collections*, La Collection
McMichael d'art canadien, Kleinburg
(Ontario), 13 nov. 1994–5 février 1995.

1994 London
*Modern Metal: Roland Brener, Robert Murray,
Royden Rabinovitch – Sculpture from the
Canada Council Art Bank*, London Regional
Art and Historical Museums, London, 11 juin
1994–mai 1995.

1994 New York b
20th Anniversary Exhibition 1974–1994,
Andre Zarre Gallery, New York,
6 déc. 1994–29 janvier 1995.

1996 Hamilton
*Sydney K. Hamburger, Robert Murray, Joel
Perlman*, Grounds for Sculpture, Hamilton
(N.J.), 13 juillet–1er sept.

1997 Hamilton
Marisol, Robert Murray, Jay Wholley, Grounds
for Sculpture, Hamilton (N.J.),
10 mai–6 juillet.

1997 New York
Facets of Contemporary Sculpture, Two
Sculptors, Inc., New York, 19 sept.–1er nov.

1997 Philadelphie
Pennart, Kohn Pederson Fox Gallery,
University of Pennsylvania, Philadephie
(Penn.), 15 sept.–15 oct.

1998 Reading
Surrounding Sculpture, Freedman Gallery,
Albright College, Center for the Arts, Reading
(Penn.), 30 mai–3 juillet.

ROBERT MURRAY DANS LES COLLECTIONS D'INSTITUTIONS ET D'ENTREPRISES

Agnes Etherington Art Centre, Queen's University, Kingston (Ont.)

Alaska State Museum, Juneau

Allied Chemical Building, Houston

Art Gallery of Greater Victoria

Art Gallery of Nova Scotia, Halifax

Banque d'œuvres d'art du Conseil des arts du Canada, Ottawa

Banque Toronto-Dominion, Toronto

Bedford Road Collegiate Art Collection, Saskatoon

Berkeley Art Museum, University of California

Bradley Collection, Milwaukee

Champlain College, Trent University, Peterborough (Ont.)

Chase Manhattan Bank Collection, Wilmington (Del.)

Columbus Museum of Art, Columbus (Ohio)

Dayton Art Institute, Dayton (Ohio)

Delaware Art Museum, Wilmington

Engineering Building, Université de Toronto

Everson Museum, Syracuse (N.Y)

Fine Arts Center, University of Massachusetts, Amherst

Hinsdale Junior High School, Hinsdale (Ill.)

Hirshhorn Museum and Sculpture Garden, Smithsonian Institute, Washington

Honeywell Inc, Minneapolis

Hôtel de ville de Saskatoon

Institut national canadien pour les aveugles, Toronto

Larry Aldrich Museum of Contemporary Art, Ridgefield (Conn.)

Mendel Art Gallery, Saskatoon

Ministère de la Défense nationale, Ottawa

Ministère des Affaires étrangères et du Commerce extérieur, Ottawa

Morris and Helen Belkin Art Gallery, Université de la Colombie-Britannique, Vancouver

Musée des beaux-arts de l'Ontario, Toronto

Musée des beaux-arts de Montréal

Musée des beaux-arts de Vancouver

Musée des beaux-arts du Canada, Ottawa

Musée du Nouveau-Brunswick, Saint-Jean

Museum of Contemporary Art, Sydney, Australie

New Jersey State Museum, Trenton

Novacor Chemicals, Sarnia (Ont.)

Reading Public Museum and Art Gallery, Reading (Penn.)

Robert McLaughlin Gallery, Oshawa (Ont.)

Saskatchewan Arts Board, Regina

Sheldon Museum, University of Nebraska, Lincoln

Simon Fraser Gallery, Burnaby (C.-B.)

State University of New York, College at Fredonia

Storm King Art Center, Mountainville (N.Y.)

Swarthmore College, Swarthmore (Penn.)

The Detroit Institute of Arts

The Gallery / Stratford, Stratford (Ont.)

The Metropolitan Museum of Art, New York

University Art Museum, California State University, Long Beach

University College, Université de Toronto

University of Alberta, Edmonton

University of Massachusetts, Amherst

University of Toronto Art Centre, University College

Upland County Day School, Kennett Square (Penn.)

Vassar Art Gallery, Vassar College, Poughkeepsie (N.Y.)

Walker Art Center, Minneapolis

Wayne State University, Detroit

Whitney Museum of American Art, New York

BIBLIOGRAPHIE CHOISIE

Livres et périodiques

Aarons 1966 a
Aarons, Anita (sous la direction de), *Allied Arts Catalogue*, vol. 1, nᵒˢ 1–48, oct. 1966, Publications Board of the Royal Architectural Institute of Canada, Toronto, 1966.

Aarons 1966 b
Aarons, Anita, « New Forms – Sculpture and Architecture, Totems or Monuments? », *Architecture Canada*, vol. 43, nᵒ 9, sept. 1966, p. 17–18.

Adamson 1967
Adamson, Jeremy, *Seventh Annual Exhibition of Sculpture*, Toronto, Hart House, Université de Toronto, 1967 (catalogue d'exposition).

AGO: The Canadian Collection 1970
Art Gallery of Ontario: The Canadian Collection, Toronto, McGraw-Hill, 1970.

Allen 1980
Allen, Karyn, *David Craven / Harold Klunder*, Winnipeg, Winnipeg Art Gallery, 1980 (catalogue d'exposition).

Allison 1965
Allison, Lawrence, « The Art of Welding Talent Together », *Los Angeles*, oct. 1965 (copie).

Alloway 1966
Alloway, Lawrence (introduction de), *Pattern Art: 20th Anniversary 1946–1966*, New York, Betty Parsons Gallery, 1966 (catalogue d'exposition).

Alloway 1970
Alloway, Lawrence, « Monumental Art at Cincinnati », *Arts Magazine*, vol. 45, nᵒ 2, nov. 1970, p. 32–36.

Anderson 1975
Anderson, Wayne, *American Sculpture in Process: 1930–1970*, Boston (Mass.), Little, Brown and Company for New York Graphic Society, 1975, p. 229.

Annual Exhibit 1964
Annual Exhibit of Contemporary American Sculpture 1964, New York, Whitney Museum of American Art, 1964 (catalogue d'exposition).

Annual Exhibition 1966
Annual Exhibition 1966: Contemporary Sculpture and Prints, New York, Whitney Museum of American Art, 1966 (catalogue d'exposition).

Ashton 1965
Ashton, Dore, « Il momento americano dell'arte », *D'Ars* (Milan), nᵒ 40, 1965, p. 38–55, ill.

Ashton 1967 a
Ashton, Dore, « Jeunes talents de la sculpture américaine 1946–1966 », *Aujourd'hui : U.S.A.*, nᵒˢ 55–56, déc. 1966–janvier 1967, p. 158.

Ashton 1967 b
Ashton, Dore, « Kant and Cant with Dore Ashton. The Language of Technics », *Arts Magazine*, vol. 41, nᵒ 7, mai 1967, p. 11.

Ashton 1968 a
Ashton, Dore, *Modern American Sculpture*, New York, Harry N. Abrams, 1968.

Ashton 1968 b
Ashton, Dore, « New York Commentary », *Studio International*, vol. 176, nᵒ 906, déc. 1968, p. 266–267.

Ashton 1969 a
Ashton, Dore, « New York Commentary », *Studio International*, vol. 177, nᵒ 909, mars 1969, p. 135–137.

Ashton 1969 b
Ashton, Dore, *American Sculpture of the Sixties*, Grand Rapids, Grand Rapids Art Museum, 1969 (catalogue d'exposition).

Baker 1988
Baker, Kenneth, *Minimalism*, New York, Abbeville Press, 1988, p. 144.

Barber et al. 1996
Barber, Bruce, Serge Guilbaut et John O'Brian, *Voices of Fire: Art, Rage, Power, and the State*, Toronto, Buffalo et Londres, University of Toronto Press, 1996.

Baro 1968
Baro, Gene, « American Sculpture: A New Scene », *Studio International*, vol. 175, nᵒ 896, janvier 1968, ill. p. 13.

Baur 1971
Baur, John I.H., *Contemporary American Sculpture*, New York, Whitney Museum of American Art, 1971 (catalogue d'exposition).

Belleau 1968
Belleau, Massue, « Ils font OP, ils font POP », *Maclean's*, janvier 1968.

Bellerby 1983
Bellerby, Greg, *Robert Murray: Sculpture and Working Models*, Victoria, Art Gallery of Greater Victoria, 1983 (catalogue d'exposition).

Benedikt 1965
Benedikt, Michael, « New York Letter », *Art International*, vol. 9, nᵒ 7, 20 oct. 1965, p. 36–42.

Benjamin 1992
Benjamin, Walter, « The Author As Producer » dans Harrison et Wood 1992, p.483–489.

Beny 1967
Beny, Roloff, dans Milton Wilson (sous la direction de), *To EveryThing There Is a Season: Roloff Beny in Canada*, Don Mills (Ont.), Longman's Canada Ltd. / Thames and Hudson Ltd, 1967.

Berrigan 1965
Berrigan, T, « Reviews and Previews: Show at Parsons Gallery », *Art News*, vol. 64, nᵒ 2, avril 1965, p. 14.

Bilaitis 1992
Bilaitis, Richard J., *Selections from the Wayne State University Art Collection*, Detroit (Mich.), Wayne State University, 1992.

Bishop 1986
Bishop, Budd Harris, *Modern Sculpture*, Columbus (Ohio), Columbus Museum of Art, 1986.

Blake 1967
Blake, Peter, « Welded Giants ». *The Architectural Forum*, avril 1967, p. 56.

Bodolai 1974
Bodolai, Joe (sous la direction de), « Sculpture: A Rebirth of Humanism », *artscanada*, vol. 31, nᵒ 2, automne 1974, p. 40–48.

Boggs 1971
Boggs, Jean Sutherland, *The National Gallery of Canada*, Toronto, Oxford University Press, 1971.

Bois 1993
Bois, Yves-Alain, *Painting As Model*, Cambridge, MIT Press, 1993.

Bongartz 1976
Bongartz, Roy, « Where the Monumental Sculptors Go », *Art News*, vol. 75, nᵒ 2, février 1976, p. 34–37.

Boyanoski 1992
Boyanoski, Christine, *The Artists' Mecca: Canadian Art and Mexico*, Toronto, Musée des beaux-arts de l'Ontario, 1992.

Bozo et al. 1986
Bozo, Dominique, et al., *Qu'est-ce que la sculpture moderne ?*, Paris, Centre Georges Pompidou, 1986.

Buonagurio 1979
Buonagurio, Edgar, « Sam Gilliam / Robert Murray », *Arts Magazine*, vol. 53, nᵒ 10, juin 1979, p. 41–42.

Buonagurio 1980
Buonagurio, Edgar, « Exhibition Reviews: Robert Murray / Janet Stayton », *Arts Magazine*, vol. 54, nᵒ 10, juin 1980, p. 32.

Burnett 1981
Burnett, D, « Robert Murray: Klonaridis Inc. (23 mai–20 juin 1981) », *artscanada*, vol. 38, juillet–août 1981, p. 43.

Burnham 1968
Burnham, Jack, *Beyond Modern Sculpture*, New York, George Braziller, 1968, p. 157–175.

190

Cameron 1967
Cameron, Dorothy, *Sculpture '67,* Ottawa, Galerie nationale du Canada, 1967 (catalogue d'exposition).

Cameron 1970 a
Cameron, Dorothy, « Ronald Bladen / Robert Murray: An Exhibition at the Vancouver Art Gallery », *artscanada,* vol. 27, nº 3, juin 1970, p. 38–41.

Cameron 1970 b
Cameron, Dorothy, « Lausanne and Venice, Summer '70: The Crisis of Canada International, Part 1: Lausanne », *artscanada,* vol. 27, nº 5, oct.–nov. 1970, p. 68–72.

Cameron et Fulford 1964
Cameron, Dorothy, et Robert Fulford, *Canadian Sculpture Today: Parts I and II,* Toronto, Dorothy Cameron Gallery, 1964 (catalogue d'exposition).

Campbell 1967
Campbell, Lawrence, « Reviews and Previews », *Art News,* vol. 65, nº 10, février 1967, p. 14.

Canada 1968
Canada – Art d'aujourd'hui, Ottawa, Galerie nationale du Canada, 1968 (catalogue d'exposition).

Carpenter 1995
Carpenter, Ken, *The Caro Connection: Sculpture by Sir Anthony Caro from Toronto Collections,* Toronto, The Koffler Gallery, 1995.

Cavaliere 1977
Cavaliere, Barbara, « Exhibition Reviews », *Arts Magazine,* vol. 51, nº 8, avril 1977, p. 26–28.

Clair 1995
Clair, Jean, « Portrait of a Rebel Whose Time Has to Come », *The Art Newspaper,* nº 53, nov. 1995.

« Coast to Coast in Art » 1959
« Coast to Coast in Art: New Murals in Saskatchewan », *Canadian Art,* vol. 16, nº 1, février 1959, p. 55.

Cole 1973
Cole, Doris, *From Tipi to Skyscraper: A History of Women in Architecture,* Boston, i Press Inc., 1973.

Colpitt 1994
Colpitt, Frances, *Minimal Art: The Critical Perspective,* Seattle, University of Washington Press, 1994, planches 44, 45.

Cone 1968
Cone, Jane Harrison, « New Work by Robert Murray », *Artforum,* vol. 7, nº 1, sept. 1968, p. 36–39.

Contemporary American Art 1973
Contemporary American Art 1973, Biennial Exhibition, New York, Whitney Museum of American Art, 1973 (catalogue d'exposition).

Coplans 1965
Coplans, John, « Los Angeles », *Art News,* vol. 39, nº 8, déc. 1965.

Dault 1968
Dault, Gary Michael, « Toronto: In the Galleries », *artscanada,* vol. 25, nº 3, août 1968, p. 37.

Dault 1974
Dault, Gary Michael, « Toronto: Robert Murray at Mirvish », *Art in America,* vol. 62, mai–juin 1974, p. 114.

Davies 1975
Davies, Hugh Marlais, *Artist & Fabricator,* Amherst (Mass.), Fine Arts Center Gallery, University of Massachusetts, 1975 (catalogue d'exposition).

Davies 1977
Davies, Hugh Marlais, « Robert Murray: Generating Sculpture from the Metal Plate », *Arts Magazine,* vol. 52, nº 2, oct. 1977, p. 127–131.

Davies et Yard 1976
Davies, Hugh Marlais, et Sally E. Yard, « Some Observations on Public Scale Sculpture », *Arts Magazine,* vol. 50, nº 5, janvier 1976, p. 67–69.

Dillow 1973
Dillow, Nancy, *Emma Lake Workshop,* Regina, Norman MacKenzie Art Gallery, 1973 (catalogue d'exposition).

Doty 1977
Doty, Robert, Project: *New Urban Monuments,* Akron (Ohio), Akron Art Institute, 1977 (catalogue d'exposition).

Emanuel 1967
Emanuel, Jerry, « New York », *artscanada,* vol. 24, février 1967, Supplément, p. 6.

Fenton 1970
Fenton, Terry, « The David Mirvish Opening Show: Toronto, sept.–oct. 1970 », *artscanada,* vol. 27, nº 6, déc. 1970, p. 57–58.

Ferguson 1970
Ferguson, Gerald, « A Professional Lithography Workshop », *artscanada,* vol. 27, nº 2, avril 1970, p. 60–61.

Ferguson 1971
Ferguson, Gerald, *Lithographies. Nova Scotia College of Art and Design,* Ottawa, Galerie nationale du Canada, Services extérieurs, 1971 (catalogue d'exposition).

Finkel 1997
Finkel, Christine E., *Grounds for Sculpture: Robert Murray,* Hamilton (N.J.), 1997 (catalogue d'exposition).

Foster 1996 a
Foster, Hal, *The Return of the Real,* Cambridge et Londres, MIT Press, 1996.

Foster 1996 b
Foster, Hal, « L'artiste comme ethnographe. ou la "fin de l'Histoire" signifie-t-elle le retour à l'anthropologie ? », dans *Face à l'histoire 1933–1996. L'artiste moderne devant l'événement historique,* Paris, Centre Georges Pompidou, 1996.

Fournier 1986
Fournier, Marcel, *Les générations d'artistes,* Québec, Institut québécois de recherche sur la culture, 1986.

Frank 1975
Frank, Peter, « Robert Murray (Paula Cooper) », *Art News,* vol. 74, janvier 1975, p. 109.

Friedman 1970
Friedman, Martin, « 14 Sculptors: The Industrial Edge », *Art International,* vol. 14, nº 2, 20 février 1970, p. 31–40.

Friedman et al. 1969
Friedman, Martin, et al., *14 Sculptors: The Industrial Edge,* Minneapolis (Minn.), Walker Art Center, 1969 (catalogue d'exposition).

Friedman et al. 1990
Friedman, Martin, et al., *Walker Art Center: Painting and Sculpture from the Collection,* Minneapolis, The Center, et New York, Rizzoli International Publications, 1990.

Fry 1967 a
Fry, Edward, « Sculpture of the Sixties », *Art in America,* vol. 55, nº 5, sept.–oct. 1967, p. 26–43.

Fry 1967 b
Fry, Edward, « The Issue of Innovation », *Art News,* vol. 66, nº 6, oct. 1967, p. 40.

Fulford 1967
Fulford, Robert, « Sculpture '67 », *artscanada,* vol. 24, [111ᵉ–112ᵉ livraisons], août–sept. 1967, p. 40–42.

Fulford 1975
Fulford, Robert, « The Giant-Size Art of Robert Murray », *Saturday Night Magazine,* vol. 90, nº 7, déc. 1975, p. 22–35.

Gent 1973
Gent, George, « The Growing Corporate Involvement in the Arts », *Art News,* vol. 72, nº 1, janvier 1973, p. 21–28.

Glenn 1966
Glenn, Kenneth, « International Sculpture Symposium », *Arts and Architecture,* janvier 1966.

Glowen 1990
Glowen, Ron, « From the Corner: Art with a Capitol Ire, Art Vs Bureaucracy in Re-siting Controversies », *Artweek*, 1er nov. 1990.

Gordon 1968
Gordon, John, *Annual Exhibition 1968: Contemporary American Sculpture*, New York, Whitney Museum of American Art, 1968 (catalogue d'exposition).

Greenberg 1963
Greenberg, Clement, « Clement Greenberg's View of Art of the Prairies », *Canadian Art*, vol. 20, n° 2, mars–avril 1963, p. 107.

Greenberg 1967
Greenberg, Clement, « Recentness of Sculpture », *Art International*, vol. 11, n° 4, 20 avril 1967.

Greenwood 1974
Greenwood, Michael, « Robert Murray: Against the Monument », *artscanada*, vol. 31, n° 2, automne 1974, p. 28–39.

Grossberg 1965
Grossberg, Jacob, « In the Galleries: Exhibition at Betty Parsons, *Arts Magazine*, vol. 39, n° 9, mai–juin 1965, p. 59.

Hall 1991
Hall, Lee, *Betty Parsons: Artist, Dealer, Collector*, New York, Harry N. Abrams, 1991.

Harper 1962
Harper, J. Russell, *Exposition en plein air de sculptures canadiennes, 1962*, Ottawa, Galerie nationale du Canada, 1962 (catalogue d'exposition).

Harrison et Wood 1992
Harrison, Charles, et Paul Wood (sous la direction de), *Art in Theory 1900–1990. An Anthology of Changing Ideas*, Oxford et Cambridge, Blackwell, 1992.

Hart 1965
Hart, Peter, « 9 Sculptors Shape Exhibition on a Coast Campus », *The New York Times*, 14 juillet 1965.

Henry 1990
Henry, Martha, *Robert Murray*, Brooklyn (Conn.), New England Center for Contemporary Art, 1990 (catalogue d'exposition).

Hess 1969
Hess, Thomas B., *Barnett Newman*, New York, Walker and Co., 1969.

Higuchi 1991
Higuchi, Schoichiro, « Robert Murray, Between the Sky and the Horizon», *Idea International Advertising Art*, n° 229, nov. 1991, p. 6, 117–119.

Holstein 1963
Holstein, Jonathan, « Robert Murray », *Canadian Art*, vol. 20, n° 2, mars–avril 1963, p. 114–117.

Holstein 1964
Holstein, Jonathan, « New York's Vitality Tonic for Canadian Artists », *Canadian Art*, vol. 21, n° 5, sept.–oct. 1964, p. 274.

Hunter et Davies 1974
Hunter, Sam, et Hugh Marlais Davies, *Monumenta: A Biennial Exhibition of Outdoor Sculpture*, Newport (R.I.), Monumenta Newport Inc., 1974 (catalogue d'exposition).

« In the Galleries » 1967
« In the Galleries: Pictorial Review », *Arts Magazine*, vol. 41, n° 4, février 1967, p. 58.

Jacquin 1996
Jacquin, Philippe, *Les Indiens blancs. Français et Indiens en Amérique du Nord (XVIe–XVIIIe siècles)*, Montréal, Libre Expression, 1996.

James 1969
James, Geoffrey, « A First at São Paulo », *Time*, 10 oct. 1969, p. 19.

Jones 1996
Jones, Caroline A., *Machine in the Studio: Constructing the Postwar American Artist*, Chicago et Londres, The University of Chicago Press, 1996.

Kenedy 1968
Kenedy, R.C, « Paris », *Art International*, vol. 12, n° 3, mars 1968, p. 68–69.

Kennedy 1997
Kennedy, Garry Neill, « The Nova Scotia College of Art and Design and the Sixties: A Memoir », *Canadian Literature / Littérature canadienne*, n°s 152–153, printemps–été 1997, p. 192–204.

Kingsley 1972
Kingsley, April, « Reviews and Previews – Robert Murray », *Art News*, vol. 70, n° 10, février 1972, p. 19.

Kozloff 1965
Kozloff, Max, « The Further Adventures of American Sculpture », *Arts Magazine*, vol. 39, n° 5, février 1965, p. 24–31.

Kozloff 1967
Kozloff, Max, « New York: Robert Murray, Betty Parsons Gallery », *Artforum*, vol. 5, n° 7, mars 1967, p. 52.

Krauss 1971
Krauss, Rosalind E., *Terminal Iron Works: The Sculpture of David Smith*, Cambridge et Londres, MIT Press, 1971.

Krauss 1977
Krauss, Rosalind E., *The Sculpture of David Smith: A Catalogue Raisonné*, New York et Londres, Garland Publishing Inc., 1977.

Leclerc 1992
Leclerc, Denise, *La crise de l'abstraction au Canada. Les années 1950*, Ottawa, Musée des beaux-arts du Canada, 1992.

Lehrer 1976
Lehrer, Ruth Fine, *Watercolors by Robert Murray and Toni Onley*, Philadelphie (Penn.), Olympia Galleries, 1976 (catalogue d'exposition).

Lerner 1974
Lerner, Abram (sous la direction de), *The Hirshhorn Museum and Sculpture Garden*, New York, Harry N. Abrams, 1974 (catalogue d'exposition).

Lévi-Strauss 1991
Lévi-Strauss, Claude, *Histoire de Lynx*, Paris, Plon, 1991.

Lippard 1965 a
Lippard, Lucy, « New York Letter », *Art International*, vol. 9, n° 2, mars 1965, p. 46–52.

Lippard 1965 b
Lippard, Lucy, « New York Letter », *Art International*, vol. 9, n° 6, 20 sept. 1965, p. 60.

Lippard 1967
Lippard, Lucy, « Beauty and the Bureaucracy », *Hudson*, vol. 20, n° 4, hiver 1967–1968.

Lobdell 1976
Lobdell, Nancy, *A Museum without Walls*, Long Beach, California State Unversity, n.d. (1976 ?).

Lord 1967 a
Lord, Barry, « Canadian Sculptors at Expo », *artscanada*, vol. 24, n° 5, mai 1967, p. 12–16.

Lord 1967 b
Lord, Barry, « !Discover Canada! », *Art in America*, vol. 55, n° 3, mai–juin 1967, p. 78–84.

Lord 1967 c
Lord, Barry, « Robert Murray: New York », *artscan*, encarté dans *artscanada*, vol. 24, [113e livraison], oct. 1967, p. 6–7.

Lord 1967 d
Lord, Barry, « Sculpture in the Summer », *artscan*, encarté dans *artscanada*, vol. 24, [113e livraison], oct. 1967, p. 6–7.

Lowndes 1970
Lowndes, Joan, « Bladen et Murray : les géants de la sculpture canadienne, *Vie des Arts*, n° 59, été 1970, p. 74.

Lubell 1975
Lubell, Ellen, « Robert Murray », *Arts Magazine*, vol. 49, n° 5, janvier 1975, p. 9–10.

MacGregor 1987
MacGregor, Ronald N., *Canadian Art: Building a Heritage*, Scarborough (Ont.), Prentice-Hall, 1987.

Maffesoli 1997
Maffesoli, Michel, *Du nomadisme. Vagabondages initiatiques*, Paris, Librairie générale française, 1997.

Malcolmson 1967 a
Malcolmson, Harry, « Sculpture: Disappointments at Expo », *Saturday Night*, vol. 82, n° 7, juillet 1967.

Malcolmson 1967 b
Malcolmson, Harry, « Sculpture in Canada: "Sculpture '67" Was an "Inventory of the Unknown" », *Artforum*, vol. 6, n° 2, oct. 1967, p. 40–42.

Marsden 1970
Marsden, Joanna Woods, « Expositions Internationales », *Vie des Arts*, n° 58, printemps 1970, p. 63.

Marshall 1967
Marshall, Neil, *Robert Murray*, Toronto David Mirvish Gallery, 1967 (catalogue d'exposition).

Marshall 1973
Marshall, Neil, « Toronto Letter: David Mirvish Gallery, Toronto », *Art International*, vol. 17, n° 2, février 1973, p. 36.

Marshall 1975
Marshall, Neil, *Robert Murray*, Toronto, David Mirvish Gallery, 13 sept.–8 oct. 1975 (catalogue d'exposition).

Marshall 1978
Marshall, Neil, *Robert Murray: Sculpture*, Houston (Texas), Sewall Art Gallery, Rice University, 1978 (catalogue d'exposition).

Marshall 1979 a
Marshall, Neil, « Robert Murray's Sculpture », *Art International*, vol. 23, n° 7, oct. 1979, p. 30–35, 45.

Marshall 1979 b
Marshall, Neil, *Robert Murray, Douglas Bentham, André Fauteux*, Paris, Centre culturel canadien, Jardin de Sculpture, 1979 (catalogue d'exposition).

Marshall 1979 c
Marshall, Neil, *Robert Murray: A Sculpture Exhibition*, Dayton (Ohio), The Dayton Art Institute, 1979 (catalogue d'exposition).

Mathis 1985
Mathis, K.L., *Robert Murray: Working Models*, Rome, Centro Culturale Canadese, 1985 (catalogue d'exposition).

Mc Cuaig 1984
Mc Cuaig, Ruth H., *Our Pointe-au-Baril*, Hamilton, 1984.

McMann 1988
McMann, Evelyn de R., *Montreal Museum of Fine Arts, formerly Art Association of Montreal: Spring Exhibitions 1880–1970*, Toronto, Buffalo et Londres, University of Toronto Press, 1988.

McPherson 1964
McPherson, Hugo, « More Power to the Young Sculptors: The Scope of Sculpture in '64 », *Canadian Art*, vol. 21, n° 4, juillet–août 1964, p. 224–235.

McPherson 1967
McPherson, Hugo, « Painting and Sculpture », dans *The Canadians 1867–1967*, (sous la direction de J.M.S. Careless et R. Craig Brown), Toronto, MacMillan Company, Maclean-Hunter Publishing, 1967.

McQuade 1966
McQuade, Walter, « Sculptors in the Factory », *Fortune*, avril 1966, p. 140–141.

Meilach et Seiden 1966
Meilach, Dona, et Don Seiden, *Direct Metal Sculpture*, New York, Crown, 1966, ill. p. 25.

Mellow 1968
Mellow, James, « New York Letter », *Art International*, vol. 12, n° 10, 29 déc. 1968, p. 66.

Metzger 1994
Metzger, Robert P., *Robert Murray Retrospective*, Reading (Penn.), Reading Public Museum, 1994 (catalogue d'exposition).

Michener 1968
Michener, Wendy, « Jean Boggs: The Woman They Didn't Want », *Chatelaine*, juin 1968, ill. p. 28–29.

Monk 1993
Monk, Philip, *Robin Collyer, Idioms of Resistance*, Toronto, Musée des beaux-arts de l'Ontario, 1993, p. 4.

Murray 1965
Murray, Robert, dans « The Education of 12 Practicing Artists », *Canadian Art*, vol. 22, n° 5, nov.–déc. 1965, p. 29.

Murray 1966
Murray, Robert, texte tiré de « Ten Artists in Search of Canadian Art », *Canadian Art*, vol. 23, n° 1, janvier 1966, p. 65.

Murray 1970
Murray, Robert, « Barnett Newman (1905–1970): An Appreciation », *artscanada*, vol. 27, n° 4, août 1970, p. 50–51.

Murray 1991
Murray, Robert, « Defending Nimbus », *Sculpture (USA)*, vol. 10, n° 4, juillet–août 1991, p. 18–19.

Nabokov et Easton 1989
Nabokov, Peter, et Robert Easton, *Native American Architecture*, New York et Oxford, Oxford University Press, 1989.

Nasgaard 1974
Nasgaard, Roald, « Toronto: Robert Murray at David Mirvish », *Arts Magazine*, vol. 48, n° 8, mai 1974, p. 74.

Nasgaard 1988
Nasgaard, Roald, « Robert Murray », dans *Canadian Encyclopedia*, vol. 3, 1988, ill. p. 1407.

Naylor 1989
Naylor, Colin (sous la direction de), *Contemporary Artists*, Chicago et Londres, St. James Press, 3e éd., 1989.

Neff 1965
Neff, Terry A. (sous la direction de), *A Quiet Revolution: British Sculpture Since 1965*, Chicago, Museum of Contemporary Art, San Francisco Museum of Modern Art, et Thames and Hudson, 1987.

Nemiroff 1984
Nemiroff, Diana, *Reflets. L'art contemporain à la Galerie nationale du Canada depuis 1964*, Ottawa, Galerie nationale du Canada, 1984 (catalogue d'exposition).

Nine Canadians 1967
Nine Canadians, Boston (Mass.), Institute of Contemporary Art, 1967 (catalogue d'exposition).

O'Brian et al. 1989
O'Brian, John, *et al., The Flat Side of the Landscape: The Emma Lake Artists' Workshops*, Saskatoon, Mendel Art Gallery, 1989 (catalogue d'exposition).

O'Neil 1990
O'Neil, John P. (sous la direction de), *Barnett Newman: Selected Writings and Interviews*, New York, Knopf, 1990.

Pierce 1968
Pierce, James Smith, « Design and Expression in Minimal Art », *Art International*, mai 1968, p. 25–27.

Pincus-Witten 1983
Pincus-Witten, Robert, *John Nugent: Modernism in Isolation*, Regina, Norman Mackenzie Art Gallery, 1983.

Premio Internacional 1967
Premio Internacional, Buenos Aires, Argentine, Centro des Artes Visuales del Instituto Torcuato di Tella, 1967 (catalogue d'exposition).

Quick 1978
Quick, David Marvin, *Meaning in the Art of Barnett Newman and Three of His Contemporaries: A Study of Content in Abstract Expressionism*, Ann Arbor (Mich.), UMI Dissertation Services, 1990.

Ratcliff 1975
Ratcliff, Carter, « Robert Murray at Paula Cooper », *Art Spectrum*, janvier 1975, p. 69–70.

***Recent Sculpture* 1975**
Recent Sculpture by Robert Murray, Toronto, David Mirvish Gallery, 1975 (catalogue d'exposition).

Richardson 1974
Richardson, Douglas S., « National Science Library: Art in Architecture », *artscanada*, vol. 31, n° 2, automne 1974, p. 49–67.

Ring 1993
Ring, Dan, *La Prairie urbaine*, Saskatoon, Mendel Art Gallery, Fifth House Publishers, 1993 (catalogue d'exposition).

***Robert Murray* 1986**
Robert Murray: Recent Works, New York, Richard Green Gallery, 1986 (catalogue d'exposition).

« Robert Murray Creator » 1990
« Robert Murray Creator in New York », *Anthropos*, n° 12, Tokyo, déc. 1990.

Rockman 1965
Rockman, Arnold, « Government Spending Creates a New Art Market », *Canadian Art*, vol. 22, n° 3, mai–juin 1965, p. 48, 54.

Root 1996
Root, Deborah, *Cannibal Culture: Art, Appropriation, and the Commodification of Difference*, Boulder (Col.), Westview Press, 1996, p. 4–6.

Rose 1965 a
Rose, Barbara, « Looking at American Sculpture », *Artforum* vol. 3, n° 5, février 1965, p. 29–36.

Rose 1965 b
Rose, Barbara, « Letter from New York: Murray and the New Sculpture », *Canadian Art*, vol. 22, n° 4, sept.–oct. 1965, p. 53–54.

Rose 1965 c
Rose, Barbara, « How to Murder an Avant Garde – Recipe for an Exhibition: Young America at the Whitney », *Artforum*, vol. 4, n° 3, nov. 1965, p. 30–35.

Rose 1965 d
Rose, Barbara, « ABC Art », *Art in America*, vol. 53, n° 5, oct.–nov. 1965, p. 57–69.

Rose 1966 a
Rose, Barbara, « Bad Day at Long Beach California: Interview », *Canadian Art*, vol. 23, n° 3, juillet 1966, p. 6–8.

Rose 1966 b
Rose, Barbara, « An Interview with Robert Murray », *Artforum*, vol. 5, n° 2, oct. 1966, p. 45–47.

Rose 1967
Rose, Barbara, « Shall We Have a Renaissance? », *Art in America*, vol. 55, n° 2, mars–avril 1967, p. 30–43.

Rose 1968
Rose, Barbara, « Blowup – The Problem of Scale in Sculpture », *Art in America*, vol. 56, n° 4, juillet–août 1968, p. 82.

Rose 1975
Rose, Barbara, « Sculpture Now: The Search for a New Canon », *Arts Magazine*, avril 1975, p. 12.

Rose 1988
Rose, Barbara, *Autocritique: Essays on Art and Anti-Art 1963–1987*, New York, Weidenfeld and Nicolson, 1988.

Rose et Sandler 1967
Rose, Barbara, et Irving Sandler, « Sensibility of the Sixties », *Art in America*, vol. 55, n° 1, janvier–février 1967, p. 51.

Rosenstein 1968
Rosenstein, Harris, « Reviews and Previews », *Art News*, vol. 67, n° 8, déc. 1968, p. 14, 52.

Rosenthal 1965
Rosenthal, Nan, « New York: Gallery Notes », *Art in America*, vol. 53, n° 2, avril 1965, p. 122.

Rushing 1995
Rushing, W. Jack, *Native American Art and the New York Avant-Garde: A History of Cultural Primitivism*, Austin (Texas), University of Texas Press, 1995.

Russell 1969
Russell, John, « Collector: Larry Aldrich », *Art in America*, vol. 57, n° 1, janvier–février 1969.

S. S. 1970
S. S., « Monumental Task », *Industrial Design*, nov. 1970.

Schwabsky 1994
Schwabsky, Barry, « Irreplaceable Hue », *Artforum*, vol. 33, n° 1, sept. 1994, p. 90–97.

Schwartz 1975
Schwartz, Barbara, « New York Sculpture [Paula Cooper Gallery] », *Craft Horizon*, vol. 35, n° 1, février 1975, p. 58.

Schwartz 1990
Schwartz, Sheila (sous la direction de), *Walker Art Center: Painting and Sculpture from the Collection*, New York, Walker Art Center / Rizzoli International Publications, Inc., 1990.

« Sculpture: Delightful » 1967
« Sculpture: Delightful Surprises », *Time*, 4 août 1967, p. 28–33.

« Sculpture: Master » 1967
« Sculpture: Master of the Monumentalists », *Time*, 13 oct. 1967, p. 48.

Senie 1992
Senie, Harriet F., *Contemporary Public Sculpture: Tradition, Transformation, and Controversy*, New York et Oxford, Oxford University Press, 1992.

Senie et Webster 1992
Senie, Harriet F., et Sally Webster, *Critical Issues in Public Art*, New York, Harper Collins, 1992, p. 171.

Shadbolt 1970
Shadbolt, Doris, *Robert Murray / Robert Bladen*, Musée des beaux-arts de Vancouver, 1970 (catalogue d'exposition).

Siegel 1971
Siegel, Jeanne, « Around Barnett Newman », *Art News*, vol. 70, n° 6, oct. 1971, p. 60–62.

Siegel 1973
Siegel, Jeanne, « The Whitney Biennial », *Art News*, vol. 72, n° 3, mars 1973, p. 68–69.

Siegel 1985
Siegel, Jeanne, *ArtWords: Discourse on the 60s and 70s*, Ann Arbor (Mich.), UMI Research Press, 1985, p. 52–55.

Silcox 1966
Silcox, David, « Canadian Art in the Sixties », *Canadian Art*, vol. 23, n° 1, janvier 1966, p. 55–61.

Silcox 1968
Silcox, David, « First-hand Familiarity with Canadian Art at the Edinburgh Festival », *The Connoisseur*, vol. 168, n° 678, août 1968, p. 273–279.

Simmins 1968
Simmins, Richard, « Paris: Canada. Art d'aujourd'hui, Musée national d'art moderne », *artscanada*, vol. 25, n° 1, avril 1968, p. 44.

Simon 1997
Simon, Herbert, « Marisol, Robert Murray, and Jan Wholley », *Sculpture*, vol. 16, n° 7, sept. 1997, p. 73.

Sims 1979
Sims, Lowry S., « Murray: Sculpture to Be Seen in Motion », *artscanada*, vol. 36, n° 2, août–sept. 1979, p. 27–30.

Skoggard 1976
Skoggard, Ross, « Toronto: Robert Murray at Mirvish », *Art in America*, vol. 64, n° 1, janvier–février 1976, p. 105.

Smith 1969 a
Smith, Brydon, « Robert Murray », *artscanada*, vol. 26, n° 5, oct. 1969, p. 30–33.

Smith 1969 b
Smith, Brydon, *X⁰ Biennale de São Paulo*, Ottawa, Galerie nationale du Canada, 1969 (catalogue d'exposition).

Smith 1973
Smith, Peter, « Urban Sculpture: A Kind of Therapy », *Leonardo*, vol. 6, n° 3, été 1973, p. 22.

Smith 1977
Smith, Gordon A., « Robert Murray Unanimous Choice for Juneau Sculpture Commission », *The Arts in Alaska*, Anchorage (Alaska), février–mars 1977.

Smith 1993
Smith, Terry E., *Making the Modern: Industry, Art, and Design in America*, Chicago et Londres, The University of Chicago Press, 1993.

Snyder 1966
Snyder, Robert, « Robert Murray at Bethlehem: Something Very Real », *Canadian Art*, vol. 23, n° 3, juillet 1966, p. 10–11.

Statements 1967
Statements: 18 Canadian Artists – Robert Murray, Regina, Norman Mackenzie Art Gallery, 1967 (catalogue d'exposition).

Steinberg 1972
Steinberg, Leo, *Other Criteria*, Londres, Oxford et New York, Oxford University Press, 1972.

Stimson 1982
Stimson, Paul, « Hamilton Gallery, New York: Exhibition », *Art in America*, vol. 70, n° 10, nov. 1982, p. 119.

Tatransky 1977
Tatransky, Valentin, « Arts Reviews: Robert Murray », *Arts Magazine*, vol. 52, n° 3, nov. 1977, p. 28–29.

Taylor 1974
Taylor, John Lloyd, « Living with Sculpture », *Art News*, vol. 73, n° 8, oct. 1974, p. 96–98.

Taylor 1995
Taylor, Brandon, *Avant-Garde and After: Rethinking Art Now*, New York, Harry N. Abrams, 1995.

Teyssèdre 1968
Teyssèdre, Bernard, « Canada, art d'aujourd'hui: Musée National d'art moderne de Paris », *Vie des Arts*, n° 50, printemps 1968, p. 26–31.

The Opening 1970
The Opening, Toronto, David Mirvish Gallery, 1970 (catalogue d'exposition).

Townsend 1970
Townsend, William (sous la direction de), « Canadian Art Today », *Studio International*, 1970.

Tuchman 1967
Tuchman, Maurice (sous la direction de), *American Sculpture of the Sixties*, Los Angeles, Los Angeles County Museum of Art, 1967 (catalogue d'exposition).

Tucker 1975
Tucker, William, *The Condition of Sculpture*, Londres, Hayward Gallery, 1975 (catalogue d'exposition).

Turner 1963
Turner, Evan H., *80⁰ Salon annuel du printemps*, Musée des beaux-arts de Montréal, 1963 (catalogue d'exposition).

Turner 1964
Turner, Evan, « All the Excitement of a Private Collection – But Public », *Canadian Art*, vol. 21, n° 6, nov.–déc. 1964, p. 368.

Varian 1964
Varian, Elayne H., *Artists Select*, New York, Contemporary Study Wing, Finch College Museum of Art, 1964 (catalogue d'exposition).

Wei 1994
Wei, Lilly, « The Prime of Sir Anthony Caro », *Art in America*, sept. 1994, p. 94–97.

Wheeler 1970
Wheeler, Dennis F., « Ronald Bladen and Robert Murray in Vancouver », *Artforum*, vol. 8, n° 10, juin 1970, p. 50–54.

Whittaker 1990
Whittaker, Julia, *Robert Murray: Art Matters*, Victoria, Art Gallery of Greater Victoria, 1990.

Withrow et Waghorne 1965
Withrow, W.J., et J.H. Waghorne, *Art and Engineering*, Toronto, Musée des beaux-arts de l'Ontario, 1965 (catalogue d'exposition).

Wollheim 1965
Wollheim, Richard « Minimal Art », *Arts*, vol. 39, n° 4, janvier 1965, p. 26–32.

Woodman 1973
Woodman, Ross, « The Defeating of the Curse », *Art and the Businessman*, hiver 1973, p. 93–97.

Young America 1965
Young America 1965, New York, Whitney Museum of American Art, 1965 (catalogue d'exposition).

Youngs 1998
Youngs, Christopher, *Surrounding Sculpture*, Reading (Penn.), Freedman Gallery, Albright College, Center for the Arts, 1998 (catalogue d'exposition).

Zemans 1972
Zemans, Joyce, « David Mirvish Gallery, Toronto: Exhibit », *artscanada*, vol. 29, n° 5, déc. 1972–janvier 1973, p. 78–79.

Articles de journaux

« An Eye for the Public », *The Globe and Mail* (Toronto), 1ᵉʳ février 1974.

Andreae, Janice, « New Murray Sculpture Almost Euphoric », *The London Free Press* (London), 3 déc. 1975.

« Art Scholarship », *Saskatoon Star-Phoenix*, 10 nov. 1958.

« Art Test », *The Globe and Mail* (Toronto), 9 janvier 1974.

Ashton, Dore, « New Wave Sculpture in Old-Style Setting », *The Globe and Mail* (Toronto), 15 juillet 1967.

Barber, Mary, « A 320-Acre Sculpture Garden », *Los Angeles Times*, 28–29 avril 1979.

« Battery Park Gets a Steel Sculpture », *The New York Times*, 15 mars 1968.

Blaine, James G., « Murray Show Opens at Del[aware] Art Museum », *The Kennett Paper* (Kennett Square, Penn.), 4 oct. 1990, p. B9.

Burke, Lora, « Canadian Artist Succeeds in U.S. », *The Regina Leader Post*, 15 mars 1978.

« Canadian Art in Chicago », *The Globe and Mail* (Toronto), 6 avril 1971.

« City Hall Sculpture Refurbished », *Saskatoon Star-Phoenix*, 8 juillet 1989.

Corbett, Helen, « To the Average Person... It's Rusty, Bent Metal, Its Meaning Is Nil », *The Journal* (Edmonton), 8 mai 1981.

« Cumbria Not Snow Plow or Billboard – It's Art », *Vancouver Sun*, 21 sept. 1968.

Dault, Gary Michael, « Artist Puts Sculpture through Its Paces », *The Toronto Star*, 19 sept. 1975.

Donohoe, Victoria, « Sensuous Use of Color and Shape: Sculptor's Works at Delaware Art Museum », *The Inquirer* (Philadelphie), 4 oct. 1990.

Emery, Elise, « Symposium », *Press-Telegram* (Long Beach, Cal.), 7 nov. 1965.

Emery, Elise, « Totem Poles Also Tell Tales: Sculptor Moulds Steel to "Talk" », *California State College at Long Beach*, dossier du Symposium international de sculpture, copie d'un article paru le 14 août 1965.

Freedman, Adele, « Art Sacrificed to Expediency », *The Globe and Mail* (Toronto), 17 sept. 1983.

« From Those Wonderful Folks Who Brought You Haida... », *Ottawa Journal*, 14 sept. 1973.

Fulford, Robert, « Turning Public Art into Junk », *The Globe and Mail* (Toronto), 27 avril 1994.

Gall, Sandra, « Sculptures Visual Delight », *Saskatoon Star-Phoenix*, 15 août 1989.

Gram, Karen, « Artist Angry at Airport's Treatment of His Sculpture », *Vancouver Sun*, 4 avril 1994.

Hale, Barrie, « Art », *Toronto Telegram*, 11 juillet 1967.

Hale, Barrie, « Robert Murray at Mirvish », *Toronto Telegram*, 6 mai 1967.

Hanlon, Mike, « High Profile: Robert Murray », *The Toronto Star*, 24 août 1982.

Harris, Craig, « College Banners Pay Tribute to Late Master », *The Examiner* (Peterborough, Ont.), 5 nov. 1986.

Howell, Wayne, « If It's Not Inoffensive, It's Got To Be Great Canadian Art », *The Toronto Star*, 5 oct. 1973.

« It's Not Really... », The Gateway (Edmonton), 10 janvier 1969.

Jaffe, Ingrid D. « Art Critic Blasts American Influence », *Saskatoon Star-Phoenix*, 16 août 1972.

Jaffe, Ingrid D. « Robert Murray's Fountain Was Start of Something Big », *Saskatoon Star-Phoenix*, 6 oct. 1971.

Krebs, Betty Dietz, « A Jungle Gym? No, It's a Murray Sculpture », *Dayton Daily News*, 13 mai 1979, p. 17.

Kritzwiser, Kay, « An Award for Canadian Sculptor », *The Globe and Mail* (Toronto), 30 sept. 1969.

Kritzwiser, Kay, « Murray's Seesaw Rocks From City To Solitude », *The Globe and Mail* (Toronto), 27 oct. 1969.

MacAlpine, Ian, « Will It Be "Something Saskatchewan"?: Council Divided On City Hall Fountain, Accepts It Anyway », *Saskatoon Star-Phoenix*, 19 août 1959.

MacKenzie, Susan, « Art and Artist: Murray Work Is a Stratford Loser », *The Record* (Kitchener-Waterloo), 5 août 1972.

Malcolmson, Harry, « Battery Park Gets a Steel Sculpture », *The New York Times*, 15 mars 1968.

Mays, John Bentley, « Twenty Years of the New: Reflections », *The Globe and Mail* (Toronto), 21 juin 1984.

Mays, John Bentley, « Two Sculptors Worth Experiencing », *The Globe and Mail* (Toronto), 30 mai 1981.

McCaugherty, Jack, « Art Takes a Flight of Fancy at Airport », *Vancouver Province*, 13 juin 1968.

« Metal Sculpture Approved for City Hall Fountain », *Saskatoon Star-Phoenix*, 19 août 1959.

Murray, Robert, « Sculptor Blasts Symposium: Letter to the Editor », *49er* (Long Beach, Cal.), 24 sept. 1965.

« Museum Welcomes Renowned Sculptor », *Reading Eagle & Reading Times*, sept. 1994.

O'Brian, John, « Art at the Airport », *The Globe and Mail* (Toronto), 18 mai 1994.

« O mundo na Bienal », *Veja* (São Paulo), 17 sept. 1969, ill. p. 68.

Oxorn, Pearl, « "Creative Research": Contemporary Prints Exhibition Displays the Latest Trends in Canadian Art », *Ottawa Journal*, 16 sept. 1978.

Pinney, Marguerite, « Top Canadian Sculptors to Have Major Show Here », *Vancouver Province*, 29 janvier 1969.

Pohl, Jeanine, « "Nimbus" to Get a New Home », *Juneau Empire* (Juneau, Alaska), 27 août 1990.

Purdie, James, « Murray Sculptures Energized Elegance », *The Globe and Mail* (Toronto), 20 sept. 1975.

Quillman, Catherine, « Area Artist Flies in the Face of Convention: Robert Murray Helped Redefine Public Art », *The Inquirer* (Philadelphie), 8 avril 1996.

« Robert Murray at Reading Public Museum », *Art Now Gallery Guide*, Philadelphie, sept. 1994.

« Robert Murray Retrospective Opens Sept. 11 », *Among Friends: The Bulletin of the Friends of the Reading Museum*, Reading (Penn.), sept.–oct. 1994.

« Robert Murray », *The Globe and Mail* (Toronto), 27 oct. 1979.

« Robert Murray: Parsons, 24 West 57th Street », *The New York Times*, 19 oct. 1968.

Robertson, Sheila, « Saskatchewan Art Discovered Far Afield », *Saskatoon Star-Phoenix*, 20 mai 1995.

Russell, George, « Bad Robert Murray: Why He Is Taking Taxpayers' Money for Avant-Garde Nonsense ? », *The Globe and Mail* (Toronto) Weekend Magazine, 15 mars 1975.

Russell, Nancy, « Successful Sculptor Returns for Medal », *Saskatoon Star-Phoenix*, 27 juin 1977.

R[obillard], Y[ves], « Quelques jalons des recherches new-yorkaises », *La Presse* (Montréal), 17 février 1968.

Saenger, Ellen, « Flying High in the Art World: When Art Outlives Its Usefulness », *British Columbia Report*, 30 mai 1994, p. 28–32.

Scott, Andrew, « That Certain Sculpture », *Vancouver Sun*, 10 nov. 1979.

« Sculpture Is on Its Way – Maybe », *The Beacon-Herald* (Stratford), 24 juillet 1972.

« Sculpture Stirs Storm », *The Citizen* (Ottawa), 29 sept. 1973.

Thomas, Margaret, « "Nimbus": A History of Art and Controversy », *Juneau Empire* (Juneau, Alaska), 22 mars 1994.

« U.S. College Setting for Toronto Sculpture », *The Globe and Mail* (Toronto), 11 juin 1974.

« Vox Pop: A Hailstorm for "Haida" », *Time*, 21 janvier 1974.

« What Dorothy Cameron Likes », *The Globe and Mail* (Toronto), 23 avril 1966.

« What ? A Lesson from "Nimbus"? Maybe We All Learned Something », *Juneau Empire*, 27 mars 1994.

« Would You Believe Haida ? », *Ottawa Journal*, 22 mai 1973.

Wyman, Max, « New York », *Vancouver Province*, 15 mai 1983.

Yeats-Thomas, David, « Local Sculptor's Monoliths Spread across N. America », *The Kennett Paper* (Kennett Square, Penn.), 14–20 mai 1998, p. 6–7.

« [sans titre] », *La Tribune* (Sherbrooke), 14 nov. 1969.

Films

Art Is, Julian Kranin et DeWitt Sage Productions, New York State Council for the Arts, 1971.

Vision USA, Thomas Craven Productions, New York.

Artist & Fabricator, Fred Kittler Productions, New York, v. 1975.

Publié à l'occasion de l'exposition *Robert Murray. De l'atelier à l'usine* présentée au Musée des beaux-arts du Canada du 19 février au 2 mai 1999.

Ce catalogue a été produit par la Division des publications du Musée des beaux-arts du Canada, Ottawa.

Chef, Division des publications
Serge Thériault

Révision
Jacques Pichette, Susan McMaster

Iconographie
Colleen Evans

Données de catalogage avant publication (Canada)

Leclerc, Denise.
Robert Murray : de l'atelier à l'usine.

Catalogue d'exposition.
Publié aussi en anglais sous le titre :
Robert Murray, the factory as studio.
ISBN 0-88884-693-2

1. Murray, Robert, 1936 - Expositions.
2. Sculpture - 20ᵉ siècle - Canada - Expositions.
I. Musée des beaux-arts du Canada. II. Titre.
III. Titre : De l'atelier à l'usine.

NB249 M87 A414 1999   730'.92
C99-986001-1

IMPRIMÉ AU CANADA

En vente chez votre librairie ou à la Librairie du Musée des beaux-arts du Canada
380, promenade Sussex
C.P. 427, succursale A
Ottawa K1N 9N4

Couverture : *Ferus* (cat. 9).
Frontispice : détail de fig. 31.
Page 196 : l'artiste au travail.

Crédits photographiques

Toutes les reproductions de photographies ont été obtenues des propriétaires ou des conservateurs des œuvres à l'exception des suivantes (numéros de catalogue en gras) :

Gracieuseté de l'artiste : fig. 3, 6, 9, 10, 11, 13, 15, 16, 18, 19, 20, 21, 22; 24 (Hamilton Gallery of Contemporary Art, New York); 25 (Ida Capello); 26, 29, 30, 32, 33, 35, 37, 39, 40–53; **cat. 9, 24**; p. 196.

Gracieuseté de l'auteure : fig. 23.

Grounds for Sculpture : fig. 34 (Richard Barros).

Musée des beaux-arts du Canada : fig. 12 (Michael O. Quinn, Santa Anna, Cal.); 14 (Howard Ursuliak, Vancouver); 17 (Robert Siedentrop, Cassadaga, N.Y); 27; 28 (Dan Dennehy, Minneapolis, Minn.); 31 (David Gelotte, Juneau, Alaska); 38 (Grant Kernan, Saskatoon); **cat. 3–7, 14; 15** (Elisabeth Feryn, Stratford); **18, 19, 25, 28; 29** (Bob Matheson, Victoria); **30–33; 34** (Design Archive, Toronto); **36–38, 40–42**.

University of Regina Archives Collection 86-29 : Fonds Ken Lochhead, Regina : fig. 1.

Imprimé par M.O.M. Printing Ltd., Ottawa, sur papier Condat Supreme d'après les maquettes de François Martin, Montréal, assisté de Réjean Myette.

Texte composé en Hermes.

Photogravure par Grafix Studio, Montréal.